Die Notwendigkeit der Aufnahme des Tierschutzes in das Grundgesetz

Europäische Hochschulschriften

Publications Universitaires Européennes
European University Studies

Reihe II
Rechtswissenschaft

Série II Series II
Droit
Law

Bd./Vol. 4146

PETER LANG
Frankfurt am Main · Berlin · Bern · Bruxelles · New York · Oxford · Wien

Martin Fielenbach

Die Notwendigkeit der Aufnahme des Tierschutzes in das Grundgesetz

Dargestellt am Verhältnis des Tierschutzes zur Wissenschaftsfreiheit

PETER LANG
Europäischer Verlag der Wissenschaften

Bibliografische Information Der Deutschen Bibliothek
Die Deutsche Bibliothek verzeichnet diese Publikation in der Deutschen Nationalbibliografie; detaillierte bibliografische Daten sind im Internet über <http://dnb.ddb.de> abrufbar.

Zugl.: Köln, Univ., Diss., 2004

D 38
ISSN 0531-7312
ISBN 3-631-53741-7

www.peterlang.de

Meinen Eltern

Vorwort

Die vorliegende Arbeit wurde im Wintersemester 2004/2005 von der Rechtswissenschaftlichen Fakultät der Universität zu Köln als Dissertation angenommen. Rechtsprechung und Literatur sind bis Februar 2004 berücksichtigt.

Herzlich danken möchte ich meinem Doktorvater, Herrn Prof. Dr. Stefan Muckel, für die freundliche Begleitung meiner Arbeit. Herrn Prof. Dr. Michael Sachs danke ich für die zügige Erstellung des Zweitgutachtens.

Ferner danke ich meinem Freund und Kollegen, Herrn Rechtsreferendar Holger Harbordt, der mir in vielen Situationen mit Rat und Tat zur Seite gestanden hat.

Der Dank, den ich schließlich meinen Eltern schulde, die mich über viele Jahre selbstlos unterstützt haben, lässt sich in Worten kaum zum Ausdruck bringen. Ihnen sei die Arbeit gewidmet.

Bergisch Gladbach, im November 2004

Martin Fielenbach

Inhaltsverzeichnis

3. Teil:

Vorschriften des TierSchG als Eingriffsnormen und bloße Schutzbereichsregelungen

4. Teil:

Verfassungsrang des Tierschutzes schon vor Änderung des Art. 20a GG

5. Teil:
Pflicht zur Verankerung des Tierschutzes im Grundgesetz?

6. Teil:
Die gegen die Verankerung des Tierschutzes im Grundgesetz vorgebrachten Argumente

Literaturverzeichnis

Agena, Carl-August: Die Tierversuchskommission nach § 15 Tierschutzgesetz: Prüfung der „Unerlässlichkeit“ und „ethischen Vertretbarkeit“ von Tierversuchen, Deutsches Tierärzteblatt 1989, 624

Alternativkommentar zum Grundgesetz, 1. Band, 3. Auflage (Loseblatt), Neuwied/Kriftel, 2001, Stand: 2. Lieferung, Aug. 2002
(zit.: *Bearbeiter*, in: AK)

Bachof, Otto: Die Rechtsprechung des Bundesverwaltungsgerichts, JZ 1957, 334

Bamberger, Christian: Verfassungswerte als Schranke vorbehaltloser Freiheitsgrundrechte, Frankfurt a. M. u. a., 1999

Bauer, Thomas: Wissenschaftsfreiheit in Lehre und Studium, Berlin, 1980

Baumgartner, Gerhard: Zur Entwicklung der Praxis der Tierversuche in Deutschland, in: Caspar/Koch, Tierschutz für Versuchstiere – ein Widerspruch in sich?, Baden-Baden, 1998, S. 9

Bethge, Herbert: Der Grundrechtseingriff, VVDStRL 57 (1998), 7

- *ders.*: Grundpflichten als verfassungsrechtliche Dimension, NJW 1982, 2145

Bettermann, Karl August: Grenzen der Grundrechte, Berlin, 1968

Blankenagel, Alexander: Wissenschaftsfreiheit aus der Sicht der Wissenschaftssoziologie, AöR 105 (1980), 35

Blankenagel, Mechtild: Wissenschaft zwischen Information und Geheimhaltung, Sinzheim, 2001

Bleckmann, Albert: Zum materiellrechtlichen Gehalt der Kompetenzbestimmungen des Grundgesetzes, DÖV 1983, 129

Böckle, Franz: Das Tier als Gabe und Aufgabe, in: Händel, Tierschutz – Testfall unserer Menschlichkeit, Frankfurt a. M., 1984, S. 50

Brandhuber, Klaus: Kein Gewissen an deutschen Hochschulen?, NJW 1991, 725

Brohm, Winfried: Soziale Grundrechte und Staatszielbestimmungen in der Verfassung, JZ 1994, 213

v. Brünneck, Alexander: Die Freiheit der Wissenschaft und Forschung, JA 1989, 165

Burns, J. H./*Hart*, H. L. A. (Hrsg.): The collected works of Jeremy Bentham – An introduction to the principles of morals and legislation, Oxford, 1996

Callies, Christian/*Ruffert*, Matthias: Kommentar zu EU-Vertrag und EG-Vertrag, Neuwied/Kriftel, 1999

Caspar, Johannes: Freiheit des Gewissens oder Freiheit der Lehre? – Zur Tierversuchsproblematik im Studium, NVwZ 1998, 814

- *ders.*: Tierschutz in die Verfassung?, ZRP 1998, 441

- *ders.*: Zur Einführung einer Staatszielbestimmung „Tierschutz“ ins Grundgesetz, ZUR 1998, 177

- *ders.*: Zur Operationalisierbarkeit des Begriffs der ethischen Vertretbarkeit im Tierversuchsrecht, in: Caspar/Koch, Tierschutz für Versuchstiere – ein Widerspruch in sich?, Baden-Baden, 1998, S. 47

- *ders.*: Anmerkung zum Urteil des VG Berlin vom 7.12.1994, ZUR 1995, 203

Caspar, Johannes/*Geissen*, Martin: Das neue Staatsziel „Tierschutz“ in Art. 20a GG, NVwZ 2002, 913

Cirsovius, Thomas: Die Verwendung von Tieren zu Lehrzwecken, Baden-Baden, 2002

Classen, Claus Dieter: Wissenschaftsfreiheit außerhalb der Hochschule, Tübingen, 1994

Denninger, Erhard: Kommentar zum Hochschulrahmengesetz, München, 1984 (zit.: *Bearbeiter*, in: Denninger)

Detterbeck, Steffen: Der allgemeine Grundsatz der Subsidiarität der Rechtssatzverfassungsbeschwerde nach Art. 93 Abs. 1 Nr. 4a GG, DÖV 1990, 558
Deutsche Forschungsgemeinschaft: Tierversuche in der Forschung, Weinheim, 1993 (zit.: Denkschrift DFG)

Dickert, Thomas: Naturwissenschaften und Forschungsfreiheit, Berlin, 1991

Dimigen, Jens: Der Tierschutzbeauftragte: Instrument eigenverantwortlicher Durchführung des Tierschutzgesetzes oder betriebsinterne Rechtfertigungsinstanz?, in: Caspar/Koch, Tierschutz für Versuchstiere – ein Widerspruch in sich?, Baden-Baden, 1998, S. 171

Doehring, Karl: Forschungsfreiheit und Tierversuche – Verfassungsrechtliche Beurteilung, in: Hardegg/Preiser, Tierversuche und medizinische Ethik, Hildesheim, 1986, S. 137

v. *Doemming*, Klaus Berto/*Füsslein*, Rudolf W./*Matz*, Werner: Entstehungsgeschichte der Artikel des Grundgesetzes, JöR 1 (1951), 1

Dreier, Horst (Hrsg.): Grundgesetz-Kommentar, 1. Band, Tübingen, 1996 (zit.: *Bearbeiter*, in: Dreier)

Dreier, Ralf: Forschungsbegrenzung als verfassungsrechtliches Problem, DVBl 1980, 471

Dreier, Ralf/*Starck*, Christian: Tierschutz als Schranke der Wissenschaftsfreiheit, in: Händel, Tierschutz – Testfall unserer Menschlichkeit, Frankfurt a. M., 1984, S. 103

Ehmke, Horst: Prinzipien der Verfassungsinterpretation, VVDStRL 20 (1963), 53

Erbel, Günter: Zur Frage der landesgesetzlichen Regelung und Stellung und der Aufgaben eines Tierschutzbeauftragten, DÖV 1992, 189

- *ders.*: Rechtsschutz für Tiere – Eine Bestandsaufnahme anlässlich der Novellierung des Tierschutzgesetzes, DVBl 1986, 1235

- *ders.*: Das Sittengesetz als Schranke der Grundrechte, Berlin, 1971

Erichsen, Hans-Uwe: Der Schutz der Allgemeinheit und der individuellen Rechte durch die polizei- und ordnungsrechtlichen Handlungsvollmachten der Exekutive, VVDStRL 35 (1977), 171

Etymologisches Wörterbuch des Deutschen, dtv, 2. Auflage, Berlin, 1993

Flämig, Christian: Die genetische Manipulation des Menschen – Ein Beitrag zu den Grenzen der Forschungsfreiheit, Baden-Baden, 1985

Fleck, Rudolf: Die Fachhochschule als neue Rechtsfigur im Hochschulbereich, DÖV 1971, 590

Frankenberg, Günter: Tierschutz oder Wissenschaftsfreiheit?, KJ 1994, 421

Frotscher, Werner/*Störmer*, Rainer: Das geänderte Tierschutzgesetz, Jura 1991, 316

Fuß, Ernst-Werner: Verwaltung und Schule, VVDStRL 23 (1966), 199

Gärtner, Klaus/*Militzer*, Klaus: Zur Bewertung von Schmerzen, Leiden und Schäden bei Versuchstieren, Berlin/Hamburg, 1993

Gassner, Erich: Ethische Aspekte des Tier- und Naturschutzrechts, NuR 1987, 97

Geddert-Steinacher, Tatjana: Menschenwürde als Verfassungsbegriff, Berlin, 1990

Geller, Gregor/*Kleinrahm*, Kurt: Die Verfassung des Landes NRW, Kommentar, 2. Auflage, Göttingen, 1963

Gerber, Hans: Lehrfreiheit heute, DVBl 1954, 313

Gerhardt, Volker: Das Prinzip der Verantwortung – Zur Grundlegung einer ökologischen Ethik – Eine Entgegnung auf Hans Jonas, in: Gedenkschrift für F. Kaulbach, 1992, S. 103

Götz, Volkmar: Europäische Gesetzgebung durch Richtlinien – Zusammenwirken von Gemeinschaft und Staat, NJW 1992, 1849

Grässer, Erich: Kirche und Tierschutz – eine Anklage, in: Händel, Tierschutz – Testfall unserer Menschlichkeit, Frankfurt a. M., 1984, S. 59

Gramm, Christof: Ethikkommissionen: Sicherung oder Begrenzung der Wissenschaftsfreiheit?, WissR 32 (1999), 209

Grellert, Volker: Industrielle Forschung, in: Handbuch des Wissenschaftsrechts, 2. Band, 1. Auflage, Berlin u. a., 1982, S. 1235

Gucht, Wolfgang: Steht das Schächten nach islamischem Ritus unter dem Schutz des Art. 4 Abs. 2 GG?, JR 1974, 15

Häberle, Peter: „Gott“ im Verfassungsstaat?, Festschrift für W. Zeidler, 1. Band, 1987, S. 3

- *ders.*: Die Wesensgehaltgarantie des Art. 19 Abs. 2 Grundgesetz, 3. Auflage, Heidelberg, 1983

- *ders.*: Die offene Gesellschaft der Verfassungsinterpreten, JZ 1975, 297

- *ders.*: „Öffentliches Interesse“ als juristisches Problem, Bad Homburg, 1970

Händel, Ursula M.: Chancen und Risiken einer Novellierung des Tierschutzgesetzes, ZRP 1996, 137

- *dies.*: Grundlegendes muss geschehen, damit etwas geschieht, in: dies., Tierschutz – Testfall unserer Menschlichkeit, Frankfurt a. M., 1984, S. 11

Hässy, Susanne: Tierschutz im Grundgesetz: notwendig, überflüssig oder bedeutungslos?, BayVBl 2002, 202

Hailbronner, Kay: Der Einheitsprofessor in verfassungsrechtlicher Sicht, MittHV 1980, 245

- *ders.*: Die Freiheit von Forschung und Lehre als Funktionsgrundrecht, Hamburg, 1979

Harrer, Friedrich: Die Regelungen der EU auf dem Gebiet des Tierversuchsrechts, in: Caspar/Koch, Tierschutz für Versuchstiere – Ein Widerspruch in sich?, Baden-Baden, 1998, S. 33

Hempolinski, Michael: Haben wir das Recht, Tiere zu töten? – Moralische Aspekte der Tötung von Tieren, in: Joerden/Busch, Tiere ohne Rechte?, Berlin/Heidelberg u. a., 1999, S. 53

Henneke, Hans-Günter: Der Schutz der natürlichen Lebensgrundlagen in Art. 20a GG, NuR 1995, 325

Hensel, Herbert: Arzneimittelsicherheit und Tierversuch, ZRP 1975, 286

Hesse, Konrad: Grundzüge des Verfassungsrechts der Bundesrepublik Deutschland, 20. Auflage, Heidelberg, 1995

Heyde, Wolfgang: Der Regelungsspielraum des Gesetzgebers bei vorbehaltlos gewährleisteten Grundrechten, in: Festschrift für W. Zeidler, 2. Band, 1987, S. 1429

v. Heydebrand u. d. Lasa, Hans-Christoph/*Gruber*, Franz: Tierversuche und Forschungsfreiheit, ZRP 1986, 115

Hillmer, Clemens Christoph: Auswirkungen einer Staatszielbestimmung „Tierschutz“ im Grundgesetz, insbesondere auf die Forschungsfreiheit, Frankfurt a. M./Berlin u. a., 2000

Hinrichs, Ulrike: “Big Brother” und die Menschenwürde, NJW 2000, 2173

Hobe, Stephan: Tierversuche zwischen Tierschutz und Forschungsfreiheit, WissR 31 (1998), 309

Höffe, Otfried: Ethische Grenzen der Tierversuche, in: Händel, Tierschutz – Testfall unserer Menschlichkeit, Frankfurt a. M., 1984, S. 82

Höfling, Wolfram: Offene Grundrechtsinterpretation, Berlin, 1987

Hörnicke, Heiko: Kriterien für die Beurteilung des unerlässlichen Maßes bei Eingriffen und Behandlungen an Tieren im Rahmen der Aus- und Fortbildung, Tierärztl. Umschau 39 (1984), 853

Huster, Stefan: Individuelle Menschenwürde oder öffentliche Ordnung?, NJW 2000, 3477

- *ders.*: Gehört der Tierschutz ins Grundgesetz?, ZRP 1993, 326

v. Ihering, Rudolf: Der Zweck im Recht, 2. Band, 3. Auflage, Leipzig, 1898

Isensee, Josef: Die verdrängten Grundpflichten des Bürgers, DÖV 1982, 609

- *ders.*: Wer definiert die Freiheitsrechte?, Heidelberg/Karlsruhe, 1980

- *ders.*: Verfassungsgarantie ethischer Grundwerte und gesellschaftlicher Konsens, NJW 1977, 545

Jarass, Hans D./*Pieroth*, Bodo: Grundgesetz-Kommentar, 6. Auflage, München 2002
(zit.: *Bearbeiter*, in: Jarass/Pieroth)

Jonas, Hans: Das Prinzip Verantwortung – Versuch einer Ethik für die technologische Zivilisation, Frankfurt a. M., 1979

Kant, Immanuel: Metaphysik der Sitten, 4. Auflage (hrsg. von K. Vorländer), Leipzig, 1922

Kaufmann, Arthur: Rechtsphilosophische Aspekte wissenschaftlicher Tierversuche, in: Hardegg/Preiser, Tierversuche und medizinische Ethik, Hildesheim, 1986, S. 118

Kemper, Fritz H.: Einleitung, in: Schuppan/Hardegg, Tierschutz durch Alternativen, Stuttgart/New York, 1988, S. 1

Kimminich, Otto: Das Veröffentlichungsrecht des Wissenschaftlers, WissR 18 (1985), 116

v. Kirchbach, Johannes: Wissenschaftsfreiheit und Arzneimittelkontrolle – Ein Beitrag zum Verständnis des Art. 5 III GG, Frankfurt a. M./Bern/New York, 1985

Kleindiek, Ralf: Wissenschaft und Freiheit in der Risikogesellschaft, Berlin, 1998

Kloepfer, Michael: Umweltschutz als Verfassungsrecht: Zum neuen Art. 20a GG, DVBl 1996, 73

- *ders.*: Tierversuchsbeschränkungen und Verfassungsrecht, JZ 1986, 205

- *ders.*: Grundrechtstatbestand und Grundrechtsschranken in der Rechtsprechung des Bundesverfassungsgerichts – dargestellt am Beispiel der Menschenwürde –, in: BVerfG und GG, Festgabe aus Anlass des 25-jährigen Bestehens des BVerfG, 2. Band, 1976, S. 405

Kloepfer, Michael/*Rossi*, Matthias: Tierschutz in das Grundgesetz?, JZ 1998, 369

Kluge, Hans-Georg: Staatsziel Tierschutz, ZRP 2004, 10

- *ders.*: Grundrechtlicher Freiraum des Forschers und ethischer Tierschutz, NVwZ 1994, 869

- *ders.*: Vorbehaltlose Grundrechte am Beispiel des Schächtens, ZRP 1992, 141

Knemeyer, Franz-Ludwig: Lehrfreiheit, Begriff der Lehre – Träger der Lehrfreiheit, Bad Homburg v. d. H./Berlin/Zürich, 1969

Köttgen, Arnold: Die Freiheit der Wissenschaft und die Selbstverwaltung der Universität, in: Die Grundrechte II (hrsg. von Neumann/Nipperdey/Scheuner), Berlin, 1954, S. 291

Kramer, Johannes: Gesamthochschule = Universität?, MittHV 1981, 205 und 331

Krapp, Rolf: Die Mensch-Tier-Beziehung in theologischer Sicht, in: Hardegg/ Preiser, Tierversuche und medizinische Ethik, Hildesheim, 1986, S. 31

Krawietz, Werner: Risiko, Recht und normative Verantwortungsattribution in rechtsethischer Perspektive, in: Gedenkschrift für F. Kaulbach, 1992, S. 147

Kriele, Martin: Vorbehaltlose Grundrechte und die Rechte anderer, JA 1984, 629

- *ders*.: Gesetzliche Regelung von Tierversuchen und Wissenschaftsfreiheit, in: Händel, Tierschutz – Testfall unserer Menschlichkeit, Frankfurt a. M., 1984, S. 113

Krüger, Hartmut: Grundtypen der Hochschulen, in: Handbuch des Wissenschaftsrechts, 1. Band, 2. Auflage, Berlin u. a., 1996, S. 207

- *ders*.: Forschung, in: Handbuch des Wissenschaftsrechts, 1. Band, 2. Auflage, Berlin u. a., 1996, S. 261

- *ders*.: Lehre, in: Handbuch des Wissenschaftsrechts, 1. Band, 2. Auflage, Berlin u. a., 1996, S. 309

Kühne, Jörg-Detlef: Die Reichsverfassung der Paulskirche, 2. Auflage, Neuwied, 1988

Kuhlmann, Hartmut: Der Mitweltschutz im gesamtdeutschen Grundgesetz, NuR 1995, 1

Lennartz, Hans-Albert: Datenschutz und Wissenschaftsfreiheit, Braunschweig/ Wiesbaden, 1989

Leondarakis, Konstantin: Tierversuche – Kollisionen mit dem Tierschutz, Göttingen, 2001

Lerche, Peter: Verfassungsrechtliche Aspekte der Gentechnologie, in: Lukes/ Scholz: Rechtsfragen der Gentechnologie, Köln/Berlin u. a., 1986, S. 88

Lersner, Heinrich Freiherr von: Gibt es Eigenrechte der Natur?, NVwZ 1988, 988

v. Loeper, Eisenhart: Der Schutz der Versuchstiere in Deutschland – rechtliche Situation und Novellierungsbestrebungen, in: Caspar/Koch, Tierschutz für Versuchstiere – ein Widerspruch in sich?, Baden-Baden, 1998, S. 21

- *ders.*: Tierschutz ins Grundgesetz, ZRP 1996, 143

- *ders.*: Studentische Gewissensfreiheit und mitgeschöpfliche Sozialbindung, ZRP 1991, 224

- *ders.*: Tierrechte und Menschenpflichten, in: Händel, Tierschutz – Testfall unserer Menschlichkeit, Frankfurt a. M., 1984, S. 144

v. Loeper, Eisenhart/*Reyer*, Wasmut: Das Tier und sein rechtlicher Status, ZRP 1984, 205

Löwer, Wolfgang: Tierschutz und Verfassung – Rechtliche Überlegungen zur Forderung nach einer Ergänzung des Grundgesetzes, in: Gedächtnisschrift für O. Kimminich, 1999, S. 54

Lorenz, Dieter: Wissenschaft darf nicht alles! Zur Bedeutung der Rechte anderer als Grenze grundrechtlicher Gewährleistung, in: Festschrift für P. Lerche, 1993, S. 267

Lorz, Albert/*Metzger*, Ernst: Kommentar zum Tierschutzgesetz, 5. Auflage, München, 1999

Losch, Bernhard: Wissenschaftsfreiheit, Wissenschaftsschranken, Wissenschaftsverantwortung, Berlin, 1993

Losch, Bernhard/*Radau*, Wiltrud Christine: Forschungsverantwortung als Verfahrensaufgabe, NVwZ 2003, 390

Lübbe, Anna: Hat der Tierschutz Verfassungsrang?, NuR 1994, 469

Luhmann, Niklas: Grundrechte als Institution, Berlin, 1965

Mädrich, Susanne: Forschungsfreiheit und Tierschutz im Spiegel des Verfassungsrechts, Frankfurt a. M. u. a., 1988

Maisack, Christoph: Die Käfighaltung von Legehennen im Licht des Tierschutz- und des Grundgesetzes, NVwZ 1997, 761

v. Mangoldt, Hermann/*Klein*, Friedrich: Das Bonner Grundgesetz, 1. Band, 2. Auflage, Berlin/Frankfurt a. M., 1957

v. Mangoldt, Hermann/*Klein*, Friedrich/*Starck*, Christian: Das Bonner Grundgesetz, 1. Band, München, 1999; 2. Band, München, 2000, jeweils 4. Auflage
(zit.: *Bearbeiter*, in: v. Mangoldt/Klein/Starck)

Maunz, Theodor/*Dürig*, Günter: Kommentar zum Grundgesetz, 1. und 3. Band (Loseblatt), München, Stand: 38. Lieferung, März 2001*
(zit.: *Bearbeiter*, in: M/D)

Mayen, Thomas: Der grundrechtliche Informationsanspruch des Forschers gegenüber dem Staat, Berlin, 1992

Menzel, Andreas: Nochmals: Zum materiellrechtlichen Gehalt der Kompetenzbestimmungen des Grundgesetzes, DÖV 1983, 805

Meyer-Abich, Klaus Michael: Das Recht der Tiere, in: Händel, Tierschutz – Testfall unserer Menschlichkeit, Frankfurt a. M., 1984, S. 22

* Die 42. Lieferung brachte den Kommentar auf den Stand von Febr. 2003. In der Arbeit wird jedoch bewusst die frühere Kommentierung der Art. 1 I und 2 I GG von *G. Dürig* berücksichtigt.

Meyer-Teschendorf, Klaus G.: Verfassungsmäßiger Schutz der natürlichen Lebensgrundlagen, ZRP 1994, 73

Muckel, Stefan: Begrenzung grundrechtlicher Schutzbereiche durch Elemente außerhalb des Grundrechtstatbestandes, in: Festschrift für H. Schiedermair, 2001, S. 347

- *ders.*: Religiöse Freiheit und staatliche Letztentscheidung, Berlin, 1997

- *ders.*: Staatliche Warnungen vor sog. Jugendsekten, JA 1995, 343

Müller, Friedrich: Die Positivität der Grundrechte, 2. Auflage, Berlin, 1990

- *ders.*: Strafrecht, Jugendschutz und Freiheit der Kunst – Fragen der Begrenzung vorbehaltlos verbürgter Grundrechte, JZ 1970, 87

Müller-Volbehr, Jörg: Religionsfreiheit und Tierschutz: Zur Zulässigkeit religiös motivierten Schächtens – BVerwG, NVwZ 1996, 61, JuS 1997, 223

v. Münch, Ingo/*Kunig*, Philip: Grundgesetz-Kommentar, 1. Band, 5. Auflage, München 2000 (zit.: *Bearbeiter*, in: v. Münch/Kunig)

Murswiek, Dietrich: Privater Nutzen und Gemeinwohl im Umweltrecht, DVBl 1994, 77

van Nieuwland, Herwig: Darstellung und Kritik der Theorien der immanenten Grundrechtsschranken, Göttingen, 1981

Nipperdey, Hans Carl: Die Würde des Menschen, in: Die Grundrechte II (hrsg. von Neumann/Nipperdey/Scheuner), Berlin, 1954, S. 1

Obergfell, Eva Inés: Ethischer Tierschutz mit Verfassungsrang – Zur Ergänzung des Art. 20a GG um „drei magische Worte“, NJW 2002, 2296

- *dies.*: Wissenschaftsfreiheit und Tierschutz – Zur Wertigkeit des Tierschutzes im deutschen Verfassungsrechtssystem, ZRP 2001, 193

Oppermann, Thomas: Europarecht, 2. Auflage, München 1999

- *ders.*: Freiheit von Forschung und Lehre, in: Handbuch des Staatsrechts VI, § 145, Heidelberg, 1989

Papier, Hans-Jürgen: Genehmigung von Tierversuchen, NuR 1991, 162

Patzig, Günther: Der wissenschaftliche Tierversuch unter ethischen Aspekten, in: Hardegg/Preiser, Tierversuche und medizinische Ethik, Hildesheim, 1986, S. 68

Peine, Franz-Joseph: Allgemeines Verwaltungsrecht, 5. Auflage, Heidelberg, 2000

Perschel, Wolfgang: Die Lehrfreiheit des Lehrers, DÖV 1970, 34

Graf v. Pestalozza, Christian: Der Garantiegehalt der Kompetenznorm – Erläutert am Beispiel der Art. 105 ff. GG, Der Staat 11 (1972), 161

Picht, Georg: Wahrheit, Vernunft, Verantwortung, Stuttgart, 1969

Pieroth, Bodo: Materiale Rechtsfolgen grundgesetzlicher Kompetenz- und Organisationsnormen, AöR 114 (1989), 422

Pieroth, Bodo/*Schlink*, Bernhard: Grundrechte – Staatsrecht II, 19. Auflage, Heidelberg, 2003

v. Pollern, Hans-Ingo: Immanente Grundrechtsschranken – eine Bestandsaufnahme, JuS 1977, 644

Ramsauer, Ulrich: Die Zweitanmelderregelung – Zwischen Tierschutz und Patentrecht –, in: Caspar/Koch, Tierschutz für Versuchstiere – ein Widerspruch in sich?, Baden-Baden, 1998, S. 177

Reich, Andreas: Kommentar zum Hochschulrahmengesetz, 7. Auflage, Bad Honnef, 2000

Ridder, Helmut K. J.: Meinungsfreiheit, in: Die Grundrechte II (hrsg. von Neumann/Nipperdey/Scheuner), Berlin, 1954, S. 243

Roellecke, Gerd: Forschungsförderung für die Industrie, BB 1981, 1905

Roemer-Mähler, Jürgen: BMFT-Forschungsförderung „Entwicklung von Ersatz- und Ergänzungsmethoden zum Tierversuch“, in: Schuppan/Hardegg, Tierschutz durch Alternativen, Stuttgart/New York, 1988, S. 19

Rüfner, Wolfgang: Grundrechtskonflikte, in: BVerfG und GG, Festgabe aus Anlass des 25-jährigen Bestehens des BVerfG, 2. Band, 1976, S. 453

Rupp, Hans Heinrich: Tierschutz ins Grundgesetz?, WissR 32 (1999), 177

- *ders.*: Vom Wandel der Grundrechte, AöR 101 (1976), 161

Rusche, Brigitte/*Sauer*, Ursula G.: Gelbe Liste: Tierversuche – Alternativen, 4. Teil: Tierversuchsfreie Verfahren in der Ausbildung von Biologen, Medizinern und Veterinärmedizinern, hrsg. von der Akademie für Tierschutz, einer Einrichtung des Deutschen Tierschutzbundes e. V., Bonn 1995

Russell, William Moy Stratton/*Burch*, Rex Leonard: The principles of humane experimental technique, Frome/London, 1959

Sachs, Michael (Hrsg.): Kommentar zum Grundgesetz, 3. Auflage, München, 2003 (zit.: *Bearbeiter*, in: Sachs)

Saladin, Peter: Verantwortung als Staatsprinzip, Bern/Stuttgart, 1984

Schelling, Holger: Tierversuche und medizinische Forschungsfreiheit, NuR 2000, 188

Schink, Alexander: Umweltschutz als Staatsziel, DÖV 1997, 221

Schmidt, Walter A. E.: Die Freiheit der Wissenschaft, Berlin, 1929

Schmitt Glaeser, Walter: Die Freiheit der Forschung, WissR 7 (1974), 107

Schnapp, Friedrich E.: Grenzen der Grundrechte, JuS 1978, 729

Schulze-Fielitz, Helmuth: Freiheit der Wissenschaft, in: Handbuch des Verfassungsrechts, 2. Auflage, § 27, Berlin/New York, 1994

Selk, Michael: Anmerkung zum Urteil des AG Kassel vom 5.10.1990, NStZ 1991, 444

- *ders.*: Einschränkung von Grundrechten durch Kompetenzregelungen?, JuS 1990, 895

Sitter, Beat: Orte ethischer Verantwortung in der Wissenschaft, in: Festgabe für A. Troller, 1987, S. 257

Smend, Rudolf: Das Recht der freien Meinungsäußerung, VVDStRL 4 (1928), 44

Sonntag, Hans-Günther: Gedanken zur Stellung und Bedeutung des Tierversuchs, in: Schuppan/Hardegg, Tierschutz durch Alternativen, Stuttgart/New York, 1988, S. 5

Spaemann, Robert: Tierschutz und Menschenwürde, in: Händel, Tierschutz – Testfall unserer Menschlichkeit, Frankfurt a. M., 1984, S. 71

Spielmann, Horst: ZEBET und die Suche nach Alternativen für das Tiermodell – Möglichkeiten und Grenzen von Alternativmethoden, in: Caspar/Koch, Tierschutz für Versuchstiere – ein Widerspruch in sich?, Baden-Baden, 1998, S. 143

Spranger, Tade Matthias: Auswirkungen einer Staatszielbestimmung „Tierschutz“ auf die Forschungs- und Wissenschaftsfreiheit, ZRP 2000, 285

Staff, Ilse: Schulaufsicht und pädagogische Freiheit des Lehrers, DÖV 1969, 627

Starck, Christian: Die Grundrechte des Grundgesetzes – Zugleich ein Beitrag zu den Grenzen der Verfassungsauslegung, JuS 1981, 237

Steike, J./*Wolf*, E.: Die ethische Vertretbarkeit bei der Erstellung transgener Tiermodelle, Der Tierschutzbeauftragte 1995, 241

Stein, Ekkehard: Die Wissenschaftsfreiheit der Studierenden, JA 2002, 253

Stein, Ekkehart/*Frank*, Götz: Staatsrecht, 18. Auflage, Tübingen, 2002

Stern, Horst: Tierversuche in der Pharmaforschung, München, 1979

Stern, Klaus: Das Staatsrecht der Bundesrepublik Deutschland,
- Band I, 2. Auflage, München 1984
- Band III/1, München 1988
- Band III/2, München, 1994 (zit.: *Bearbeiter*, in: Stern III/2)

- *ders.*: Zur Aufnahme eines Umweltschutzstaatszieles in das Grundgesetz, NWVBl 1988, 1

Stettner, Rupert: Grundfragen einer Kompetenzlehre, Berlin, 1983

Stober, Rolf: Rechtsfragen zur Massentierhaltung, Königstein/Ts., 1982

Teutsch, Gotthard M.: Das Tier als Objekt – Streitfragen zur Ethik des Tierschutzes, Frankfurt a. M., 1989

- *ders.*: Tierschutz als Geschichte menschlichen Versagens, in: Händel, Tierschutz – Testfall unserer Menschlichkeit, Frankfurt a. M., 1984, S. 39

Thieme, Werner: Die Wissenschaftsfreiheit der nichtuniversitären Forschungseinrichtungen, DÖV 1994, 150

- *ders.*: Deutsches Hochschulrecht, 2. Auflage, Köln u. a., 1986

Tödtmann, Ulrich/*Zillmann*, Uwe: Tierschutz quo vadis – Tierschutz als Verfassungsziel?, ZRP 1993, 324

Trute, Hans-Heinrich: Die Forschung zwischen grundrechtlicher Freiheit und staatlicher Institutionalisierung, Tübingen, 1994

Turner, George: Grenzen der Forschungsfreiheit, ZRP 1986, 172

Uhle, Arnd: Das Staatsziel „Umweltschutz" im System der grundgesetzlichen Ordnung, DÖV 1993, 947

Umbach, Dieter C./*Clemens*, Thomas: Kommentar zum Bundesverfassungsgerichtsgesetz, Heidelberg, 1992

Vitzthum, Wolfgang Graf: Gentechnologie und Menschenwürde, ZRP 1987, 33

Vogel, Hans-Jochen: Die Reform des Grundgesetzes nach der deutschen Einheit, DVBl 1994, 497

Waechter, Kay: Umweltschutz als Staatsziel, NuR 1996, 321

- *ders.*: Forschungsfreiheit und Fortschrittsvertrauen, Der Staat 30 (1991), 19

Wagner, Hellmut: Forschungsfreiheit und Regulierungsdichte, NVwZ 1998, 1235

Wahl, Rainer: Freiheit der Wissenschaft als Rechtsproblem, Freiburger Universitätsblätter, 1987, 19

Weber-Dürler, Beatrice: Der Grundrechtseingriff, VVDStRL 57 (1998), 57

Westphal, Simone: Art. 20a GG – Staatsziel „Umweltschutz", JuS 2000, 339

Wiegand, Bodo: Das Prinzip Verantwortung und die Präambel des Grundgesetzes, JöR 43 (1995), 31

Wolf, Ernst: Das Grundrecht der Freiheit der Wissenschaft, WissR 3 (1970), 193

Wolf, Rainer: Gehalt und Perspektiven des Art. 20a GG, KritV 80 (1997), 280

Wülfing, Thomas: Grundrechtliche Gesetzesvorbehalte und Grundrechtsschranken, Berlin, 1980

Ziekow, Jan: Tierschutz im Schnittfeld von nationalem und internationalem Recht, Berlin, 1999

Zöbeley, Günter: Zur Geltung des Grundrechts auf Wissenschaftsfreiheit im Bereich der Fachhochschulen, WissR 18 (1985), 76

Einführung in die Thematik

Die Aufnahme des Tierschutzes als Staatsziel in das Grundgesetz wurde viele Jahre kontrovers diskutiert. Als der Bundestag am 17. Mai 2002 fraktionsübergreifend und mit großer Mehrheit beschloss, in Art. 20a GG die Worte „und die Tiere“ einzufügen, brachte er damit eines der umstrittensten rechtspolitischen Projekte der Verfassungsgeschichte zum Abschluss[1]. An der Zustimmung des Bundesrates, die dieser am 21. Juni 2002 erteilte[2], bestand von vornherein kein Zweifel. Am 1. August 2002 trat das verfassungsändernde Gesetz dann schließlich in Kraft[3]. Seitdem hat Art. 20a GG folgenden Wortlaut:

„Der Staat schützt auch in Verantwortung für die künftigen Generationen die natürlichen Lebensgrundlagen *und die Tiere* im Rahmen der verfassungsmäßigen Ordnung durch die Gesetzgebung und nach Maßgabe von Gesetz und Recht durch die vollziehende Gewalt und die Rechtsprechung.“

Es war der kleinste gemeinsame Nenner, auf den sich die Fraktionen einigen konnten. Weitergehende Formulierungsvorschläge für eine eigenständige Staatszielbestimmung „Tierschutz“ fanden nicht die im Hinblick auf Art. 79 II GG erforderliche Zustimmung der CDU/CSU-Fraktion[4].

Verbunden mit einem veränderten Umweltbewusstsein ist in den letzten Jahren oder Jahrzehnten in weiten Kreisen der Bevölkerung eine Sensibilisierung für Fragen und Anliegen des Tierschutzes eingetreten. Von besonderer Bri-

---

1 *Caspar/Geissen*, NVwZ 2002, 913; nur die PDS-Gruppe schloss sich dem Gesetzentwurf nicht an; insgesamt votierten 543 Parlamentarier dafür, 19 dagegen, 15 enthielten sich ihrer Stimmen; nach *Caspar/Geissen*, a. a. O., ist die Bundesrepublik der erste Staat innerhalb der Europäischen Union, der den Tierschutz in seine Verfassung aufnimmt.

2 BR-Dr. 453/02.

3 BGBl I, S. 2862.

4 Dass die Union ihren Widerstand gegen die Verankerung des Tierschutzes im Grundgesetz schließlich doch aufgab, dürfte entscheidend auf die Auswirkungen zurückzuführen sein, die das Schächturteil des BVerfG vom 15.1.2002 (BVerfGE 104, 337 = NJW 2002, 663) auslöste, gerade auch im Hinblick auf die damals bevorstehende (22.9.2002) Bundestagswahl, so auch *Caspar/Geissen*, NVwZ 2002, 913, 916; *Kluge*, ZRP 2004, 10, 11. Das Urteil, wonach einem muslimischen Metzger das betäubungslose Schlachten von Tieren zu gestatten sei, stieß ganz überwiegend auf – zum Teil heftige – Ablehnung, siehe *Fromme*, in: FAZ v. 8.4.2002, S. 12; *Höll/Karweil*, in: SZ v. 19.3.2002, S. 6; *Wieland*, in: FAZ v. 27.3.2002, S. 6; Der Spiegel v. 18.3.2002, S. 17; Die Welt v. 19.3.2002, S. 2.

sanz ist die Verwendung von Tieren zu wissenschaftlichen Zwecken, also in Forschung und Lehre (Tierversuche). Wissenschaft, Forschung und Lehre erklärt Art. 5 III GG für frei. Insbesondere im Hinblick auf die grundrechtliche Gewährleistung dieses Freiheitsrechts war und ist die verfassungsrechtliche Verankerung des Tierschutzes von herausragender Bedeutung. Dies aufzuzeigen, ist Ziel dieser Arbeit. Im Einzelnen wird wie folgt vorgegangen:

Zunächst wird ein Überblick über die medizinische bzw. naturwissenschaftliche, ethische und schließlich rechtliche Problematik gegeben, die mit der Verwendung von Tieren zu wissenschaftlichen Zwecken verbunden ist (*1. Teil*). Im Anschluss hieran folgt eine nähere Untersuchung des Umfangs und der Grenzen des Schutzbereichs der in Art. 5 III GG garantierten Freiheiten von Wissenschaft, Forschung und Lehre. Das Hauptaugenmerk wird auf die Möglichkeit gerichtet, Tierversuche unter Zugrundelegung einzelner dogmatischer Aspekte dem Normbereich der Wissenschaftsfreiheit zu entziehen. Dieser *2. Teil* bildet den Schwerpunkt der Arbeit. Im *3. Teil* werden die Vorschriften des TierSchG[5] daraufhin untersucht, ob sie einen Eingriff in die Wissenschaftsfreiheit darstellen. Gegenstand des *4. Teils* ist dann die Frage, ob dem Tierschutz schon vor Einfügung in Art. 20a GG Verfassungsrang zukam. Nur wenn diese Frage verneint wird, war die ausdrückliche Normierung in Art. 20a GG notwendig. Im *5. Teil* wird der Frage nachgegangen, ob sich aus der Verankerung des Tierschutzes in zahlreichen Landesverfassungen und insbesondere aus völker- bzw. europarechtlichen Vorgaben für den Bundesgesetzgeber eine Pflicht zur Verankerung dieses Wertes auch im Grundgesetz ergab. Im *6. Teil* werden die zahlreichen Argumente gegen eine Staatszielbestimmung Tierschutz dargestellt und hinterfragt. Abschließend wird die letztendlich gewählte Fassung, also die Einfügung der Worte „und die Tiere" in Art. 20a GG, daraufhin untersucht, ob andere Formulierungen vorzugswürdig gewesen wären (7. *Teil*).

5 In der Fassung der Bekanntmachung vom 25.5.1998 (BGBl I, S. 1105, berichtigt auf S. 1818). In Kraft trat das geltende Tierschutzgesetz am 1.10.1972 (BGBl I, S. 1277). 1986 wurde es umfassend novelliert (BGBl I, S. 1309 bzw. Bekanntmachung auf S. 1319 ff.).

1. Teil:
Der Tierschutz als medizinisches, ethisches und rechtliches Problem

A. Der medizinische bzw. naturwissenschaftliche Konflikt: Die Notwendigkeit von Tierversuchen

Versuche an Tieren werden vor allem zum Zwecke medizinischer Erkenntnisgewinne durchgeführt[6]. Sie sind, obwohl alternative Methoden in zunehmendem Maße genutzt werden, auch heute noch vielfach unerlässlich zur Diagnose und Therapie menschlicher (und tierischer) Krankheiten, insbesondere zur Entwicklung oder Prüfung von Arzneimitteln. Sie werden des Weiteren – allerdings in deutlich geringerer Zahl – zu Lehrzwecken durchgeführt, insbesondere in den universitären Studiengängen der Medizin, Veterinärmedizin und der Biologie.

I. Die Notwendigkeit von Tierversuchen in der medizinischen Forschung

1. Tierversuche und Alternativmethoden

Krankheiten verschiedenster Art bedrohen Leben und Gesundheit in der heutigen Zeit. Insbesondere bereits erkrankte Menschen und deren Angehörige hoffen auf Heilungsmöglichkeiten. Ihre Hoffnungen erhalten Nahrung durch regelmäßig erscheinende Meldungen über neue Erkenntnisse bzw. Ergebnisse in der wissenschaftlichen Forschung. Ohne Tierversuche wären in der Vergangenheit bereits erreichte Fortschritte in der medizinischen Forschung, insbesondere in der Arzneitherapie, nicht möglich gewesen und ohne sie wird auch in Zukunft eine effektive Bekämpfung von Krankheiten nicht möglich sein. Deshalb muss es nach dem Stand der heutigen wissenschaftlichen Erkenntnisse und unter Einschluss der absehbaren künftigen Entwicklung als ausgeschlossen gelten, dass Tierversuche in der medizinischen Forschung generell verzichtbar sein werden. Sie haben dazu geführt, dass in der Grundlagenforschung wichtige Erkenntnisse über physiologische Funktionen bzw. krankhafte Störungen von Organen gewonnen wurden, die anschließend in der angewandten Forschung zur Entwicklung von Arzneimitteln, neuer diagnostischer Methoden oder Operationstechniken eingesetzt werden konnten. Dies beruht darauf, dass es eine große Vielfalt struktureller und funktioneller Gemeinsamkeiten zwischen Mensch und Säugetier gibt. Die natürlich auch vorhandenen speziesbedingten Unterschiede (z. B. hinsichtlich Gewicht oder Größe) lassen sich in den Experimenten und bei der Interpretation der Ergebnisse weitgehend berücksichtigen. Somit kann von vornherein jenem Argument der Wind aus den Segeln genommen werden, wonach Ergebnisse aus

6 Seit Anfang des 19. Jahrhunderts, *Erbel*, DVBl 1986, 1235, 1248.

Tierversuchen grundsätzlich auf den Menschen ohnehin nicht übertragbar seien[7]. Sie sind im Allgemeinen, ganz im Gegenteil, nicht nur geeignet, menschliche Krankheiten im weitesten Sinne zu bekämpfen, sondern hierzu schlechthin unverzichtbar[8]. So ist es etwa, um dies an einem Beispiel anschaulich zu machen, vor gut 10 Jahren Forschern gelungen, ein für die Metastasierung (Ausstreuung von Tochtergeschwulsten bösartiger Tumore) von Krebszellen wichtiges Gen zu identifizieren. Ursache für diesen medizinischen Erfolg waren Tierversuche, aufgrund derer der Zusammenhang zwischen der Aktivität dieses Gens und der Fähigkeit zur Metastasierung erkannt wurde. Es wurde darüber hinaus nachgewiesen, dass die Metastasierung am lebenden Menschen gestoppt werden kann, indem man das Produkt des Gens blockiert. Aus diesem Befund erwächst die Hoffnung, dass grundlegende Erkenntnisse über Metastasierungsvorgänge nutzbar gemacht werden können und somit ein großer Schritt hin zur Therapierbarkeit von Krebs gemacht werden kann. Unerlässliche Grundlage hierfür war aber die Tatsache, dass die Zelloberflächenstrukturen der benutzten Tiere und des Menschen übereinstimmen. Ohne vorbereitende Tierversuche wären des Weiteren auch lebensrettende Organtransplantationen (z. B. von Knochenmark, Leber, Herz), neue Operationsmethoden in der Chirurgie (z. B. Gefäßersatz) oder die Erprobung neuer biomedizinischer Techniken (z. B. künstliche Gelenke) nicht möglich gewesen[9].

Auf der anderen Seite darf jedoch vor dem Hintergrund der Bandbreite der Versuche bezweifelt werden, dass sie ausnahmslos zum Vorbeugen, Erkennen oder Behandeln von Krankheiten unerlässlich waren bzw. sind[10]. Vielmehr liegt die Annahme nahe, dass nicht wenige Versuche an und mit Tieren unternommen wurden bzw. werden, deren Notwendigkeit auch aus medizinischer Sicht in Frage gestellt werden darf. Dies gilt um so mehr, als schon seit einigen Jahrzehnten *Ersatz- und Ergänzungsmethoden* bzw. *Alternativmetho-*

---

7 So aber etwa *Hensel*, ZRP 1975, 286, 287 f. und *v. Loeper/Reyer*, ZRP 1984, 205, 210 f., die sich gegen einen Voraussagewert von Tierversuchen aussprechen.

8 Denkschrift DFG, etwa S. 3 f., 31 f., 38; Tierschutzbericht 2001, BT-Dr. 14/5712, S. 57; Tierschutzbericht 2003, BT-Dr. 15/723, S. 64; *Kemper*, in: Schuppan/Hardegg, S 1, 4; *Sonntag*, in: Schuppan/Hardegg, S. 5, 9: „Auf medizinischem Gebiet bedeutet das (...) in vielen Fällen den Zwang zum Tierversuch, in etlichen sogar die Verpflichtung dazu." Der Leiter des Tierforschungszentrums der Universität Ulm und Tierschutzbeauftragte der Hochschule *B. Jilge* weist darauf hin, dass ohne Tierversuche beispielsweise Insulin nicht entdeckt oder ein Impfstoff gegen Kinderlähmung und Gelbfieber nicht entwickelt worden wäre, Kölnische Rundschau vom 25.4.2002.

9 Hierzu Denkschrift DFG, S. 35.

10 Siehe *Händel*, in: dies., S. 11, 18; s. auch *v. Loeper*, in: Händel, S. 144, 148 f.

den zum Tierversuch erarbeitet werden, bei deren Definition auf der Grundlage eines breiten internationalen Konsenses das Konzept von *Russell* und *Burch* aus dem Jahre 1959 zugrundegelegt wird, das auf den drei Postulaten "Replacement", "Reduction" und "Refinement" beruht[11]. *"Replacement"* bezieht sich dabei auf den Ersatz lebender Tiere (zum Beispiel) durch die Verwendung isolierter Organe höherer Lebewesen, bebrüteten Eiern, Zell- und Gewebekulturen, Nicht-Wirbeltieren mit geringerem Schmerzempfinden sowie Mikroorganismen verschiedenster Art[12]. So können etwa Untersuchungen an Kulturen von Nervenzellen dazu beitragen, Tierversuche in der besonders belastenden Schmerzforschung einzusparen[13]. Aber auch menschliches Gewebe, das etwa aus Anlass einer Operation ohnehin entnommen werden musste (z. B. bei der Entfernung von Tumoren) oder aus der Plazenta von Frauen direkt nach der Entbindung stammt, kann mit sauerstoffhaltiger Nährflüssigkeit in lebendfrischem Zustand erhalten und verwendet werden, ohne dass diese Vorgehensweise für hierauf basierende Forschungsvorhaben weniger geeignet wäre. Auch kann in bestimmten Fällen mit Computern schon eine Simulation biologischer Vorgänge durchgeführt werden. Konkret konnten etwa die stark belastenden Versuche zur Wertbestimmung von Insulin, bei denen zum Beispiel Mäusen hypoglycämie-bedingte (auf zu geringem Zuckergehalt im Blut beruhende) Krämpfe zugefügt wurden, vollständig durch eine sog. Hochdruckflüssigkeitschromatographie ersetzt werden, die zudem auch noch präziser ist[14]. Ein weiteres Beispiel dafür, wie lebende Tiere durch schmerzfreie Materie ersetzt werden können, ist der sog. Hühnereitest, der seit über 40 Jahren bekannt ist und den berüchtigten, weil äußerst schmerzvollen Draize-Test am Kaninchenauge zur Prüfung der Schleimhautverträglichkeit ersetzt. Beim Hühnereitest wird zur Untersuchung eines neuen Medikaments (z. B. Augentropfen) die Schale eines bebrüteten Eis teilweise entfernt und die Lösung mit dem Wirkstoff auf die freigelegte Aderhaut des Eis aufgetragen. Die hierbei erzielten Ergebnisse zeigen, dass weitgehend Übereinstimmung zwischen dieser Ersatzmethode und den herkömmlichen Tests mit Kaninchen besteht[15]. *"Reduction"* bedeutet die Verringerung der für ei-

11 *Russell/Burch*, The principles of humane experimental technique, S. 69 ff.

12 Siehe die Aufzählung im Gesetzentwurf zur Novellierung des TierSchG 1986, BT-Dr. 10/3158, S. 22.

13 *Roemer-Mähler*, in: Schuppan/Hardegg, S. 19, 21.

14 Hierzu *Spielmann*, in: Caspar/Koch, S. 143, 151 f.

15 Hierzu und zu weiteren Beispielen *Kemper*, in: Schuppan/Hardegg, S. 1, 2 f.; noch eher zurückhaltend in der Bewertung der Hühnereitests *Roemer-Mähler*, in: Schuppan/Hardegg, S. 19, 23.

nen bestimmten Versuch benötigten Tierzahlen, etwa durch Änderung der jeweiligen Versuchsanordnung. Beispielhaft hierfür sei auf das Forschungsprojekt eines Teams der Universität Regensburg zur Überprüfung von Dentalwerkstoffen auf ihre biologische Verträglichkeit hingewiesen. Es wurde eine sog. In-vitro-Pulpakammer entwickelt, mit der Toxizitätsprüfungen zahnärztlicher Füllstoffe anhand von Zellkulturen durchgeführt werden können, was zur Folge hatte, dass die Zahl der hierfür erforderlichen Großtiere (u. a. Affen und Hunde) um mindestens 30 % reduziert werden konnte[16]. Unter *"Refinement"* sind schließlich alle Maßnahmen zu verstehen, die zu einer Verbesserung der Versuchsmethoden und damit zu einer Verringerung der Belastung der eingesetzten Tiere führen. Hierzu zählen zum Beispiel bessere Anästhesieverfahren oder die baldige postoperative Verabreichung von Schmerzmitteln. Auch bei den berüchtigten LD50-Tests ("lethal dose") in der Toxikologie, wonach die Dosis eines Stoffes ermittelt werden soll, die 50 % der Versuchstiere abtötet, konnte ein Verfahren entwickelt werden, das das Leid der Tiere reduziert[17].

Insgesamt lässt sich feststellen, dass vor allem bei Untersuchungen von biologischen und pharmakologischen Eigenschaften von Stoffen für eine mögliche spätere Nutzung als Arzneimittel alternative Methoden zu Tierversuchen sich als wertvoll erwiesen haben und insbesondere erbgutverändernde Eigenschaften und Hinweise auf krebsfördernde Wirkungen heute schon in großem Umfang mit ihnen erfasst werden können[18]. Es verdient hervorgehoben zu werden, dass auf die Entwicklung und Validierung von alternativen Methoden gerade in Deutschland seit jeher viel Wert gelegt wird. Im internationalen Vergleich verfügt die Bundesrepublik über den mit Abstand größten Etat aus öffentlichen und industriellen Mitteln zur Erforschung alternativer Testmethoden. Von besonderer Bedeutung ist die 1989 gegründete ZEBET, die Zentralstelle zur Erfassung und Bewertung von Ersatz- und Ergänzungsmethoden zum Tierversuch. Sie gibt Anlass zur Hoffnung, dass die Anzahl der benutzten Tiere und die Intensität der ihnen zugefügten Leiden, Schmerzen und Schäden weiter verringert werden kann[19].

---

16 Siehe Tierschutzbericht 2001, BT-Dr. 14/5712, S. 79.

17 Hierzu *Spielmann*, in: Caspar/Koch, S. 143, 150; *H. Stern*, S. 118 f.

18 *Kemper*, in: Schuppan/Hardegg, S. 1, 3. Einen umfassenden Überblick geben die Tierschutzberichte der Bundesregierung, BT-Dr. 14/5712, S. 65 ff. bzw. BT-Dr. 15/723, S. 70 ff., 83 ff.

19 Hierzu *Spielmann*, in: Caspar/Koch, S. 143 ff.; Beispiele für neuere Forschungsprojekte, an denen ZEBET beteiligt war, finden sich im TS-Bericht 2003, BT-Dr. 15/723, S. 87

Sind hiernach Tierversuche auf dem einen oder anderen Gebiet entbehrlich, so sollte man sich trotz aller Fortschritte, wie eingangs bereits betont, vor Augen halten, dass für endgültige Aussagen über Eigenschaften und Wirkungen von Substanzen Vivisektionen in vielen Fällen unverzichtbar sind; denn die alternativen Methoden stoßen auf Grenzen. Auch wenn ein Wirkstoff an einem isolierten Organ oder Gewebe zu keinen schädlichen Reaktionen führt, muss dies nicht bedeuten, dass er in einem vollständig intakten Organismus nicht doch gefährliche Nebenwirkungen auslöst; denn die Substanz kann als Folge der Biotransformation im Körper in schädliche Stoffwechselprodukte umgewandelt werden, ohne dass dies an isolierten Organen bzw. einer Zellkultur feststellbar wäre. So kann etwa eine Bakterienkultur keine Auskunft über Beeinflussungen des Kreislaufs geben, ebenso wenig wie sie den Einfluss von Hormonen auf bestimmte Organfunktionen imitieren kann[20]. Wann immer also ein vollständiges und verlässliches Bild eines ganzen Funktionssystems entstehen soll, muss logischerweise der gesamte Organismus untersucht werden. „Schließlich kann man auch nicht einem Flugzeug allein deshalb Flugtauglichkeit bescheinigen, weil man weiß, dass seine einzelnen Bauteile funktionstüchtig sind[21]".

Zusammenfassend bedeutet dies aus der Sicht der medizinischen Forschung:

Dort, wo auf Tierversuche zur Entwicklung oder Prüfung von Arzneimitteln, zur Diagnose und Therapie im Allgemeinen nicht verzichtet werden kann, kann ihnen vom Standpunkt der Medizin aus nicht widersprochen werden. Sofern aber Alternativen der (grob) skizzierten Art vorhanden und erprobt sind, besteht auch aus medizinischer Sicht keine Veranlassung, Tiere zu verwenden.

---

ff. Auf europäischer Ebene ist ebenfalls ein Zentrum zur Validierung alternativer Methoden (ECVAM = European center for the validation of alternative methods) eingerichtet worden, *Lorz/Metzger*, § 7, Rn. 48. In diesem Zusammenhang sei auch noch auf die sog. *Zweitanmelderproblematik* hingewiesen. Will ein Konkurrent eines bestimmten Produktherstellers ein ganz oder teilweise identisches Produkt auf den Markt bringen, so stellt sich im Rahmen des grundsätzlich sehr strengen Zulassungsverfahrens die Frage, ob er einfach auf die Prüfunterlagen des Erstanmelders verweisen darf. Geht es um ein Produkt, dessen Unbedenklichkeit auf der Grundlage von Tierversuchen nachzuweisen ist, könnte somit auf entsprechende Versuche verzichtet werden. Andererseits ist aber das Wissen des Erstanmelders durch gewerbliche Rechte (Patente) geschützt; dieser würde wirtschaftlich gegenüber seinem Konkurrenten stark benachteiligt werden; hierzu BT-Dr. 15/723, S. 73 am Beispiel des ChemG; ausführlich *Ramsauer*, in: Caspar/Koch, S. 177 ff.

20 Hierzu *Kemper*, in: Schuppan/Hardegg, S. 1, 3 f.; Denkschrift DFG, S. 56 ff.

21 Denkschrift DFG, S. 9.

2. Zur Durchführung von Tierversuchen im Einzelnen

Gemäß § 1 der Versuchstiermeldeverordnung vom 4.11.1999[22] (Ermächtigung in § 16c TierSchG) ist jede Person bzw. Einrichtung, die Tierversuche nach den §§ 7 ff. TierSchG an Wirbeltieren durchführt bzw. Wirbeltiere nach den §§ 4 III, 6 I 2 Nr. 4, 10 oder 10a TierSchG verwendet, verpflichtet, der Behörde Angaben über Art, Herkunft und Zahl der Tiere sowie über den Zweck und die Art der Versuche bzw. der sonstigen wissenschaftlichen Verwendung zu machen. Die Daten werden dann alle zwei Jahre im Tierschutzbericht der Bundesregierung veröffentlicht (s. § 16e TierSchG). Dadurch können Vivisektionen tendenziell nachvollzogen und überprüft werden. Nach dieser neuen Versuchstiermeldeverordnung werden also nicht nur die eigentlichen Tierversuche im Sinne des 5. Abschnitts des TierSchG (§§ 7 ff.) erfasst, sondern auch das Töten von Wirbeltieren zu wissenschaftlichen Zwekken (§ 4 III), die Entnahme von Organen oder Gewebe zum Zwecke der Transplantation oder des Anlegens von Kulturen oder der Untersuchung isolierter Organe, Gewebe oder Zellen (§ 6 I 2 Nr. 4), Eingriffe oder Behandlungen zur Aus-, Fort- oder Weiterbildung (§ 10) sowie schließlich Eingriffe oder Behandlungen zur Herstellung, Gewinnung, Aufbewahrung oder Vermehrung von Stoffen, Produkten oder Organismen (§ 10a). Damit sind die seit dem Jahre 2000 auf der Grundlage der neuen Versuchstiermeldeverordnung erhobenen Daten *nicht mehr vergleichbar* mit denen der alten Versuchstiermeldeverordnung vom 1.8.1988[23], die lediglich bei Tierversuchen im engeren Sinne (§§ 7 ff. TierSchG) zur Meldung verpflichtete[24].

Zieht man die Daten der neuen Versuchstiermeldeverordnung heran, lässt sich, was die Arten der verwendeten Tiere angeht, für die Jahre 2001 und 2000 Folgendes feststellen: Der weit überwiegende Teil besteht aus Mäusen (48,2 bzw. 53,5 %) und Ratten (24,1 bzw. 26,7 %), gefolgt von Fischen (14,3 bzw. 5,9 %) und Kaninchen (5,5 bzw. 6,1 %). Seltener werden Vögel einschl. Geflügel (3 bzw. 2,2 %) sowie Meerschweinchen (1,9 bzw. 2,1 %) verwendet, vereinzelt auch höher entwickelte Tiere wie bestimmte Affenarten[25], Hunde oder Katzen. Die Zahl der in den Jahren 2001 bzw. 2000 insgesamt

22 BGBl I, S. 2156.

23 BGBl I, S. 1213.

24 Siehe TS-Bericht 2003, BT-Dr. 15/723, S. 105. Mit Recht wurde bemängelt, dass die auf der Grundlage der alten Versuchstiermeldeverordnung erhobenen Daten keinen exakten Überblick über die tatsächlich verbrauchten Tiere gaben, vgl. den Antrag der SPD-Fraktion vom 15.4.1994, BT-Dr. 12/7299, S. 3.

25 Menschenaffen werden seit 1991 nicht mehr verwendet.

benutzten Tiere beträgt 2,13 bzw. 1,83 Millionen[26]. Es sei jedoch betont, dass es sich um die *offiziellen* Versuchstierzahlen handelt. Wie hoch die Zahl der tatsächlich verwendeten Tiere liegt, ist unklar und bleibt reine Spekulation. Dass sie aber deutlich höher liegt, ist anzunehmen[27]. Auch wird darauf hingewiesen[28], dass diese Zahlen keine Prognose im Hinblick auf künftige Entwicklungen beim Einsatz von Tieren zulassen. Da aber, wie oben schon herausgestellt, jedenfalls in Deutschland die Bemühungen zur Entwicklung und Optimierung alternativer Methoden groß sind, besteht Anlass zur Hoffnung, dass die Tendenz eher zu weniger als zu mehr Tierversuchen geht.

Was die Herkunft der Tiere betrifft, so dürfen Wirbeltiere für Versuche grundsätzlich nur dann verwendet werden, wenn sie zu diesem Zweck gezüchtet worden sind, wobei das TierSchG aber Ausnahmen zulässt (s. § 9 II 3 Nr. 7). Der weit überwiegende Teil stammt aus registrierten Zucht- bzw. Liefereinrichtungen innerhalb Deutschlands[29].

Erwähnenswert ist schließlich, dass ca. 98 % aller Tierversuche im engeren Sinne (§§ 7 ff. TierSchG) unter Betäubung vorgenommen werden[30].

Grundsätzlich bedarf jeder Tierversuch an Wirbeltieren der Genehmigung durch die zuständige Behörde (§ 8 I TierSchG). Diese ist verbunden mit umfangreichen Darlegungs- bzw. Nachweispflichten (§ 8 II TierSchG). Regelmäßig genehmigungspflichtig sind zum Beispiel Versuche in der Grundlagenforschung (§ 7 II Nr. 4 TierSchG). Häufig ist jedoch die Notwendigkeit der Durchführung von Tierversuchen nicht der Einschätzung des Wissenschaftlers überlassen. Vielmehr werden Tierversuche vielfach vorgeschrieben, sei

26 Siehe die Auflistung im TS-Bericht 2003, BT-Dr. 15/723, S. 105. Die Zahl der in den 90er Jahren für Versuche im Sinne der §§ 7 ff. TierSchG verwendeten Tiere pendelte zwischen 2,4 (1991), 1,64 (1995) und 1,59 Millionen (1999) (s. TS-Bericht 2001, BT-Dr. 14/5712, S. 62); noch einmal sei aber hervorgehoben, dass die Zahlen bis einschl. 1999 mit denen ab 2000 nicht vergleichbar sind.

27 So wird die Zahl der in West-Deutschland jährlich verwendeten Versuchstiere Ende der 70er und Anfang der 80er Jahre auf 10 bis 15 Millionen bzw. 15 bis 20 Millionen geschätzt, s. *Händel* und *v. Loeper*, jeweils in: Händel, S. 11, 17 bzw. 144; ähnlich *Cirsovius*, S. 38 („10-14 Millionen"); *Dickert* nennt eine Zahl von 6-7 Millionen pro Jahr für den Zeitraum Ende der 80er Jahre, s. S. 49, Fn. 5; nach einem Bericht der Kölnischen Rundschau vom 25.4.2002 geht der Tierschutzbund unter Berufung auf Experten von „mindestens 7 Millionen Versuchstieren jährlich" aus.

28 Tierschutzbericht 2001, BT-Dr. 14/5712, S. 61.

29 Siehe die Auflistung im TS-Bericht 2003, BT-Dr. 15/723, S. 106.

30 *Baumgartner*, in: Caspar/Koch, S. 9, 19; *Lorz/Metzger*, vor § 7, Rn. 23.

es direkt per Gesetz[31] bzw. Rechtsverordnung[32] oder durch eine allgemeine Verwaltungsvorschrift[33] der Bundesregierung oder des jeweiligen Bundesministers. Die Bereiche, in denen hiernach Tierversuche angeordnet werden, sind vielfältig: vom Arzneimittel- und Chemikalienrecht, über das Lebensmittel-, Pflanzenschutz-, bis hin zum Wasserabgabenrecht. Hierbei geht es oft um Prüfungspflichten im Rahmen der Anmeldung oder Zulassung von potentiell gefährlichen (toxikologischen) Stoffen oder Produkten. Häufig dienen die Vorschriften der Umsetzung zwischenstaatlicher Abkommen (z. B. OECD) oder der Harmonisierung innerhalb der Europäischen Union[34]. Sind Tierversuche hiernach bereits vorgeschrieben, entfällt das Genehmigungserfordernis (§ 8 VII TierSchG). Damit die Behörde aber auch diese Versuche überprüfen und gegebenenfalls untersagen kann, muss sie zumindest Kenntnis von ihnen haben. Deshalb sind auch solche Versuche, die keiner Genehmigung bedürfen, jedenfalls anzuzeigen (§ 8a TierSchG)[35].

Tierversuche können nicht zu jedem beliebigen Zweck vorgeschrieben bzw. durchgeführt werden. Welche Zwecke gesetzlich anerkannt sind, regelt das TierSchG in § 7 II abschließend. So unterschiedlich die Versuchszwecke im Einzelnen auch sein mögen, im Groben lassen sie sich in zwei große Bereiche einteilen, in denen der weit überwiegende Teil der Tiere verbraucht wird. An der Spitze steht die (biologische) Grundlagenforschung (s. § 7 II Nr. 4

---

31 Bsp.: Gemäß § 3 I AbwAG (BGBl 1994 I, S. 3370) richtet sich die Abwasserabgabe nach der Schädlichkeit des Abwassers, die unter Zugrundelegung (u. a.) der Giftigkeit des Abwassers gegenüber (*noch*) Fischen (Goldorfen) bestimmt wird. Da seit dem 1.9.2001 als genormtes Verfahren der sog. Fischeitest zur Verfügung steht, bei dem frisch besamte Eier des Zebrabärblings über 48 Stunden den vorgegebenen Abwasserverdüngungen ausgesetzt werden, ist damit zu rechnen, dass das AbwAG entspr. geändert wird; der zuvor erprobte Ersatz durch Fischzelllinien konnte sich hingegen nicht durchsetzen, siehe hierzu TS-Bericht 2003, BT-Dr. 15/723, S. 70; *Spielmann*, in: Caspar/Koch, S. 143, 145.

32 Bsp.: § 1a PflanzenschutzmittelVO, BGBl 1998 I, S. 2162.

33 Zum Beispiel durch die allgemeinen Verwaltungsvorschriften zur Anwendung der Arzneimittelprüfrichtlinien nach § 26 AMG.

34 Hierzu auch *Caspar*, in: ders./Koch, S. 47, 49. Angemerkt sei in diesem Zusammenhang, dass die Zahl der in rechtlich vorgeschriebenen Versuchen bei toxikologischen Untersuchungen und Sicherheitsprüfungen verwendeten Tiere in den Jahren 1991 bis 2001 deutlich gesunken ist, s. die TS-Berichte 2001 (BT-Dr. 14/5712, S. 108) und 2003 (BT-Dr. 15/723, S. 67 f. sowie die Tabellen auf S. 108 f.). Dies wird darauf zurückgeführt, dass in diesem Bereich verstärkt Ersatz- und Ergänzungsmethoden zur Anwendung kommen.

35 Weder genehmigungs- noch anzeigepflichtig sind gem. § 8a TierSchG Versuche an Wirbellosen, es sei denn, es handelt sich um Cephalopoden oder Dekapoden (z. B. Tintenfische). Diese sind jedoch praktisch ohnehin kaum von Bedeutung.

TierSchG). Die Zahl der hierbei vor allem zur Erforschung menschlicher Krankheiten (z. B. Krebs oder Stoffwechselkrankheiten) eingesetzten Tiere ist in den letzten Jahren stark angestiegen. Während im Jahre 1991 13, 1 % und 1999 immerhin schon 27, 5 % aller Tierversuche im Sinne der §§ 7 ff. TierSchG zur Grundlagenforschung unternommen wurden[36], unterfielen 2001 43, 5 % aller nach der neuen (!) Versuchstiermeldeverordnung zu meldenden Tiere der biologischen Grundlagenforschung[37]. Zum anderen ist der Bereich der Erforschung und Entwicklung von Produkten und Geräten für die Human-, Zahn- und Veterinärmedizin sowie (daran anschließend) deren Herstellung bzw. (Qualitäts-) Kontrolle zu nennen (s. § 7 II Nr. 1 TierSchG), der im Jahre 2001 37, 5 % aller Tierversuche ausmachte. Andere Versuchszwecke, wie etwa die Aus- und Weiterbildung, auf die im Folgenden näher eingegangen wird, fallen demgegenüber zahlenmäßig kaum ins Gewicht.

II. Die Notwendigkeit von Tierversuchen in der wissenschaftlichen Lehre

In der wissenschaftlichen Lehre werden Tierversuche konkret in den universitären Studiengängen der Medizin, Veterinärmedizin und Biologie (s. §§ 9 I, 10 II 1 TierSchG) durchgeführt. Genauso wie bei Versuchen in der Forschung stellt sich auch hier die Frage nach der Notwendigkeit derartiger Versuche und damit nach alternativen Methoden. So legt auch das TierSchG in § 10 I 2 ausdrücklich fest, dass Eingriffe und Behandlungen an Tieren nur vorgenommen werden dürfen, soweit ihr Zweck nicht auf andere Weise, insbesondere durch filmische Darstellungen, erreicht werden kann. Verteidiger der Vivisektion verweisen darauf, dass eine Verbannung aus dem Unterricht eine unvertretbare Beeinträchtigung wissenschaftlicher (medizinischer) Fähigkeiten des angehenden Arztes zur Folge habe, worunter die Qualität der ärztlichen Dienstleistung und damit letztlich der Patient zu leiden habe. So müsse der Student selbst in geöffnete Tiere hineinsehen, um die Lage bestimmter Organe, ihre räumliche Beziehung zueinander oder die Konsistenz von Geweben zu erlernen und zu verstehen. Nur anhand praktischer Versuche lasse sich etwa die Reaktion eines Organs auf eine experimentell verursachte Störung so anschaulich machen, dass sie beim Studenten zu einem möglichst optimalen Verständnis führt, das ihn wiederum erst in die Lage versetzt, seine Kenntnisse und Fähigkeiten insbesondere bei der späteren Behandlung von Patienten bestmöglich einzusetzen[38]. Demgegenüber hal-

---

36 TS-Bericht 2001, BT-Dr. 14/5712, S. 108.

37 TS-Bericht 2003, BT-Dr. 15/723, S. 108. Der deutliche Anstieg wird vor allem auf Vorhaben zurückgeführt, bei denen transgene Tiere erzeugt werden, TS-Bericht 2003, a. a. O., S. 68.

38 Vgl. zu den Argumenten für Tierexperimente im Unterricht *Hörnicke*, Tierärztl. Um-

ten Tierversuchsgegner entsprechende Versuche jedenfalls größtenteils für durch Lehrfilme oder -bücher ersetzbar. Als weitere Ersatzmethoden werden Selbstversuche oder die Verwendung isolierter Organe natürlich verstorbener oder infolge veterinärmedizinischer Indikation eingeschläferter Tiere sowie Schlachthofpräparate vorgeschlagen[39]. Außerdem wird darauf verwiesen, dass manche Versuche nur noch aus bestimmten Traditionen heraus fortgeführt werden und die Voraussetzungen für einen höheren Lerneffekt an der heutigen Massenuniversität mit ihren großen Studentenzahlen kaum mehr gegeben seien.

Die überwiegende Zahl der Versuche wird an sog. frischtoten Tieren vorgenommen, das heißt an solchen, die kurz zuvor zu dem Zweck getötet wurden, sie zur Aus- und Weiterbildung verwenden zu können. An den Kadavern werden dann vor allem Sezier- und Präparationstechniken geübt sowie physiologische Mechanismen demonstriert. Aber auch lebende Tiere werden verwendet, wobei diese in aller Regel narkotisiert sind (z. B. Blutentnahmen oder Insulininjektionen bei Hasen und Kaninchen, Kaiserschnitte an Kühen usw.[40]). Es wird darauf hingewiesen, dass die Eingriffe zum Teil extrem belastend sind, weil die Tiere zum einen nur schwach narkotisiert werden und die Studenten zum anderen chirurgisch ungeübt sind[41].

Auch bei Vivisektionen zu Lehrzwecken variieren die Arten der eingesetzten und verbrauchten Tiere stark. Aus dem Tierschutzbericht 2003 der Bundesregierung ergibt sich, dass der weit überwiegende Teil auch hier aus Mäusen und Ratten besteht, und zwar zu 47,5 % bzw. 30,1 % im Jahr 2001 und zu 63,7 % bzw. 26,1 % im Jahr 2000. Seltener werden Fische, Schweine und Amphibien verwendet. Insgesamt wurden in den Jahren 2001 und 2000 etwa 40.000 Tierversuche zur Aus- und Weiterbildung durchgeführt[42]. Auch hier gilt es zu bedenken, dass es sich um die *offiziellen* Zahlen handelt. Andere

---

schau 39 (1984), 853, 855 f.

39 *Cirsovius*, S. 40; unter der Leitung von *Rusche/Sauer* hat die Akademie für Tierschutz zahlreiche Alternativmethoden zum Tierversuch für die Studiengänge der Medizin, Veterinärmedizin und Biologie zusammengestellt.

40 Diese und weitere Ausbildungsmaßnahmen finden sich bei *Cirsovius*, S. 46 f. Seine Angaben beruhen auf Informationen von SATIS, einer studentischen Arbeitsgruppe gegen Tierverbrauch im Studium.

41 *Cirsovius*, S. 44 ff.

42 BT-Dr. 15/723, S. 108. Es werden zum Teil auch wirbellose Tiere verwendet, wie etwa verschiedene Insektenarten, Krebse oder Würmer. Ihre Verwendung unterliegt aber nicht der Meldepflicht nach § 1 Versuchstiermeldeverordnung. Über ihre Zahl existieren daher keine Angaben.

Schätzungen gehen von einem deutlich extensiveren Tierverbrauch aus[43]. Die Zahlen erfassen nicht nur Versuche in der wissenschaftlichen Lehre (also in der Regel an Universitäten), sondern (entsprechend der Normierung in § 10 I 1 TierSchG) darüber hinaus auch solche, die „an einer anderen wissenschaftlichen Einrichtung oder einem Krankenhaus“ bzw. „im Rahmen einer Aus-, Fort- oder Weiterbildung für Heilberufe oder naturwissenschaftliche Hilfsberufe“ (z. B. pharmazeutisch-technische Assistenten) durchgeführt werden.

Eingriffe oder Behandlungen zur Aus-, Fort- oder Weiterbildung sind nicht genehmigungspflichtig wie (grundsätzlich) Versuche zu Forschungszwecken, müssen aber gem. § 10 II 1 i. V. m. § 8a TierSchG vorher angezeigt werden; denn nur bei Kenntnis von einem Versuch, kann die zuständige Behörde diesen (auf der Grundlage des § 8a V TierSchG) gegebenenfalls untersagen.

B. Das ethische Problem: Ungleichbehandlung von Mensch und Tier trotz gleicher Leidens- und Schmerzfähigkeit

Wenn in Forschung und Lehre Versuche bzw. Eingriffe an Tieren unternommen werden, so wirft dies auch ethische Fragen auf, die im Folgenden erläutert werden sollen. Die ethische Beurteilung von Tierversuchen ist zwar auch rechtlich von Bedeutung. So dürfen nach § 7 III 1 TierSchG Versuche an Wirbeltieren nur durchgeführt werden, wenn die zu erwartenden Schmerzen, Leiden oder Schäden der Tiere im Hinblick auf den Versuchszweck *ethisch vertretbar* sind. Dennoch ist die konkrete rechtliche Ausgestaltung des Konflikts von der rein ethischen Bewertung grundsätzlich losgelöst[44].

Dass Tiere um ihrer selbst willen zu schützen sind (ethischer Tierschutz), wie es heute einem breiten gesellschaftlichen Konsens entspricht[45] und auch im TierSchG (§ 1) verankert ist, war nicht immer selbstverständlich. Ganz abgesehen von jenen extremen Ansichten, nach denen Tiere als bloße Objekte ohne jeden Schutzanspruch angesehen und der Willensherrschaft des Menschen

---

43 Vgl. *Cirsovius*, S. 48 f.

44 So wäre der Gesetzgeber nicht gehindert, z. B. Versuche zu medizinischen Zwecken ausnahmslos für zulässig zu erklären. Ob diese Wertung aber auch rein ethisch betrachtet zutreffend ist, ist eine ganz andere Frage.

45 Der Gedanke, dass Tiere um ihrer selbst willen zu schützen sind, kam verstärkt Anfang der 70er Jahre zusammen mit dem sich ändernden Umweltbewusstsein auf. Rechtlich äußerte sich dieses insbesondere darin, dass europäische Nationen begannen, das Staatsziel Umweltschutz in ihre jeweiligen Verfassungen aufzunehmen, *Murswiek*, in: Sachs, Art. 20a, Rn. 4. Die Aufnahme des Art. 20a GG in die deutsche Verfassung geschah 1994 und damit relativ spät.

völlig unterworfen wurden[46], dominierte lange Zeit die Auffassung, wonach zwar eine moralische Pflicht, Tiere zu schonen und nicht unnötig zu quälen, anerkannt wurde, dies jedoch nur insofern, als der Schutz der Tiere dazu beitrage, dass das Mitgefühl mit dem leidenden Menschen erhalten bleibt. Dieser so verstandene Tierschutz beruhte also auf der Überlegung, dass mangelndes Mitgefühl gegenüber Tieren mangelndes Mitgefühl gegenüber Menschen zur Folge habe. Ausschließlich auf den Menschen sollte es also ankommen; seine Interessen wurden zum alleinigen Maßstab erklärt (sog. anthropozentrisches Weltbild). Ein Schutz der Tiere um ihrer selbst willen wurde etwa von *Immanuel Kant*[47] mit der Begründung abgelehnt, dass Pflichten nur gegenüber vernunftbegabten Wesen bestehen könnten. Da aber Tiere vernunftlos seien, seien sie nicht Gegenstand sittlicher Verpflichtung, sondern dem Menschen als Werkzeug zur Erreichung seiner Absichten überlassen. Einer gewaltsamen und grausamen Behandlung der Tiere sei aber die „Pflicht des Menschen gegen sich selbst (...) entgegengesetzt“, weil dadurch das Mitgefühl gegenüber anderen Menschen als „sehr diensame natürliche Anlage“ geschwächt werde. Auch *Rudolf von Ihering*[48] sah das Tier lediglich als Zweckobjekt für den Menschen an. Dem Tier komme nur ein abgeleiteter Schutz zu. Der Mensch schütze nämlich im Tier nur sich selbst, weil in jedem Tierquäler ein möglicher künftiger Menschenquäler stecke. Diese Denkweise kam auch im Strafgesetzbuch für das Deutsche Reich aus dem Jahre 1871 zum Ausdruck, wonach gem. § 360 Nr. 13 a. F. zu bestrafen sei, wer „öffentlich oder in Ärgernis erregender Weise Tiere boshaft quält oder roh misshandelt“[49]. Auch durch diese Norm wurde der Schutz der Tiere also nur mittelbar, das heißt nur insofern gewährleistet, als durch die Art der Behandlung auch menschliches Empfinden verletzt war, während Tierquälerei straffrei blieb, wenn sie von der Öffentlichkeit nicht registriert bzw. zwar registriert wurde, aber ohne dass man an dem Verhalten Anstoß genommen hätte. Welche Gründe es hatte, dass ein ethischer Tierschutz so lange Zeit nicht (an-) erkannt wurde, mag unterschiedlich zu beantworten sein[50]. Eine Ursache für das anthropozentri-

---

46 So degradierte etwa der französische Philosoph und Naturwissenschaftler *René Descartes* (1596-1650) Tiere zu gefühl- und seelenlosen Maschinen, s. hierzu und zu anderen Anschauungen *Erbel*, DVBl 1986, 1235, 1241 f.

47 *Kant*, § 17, S. 296.

48 *v. Ihering*, S. 140, 142 ff.

49 RGBl 1871, 197; s. auch den Überblick bei *Lorz/Metzger*, Einf., Rn. 46 ff.

50 Der Mensch musste zunächst einmal erkennen, dass auch gegenüber vernunftlosen Lebewesen sittliche Pflichten bestehen können. Dies war dadurch erschwert, dass Tieren von vornherein jede Möglichkeit fehlt, sich gegen die Nichtbeachtung ihrer Interessen zu wehren.

sche Weltbild kann in der biblischen Schöpfungsgeschichte gefunden werden, die das christliche Abendland geprägt hat und bis heute prägt. Insbesondere ist in diesem Zusammenhang das 1. Buch Mose, Kap.1, Verse 27 und 28 von Bedeutung:

„Und Gott schuf den Menschen nach seinem Bilde, nach dem Bilde Gottes schuf er ihn; als Mann und Frau schuf er sie.“ (Vers 27)
„Gott segnete sie, und Gott sprach zu ihnen: Seid fruchtbar und mehret euch und erfüllet die Erde und macht sie euch untertan! Herrschet über die Fische des Meeres und über die Vögel des Himmels und über alles Getier, das sich auf Erden regt!“ (Vers 28)

Betrachtet man diesen Herrschaftsauftrag von Gott an die Menschheit jedoch im Zusammenhang der gesamten biblischen Botschaft, so lässt er sich nur als eine Verpflichtung zu *schonungsvoller, verantwortungsbewusster Ausübung der Herrschaftsmacht* verstehen. So kommt etwa der göttliche Heilswille bei der Rettung vor der Sintflut (Gen 6, 1 – 9, 29) nicht nur den Menschen, sondern jeder Kreatur zugute; ferner wird in manchen Gleichnissen die Sorge Gottes um den Menschen am Beispiel des guten Hirten verdeutlicht, der sein verlorenes Schaf in der Wüste sucht (Luk 15, 4-6) bzw. der notfalls sein Leben für seine Schafe lässt (Joh 10, 7-18). Der biblische Herrschaftsauftrag an den Menschen bedeutet also, richtig verstanden, dass die gesamte Natur in einem untrennbaren Zusammenhang steht, der Mensch seine Interessen nicht rücksichtslos gegenüber denen der Tiere durchsetzen darf und die Tiere deshalb um ihrer selbst willen zu schützen sind[51]. Der Bibel ließe sich hiernach durchaus die ethische Pflicht zu verantwortlichem Umgang (auch) mit der nichtmenschlichen Natur entnehmen. Sie ermächtigt den Menschen nur in dem dargestellten Rahmen zur Herrschaft über die Tiere, fordert von ihm ansonsten aber den Respekt, der sich in seiner Einordnung in die von der Natur gezogenen Grenzen äußert[52].

Heute ist jedenfalls die grundsätzliche Notwendigkeit eines ethischen Tierschutzes weitgehend *anerkannt*, was aber nicht heißen soll, dass es den Gedanken des Schutzes der Tiere um ihrer selbst willen nicht auch schon früher

51 Vgl. hierzu *Erbel*, DVBl 1986, 1235, 1242 f.; *Grässer*, in: Händel, S. 59, 64 f.; *Teutsch*, S. 32; *ders.*, in: Händel, S. 39, 41 f.; nach *Krapp*, in: Hardegg/Preiser, S. 31, 32, ist schon die deutsche Übersetzung „herrschet“ aus dem Hebräischen nicht korrekt; nach dem exakten sprachlichen Hintergrund verpflichte die verliehene Macht vielmehr zu „königlicher Fürsorglichkeit“.

52 Zur religiösen Rechtfertigung des Tötens von Tieren *Hempolinski*, in: Joerden/Busch, S. 53, 54 ff.; vgl. auch *Dickert*, S. 366 m. w. N.

gab. So wird vielfach der heilige *Franz von Assisi* (1181-1226), der in Tieren seine Brüder und Schwestern sah, als Begründer des modernen Tierschutzes genannt[53]. Erwähnenswert in diesem Zusammenhang ist auch der Erlass des preußischen Kultusministers *v. Gossler* aus dem Jahre 1885 (sog. Gosslersche Verordnung), der schon vor über 100 Jahren die wichtigsten Postulate unseres heutigen Tierschutzrechts enthielt[54]. Doch waren derartige ethische Überzeugungen vereinzelt und entsprachen keinesfalls einem breiten gesellschaftlichen Konsens. Wenn heute zwar ein solcher Konsens im Hinblick auf einen ethischen Tierschutz besteht und seine Notwendigkeit nicht mehr grundsätzlich in Zweifel gezogen wird, so gilt auch dies nur beschränkt, nämlich nur insofern, als die Interessen des Tieres nicht mit mehr oder weniger bedeutenden Interessen des Menschen konkurrieren. Je mehr tierische Interessen zu den Interessen des Menschen in Widerspruch stehen, desto mehr wird ein Schutz der Tiere um ihrer selbst willen vernachlässigt bzw. findet überhaupt nicht statt. Man denke in diesem Zusammenhang auch an die Lebensbedingungen von Tieren in der modernen Massentierhaltung, welche allein durch wirtschaftliche Aspekte zu legitimieren versucht werden. Worin die ethische Problematik der Verwendung von Tieren (nicht nur, aber auch) zu wissenschaftlichen Zwecken besteht, wird im Folgenden erläutert werden. Hieran anschließend wird der Frage nachzugehen sein, ob bzw. (gegebenenfalls) wie sich ihr Einsatz zu bestimmten (wissenschaftlichen) Zwecken rechtfertigen lässt.

I. Die gleiche Leidens- und Schmerzfähigkeit

Die Ausgangsüberlegung ist die bei Mensch und Tier *gleiche Leidens- und Schmerzfähigkeit* bzw. (umfassender) die *Interessengleichheit* im Hinblick darauf, ohne seelische und körperliche Beeinträchtigungen zu leben, in Freiheit zu leben bzw. überhaupt zu leben. Es lässt sich nicht bezweifeln, dass jedenfalls höher entwickelte Tiere mit zentralem Nervensystem Empfindungen haben, die denen von Menschen nicht nur ähnlich sind, sondern ihnen sogar gleichen[55]. Was die Beobachtung tierischen Verhaltens ohnehin spontan

---

53 Von *Johann Wolfgang von Goethe* (1749-1832) sind die folgenden Zeilen überliefert: „Wer Tiere quält, ist unbeseelt, und Gottes guter Geist ihm fehlt, mag noch so vornehm drein er schauen, man sollte niemals ihm vertrauen“, zit. nach *Erbel*, DVBl 1986, 1235, 1241, Fn. 58.

54 Wörtlich wiedergegeben etwa bei *Baumgartner*, in: Caspar/Koch, S. 9, 12 f. oder *Hillmer*, S. 41 f., der allerdings darauf hinweist, dass die Verordnung mangels Strafandrohung nur Appellcharakter für den Forscher hatte.

55 Dies dürfte auch der Grund dafür sein, dass Tiere (insbesondere Delphine) so erfolgreich zur Therapie psychisch-mentaler Krankheiten (z. B. Autismus, Down-Syndrom)

nahelegt, weil deren Ausdruck von Angst, Leid oder Schmerz dem unsrigen sehr ähnelt, wird durch die anatomische Forschung gestützt, wonach Hypothalamus und das limbische System, also jene Gehirnteile, in denen das Gemütsleben vorwiegend entsteht, bei Menschen und höher entwickelten Tieren nahezu gleich sind[56]. Die genannten Formen des Gemütslebens kommen auf verschiedene Weisen zum Ausdruck, die sich in vegetative Reaktionen (z. B. Schwitzen, Blutdruckerhöhung, Pupillenerweiterung, verzerrte Mimik, schnellere Atmung) und in spezifische Verhaltensreaktionen (z. B. Flucht- und Abwehrverhalten, Schmerzlaute, Zittern, Drehen oder Krümmen des Körpers) unterteilen lassen[57]. Aber die Vergleichbarkeit mit dem Menschen beschränkt sich nicht auf das Schmerzempfinden. Tiere haben ein – wenn auch im Vergleich zum Menschen schwächer ausgeprägtes – Erinnerungsvermögen, das sie früheren Schmerz im Gedächtnis behalten und deshalb vor wiederkehrenden Behandlungen, die Schmerz erwarten lassen, Angst empfinden lässt. Schließlich haben Tiere das umfassende Interesse, überhaupt zu leben, weshalb an dieser Stelle jenen Überlegungen eine klare Absage erteilt werden muss, nach denen zwar die Leid- oder Schmerzzufügung ethisch bedenklich sein soll, nicht aber die (schmerzfreie) Tötung. Dies wird damit begründet, dass sich Tiere wegen ihres mangelnden Verstandes keine Gedanken über die Zukunft machten und demnach auch keine Vorstellung vom Tod hätten, während sich Menschen der ständigen Bedrohung ihres Lebens durch den Tod bewusst seien[58]. Es gibt jedoch klare Anhaltspunkte dafür, dass auch höher entwickelte Tiere eine abstrakte Vorstellung vom Ende ihres Lebens haben[59]. Festzuhalten ist somit,

---

eingesetzt werden.

56 Siehe etwa Denkschrift DFG, S. 68; vgl. hierzu auch *Lübbe*, NuR 1994, 469, 471; *Teutsch*, S. 11; der bekannte österreichische Verhaltensforscher *Konrad Lorenz* stellte fest: „Eine Graugans, die ihren Gatten verloren hat, zeigt haargenau dieselben objektiv feststellbaren Symptome wie ein tieftrauriger Mensch (...). Der Tonus des Nervus symphaticus nimmt drastisch ab, die Augen sinken tief in ihre Höhlen zurück, die Muskulatur erschlafft, der Kopf sinkt traurig herab“, zit. nach *Höffe*, in: Händel, S. 82, 84; zur Schmerzempfindlichkeit von Tieren auch *Spaemann*, in: Händel, S. 71; der berühmte Tierforscher *Bernhard Grzimek* befand sogar die Schmerzen der Tiere für intensiver als die des Menschen, weil sie keine Vorstellung von Grund oder Zweck ihres Leidens hätten, zit. nach *v. Loeper*, ZRP 1996, 143, 146.

57 *Leondarakis*, S. 209; ausführlich zu dem Problem der Bewertung der Intensität tierischer Schmerzempfindlichkeit *Gärtner/Militzer*, insbes. S. 29 ff., 45 ff.

58 *Höffe*, in: Händel, S. 82, 86 f.; s. auch *Huster*, ZRP 1993, 326, 329, der Tieren ebenfalls kein Lebensrecht zusprechen will: „Eine schmerzlose Tötung stellt daher keine Beeinträchtigung ihrer Interessen dar.“ *Patzig* meint: „Einem Tier geschieht kein Unrecht, wenn man ihm das Leben nimmt.“, in: Hardegg/Preiser, S. 68, 88; s. auch S. 79 und 97.

59 Elefanten beispielsweise sondern sich, wenn ihr Leben dem Ende zugeht, von ihrer Herde ab, um an einem abgelegenen Ort in Ruhe zu sterben (sog. Elefantenfriedhöfe).

dass sich Mensch und Tier im Hinblick auf ihr Interesse, überhaupt (und artgerecht) zu leben, sowie ihre Leidens- und Schmerzfähigkeit gleichen. Dies hat die ethische Notwendigkeit zur Folge, *Tiere und Menschen* diesbezüglich auch *gleich zu behandeln.* Der Gedanke, dass Mensch und Tier, soweit sie gleich sind, auch gleich zu behandeln sind, ist nicht neu. Er wurde schon im Jahre 1755 von *Jean-Jacques Rousseau* in seiner Schrift „Über den Ursprung und die Grundlagen der Ungleichheit unter den Menschen“ geäußert:

„Wenn ich verpflichtet bin, meinen Mitmenschen kein Leid zuzufügen, so geschieht das weniger, weil sie vernünftige Wesen, sondern vielmehr, weil sie empfindende Wesen sind. Da nun Menschen und Tiere das gleiche Empfindungsvermögen haben, kommt ihnen auch das Recht zu, sich vom anderen nicht unnütz misshandeln und quälen zu lassen[60].“

Ganz ähnlich formulierte im Jahre 1789 der englische Rechtsphilosoph *Jeremy Bentham*:

“The French have already discovered that the blackness of the skin is no reason why a human being should be abandoned without redress to the caprice of a tormentor. It may come one day to be recognized, that the number of the legs, the villosity of the skin or the termination of the *os sacrum* are reasons equally insufficient for abandoning a sensitive being to the same fate. What else is it that should trace the insuperable line? Is it the faculty of reason or, perhaps, the faculty of discourse? But a full-grown horse or dog is beyond comparison a more rational as well as a more conversible animal than an infant of a day or a week or even a month old. But suppose the case were otherwise, what would it avail? The question ist not: Can they *reason*?, nor: Can they *talk*?, but: Can they *suffer*[61]?”

Sähe man den im Vergleich zu den Tieren überragenden Verstand des Menschen bzw. seine Vernunft als Grund dafür an, Tieren Schmerzen zufügen zu dürfen, könnte man ohne moralische Bedenken auch jenen Menschen, die nur über wenig oder gar keinen Verstand verfügen, also dem nur wenige Tage alten Säugling, dem verwirrten Greis oder jedem geistig Schwerstbehinderten, Schmerzen zufügen. Diese abscheuerregende Vorstellung macht deutlich, dass es nicht deshalb Empörung hervorruft, Lebewesen Schmerzen zuzufügen, weil sie vernünftig sind, sondern schlicht weil es ihnen weh tut. Da der

---

Dies ist aber nur durch ein entsprechendes (abstraktes) Vorstellungsvermögen erklärbar, so auch *Gärtner/Militzer*, S. 45, mit Hinweis auf die soziale Rangordnung bei Säugetieren. In diesem Zusammenhang sei angemerkt, dass auch die leid- und schmerzlose Tötung eines Tieres als „Schaden“ i. S. d. §§ 1, 7 I Nr. 1 unter das TierSchG fällt, s. auch *Cirsovius*, S. 179 m. w. N.

60 Zit. nach *Meyer-Abich*, in: Händel, S. 22, 30.

61 In: Burns/Hart, S. 283; Hervorheb. dort.

Mensch aufgrund seines Verstandes auch die Fähigkeit besitzt, das Leid bzw. den Schmerz des Tieres zu erkennen oder zu deuten, muss er für sich die moralische Pflicht anerkennen, verantwortungsvoll mit ihnen umzugehen. Nur der Mensch kann diese sittliche Verantwortung tragen, so dass das Gebot, auf die Leid- und Schmerzfähigkeit der Tiere Rücksicht zu nehmen, ausschließlich an den Menschen adressiert ist. Folglich lässt sich gegen diese Pflicht nicht einwenden, auch Tiere würden einander grausam töten; denn wenn ihnen der Verstand fehlt, dann wäre es widersinnig zu erwarten, dass sie verstandesgemäß handeln[62]. Handelt aber der Mensch seiner Einsichtsfähigkeit und seiner auf ihr beruhenden sittlichen Verantwortung zuwider, indem er Tieren Leid oder Schmerzen zufügt, negiert er auch seine gegenüber dem Tier überlegene Stellung und stellt sich mit diesem auf eine Stufe.

Zusammenfassend besteht die ethische Problematik von Tierversuchen mithin darin, dass Mensch und Tier, soweit sie eine vergleichbare Leid- und Schmerzempfindlichkeit besitzen, auch gleich behandelt werden müssen und der Mensch aufgrund seines Verstandes die sittliche Pflicht und Verantwortung trägt, dieser Erkenntnis gemäß zu handeln. So unerwünscht und unbequem es auch erscheinen mag, der Mensch ist im Verhältnis zu anderen Lebewesen, jedenfalls aber im Verhältnis zum leidens- und schmerzfähigen Tier, zunächst einmal[63] nichts anderes als „Leben, das leben will, inmitten von Leben, das leben will“[64]. Insofern gilt (jedenfalls bis hierhin) die sog. Goldene Regel: „Was Du nicht willst, das man Dir tu, das füg auch keinem andern zu“[65].

II. Zur Möglichkeit einer Rechtfertigung der Ungleichbehandlung

Wenn es nun das fundamentale Interesse von Mensch und Tier ist, ein Leben ohne Leiden und Schmerzen zu führen, und der Mensch den Verstand hat, dies zu erkennen, und die Einsichtsfähigkeit besitzt, sein Handeln nach dieser

---

62 So kann man etwa von einer Katze nicht erwarten, dass sie sich über die Gefühle der Maus Gedanken macht, wenn sie mit ihr „spielt“.

63 Juristisch gesprochen sozusagen „auf Tatbestandsebene“, bevor also die Frage einer Rechtfertigung gestellt wird.

64 So *A. Schweitzer*, zit. nach *Gassner*, NuR 1987, 97, 98 oder auch *Sitter*, in: FG für Troller, S. 257, 270.

65 Vgl. auch *Caspar*, in: ders./Koch, S. 47, 57; *Huster*, ZRP 1993, 326, 329. *Rechtlich* kann bzw. muss hingegen – etwa bei der Bestimmung, ob ein Tierversuch im Sinne des § 7 III TierSchG ethisch vertretbar ist – von vornherein von einer Ungleichbehandlung menschlicher und tierischer Interessen ausgegangen werden, vgl. auch insofern wieder *Caspar*, a. a. O., S. 57 f.; hierauf wird noch einzugehen sein.

Erkenntnis zu richten, dann muss sich zwangsläufig die Frage stellen, ob Tierversuche, die mit Leiden oder Schmerzen verbunden sind bzw. zum Tod des Tieres führen, nach ethischen Maßstäben genauso wie Menschenversuche *generell abzulehnen* sind[66]. Wenn vor dem Hintergrund der regelmäßigen Verwendung von Tieren in Forschung und Lehre diese Frage nach ganz überwiegender Auffassung nicht nur in der Naturwissenschaft offensichtlich verneint wird, Menschen und Tiere also trotz gleicher Interessen ungleich behandelt werden, schuldet man eine rechtfertigende Erklärung[67]. Der Hinweis auf die Notwendigkeit von Tierversuchen zur Erforschung von Behandlungsmethoden, Krankheiten etc. scheint insofern zu kurz gedacht. Dies mag den Einsatz von Tieren aus medizinisch-naturwissenschaftlicher Sicht überzeugend begründen. Ethisch ist aber die Frage vorgeschaltet, was die Interessen des Menschen über die Interessen des Tieres so erhaben macht, dass er sie negieren könnte. Die richtige Fragestellung muss deshalb dahin gehen, wie es sich legitimieren lässt, das Leid oder den Schmerz von Mensch und Tier ungleich zu bewerten, obwohl sich doch beide im Hinblick auf das eigentlich einzig entscheidende Kriterium, nämlich die Leidens- und Schmerzfähigkeit, gleichen. Sie verdeutlicht die Problematik einer Rechtfertigung. *Arthur Kaufmann*[68] hat im Hinblick auf diese argumentative Zwickmühle treffend wie folgt formuliert:

> „Wenn wir uns für Tierversuche entscheiden – und in Grenzen müssen wir das wohl –, sollten wir uns darüber im klaren sein, dass wir streng genommen kein Argument dafür haben, das wirklich hieb- und stichfest ist. Mir scheint, es ist gar nicht schlecht, wenn wir bei solchem Tun ein schlechtes Gewissen haben."

Günther Patzig[69] hat als wichtigstes Argument für die Ungleichbehandlung von Mensch und Tier die „qualitative Differenz menschlicher Leidens- und Schmerzfähigkeit" gegenüber dem entsprechenden Potential bei den tierischen Lebewesen ausgemacht und dies zum einen mit dem Bewusstsein des Menschen seiner selbst, insbesondere dem ständigen Bewusstsein der Bedrohung seines Lebens durch den Tod, begründet. Des Weiteren führt er an, dass

66 Mit dieser radikalen, aber dennoch logischen Konsequenz dann auch etwa *Grässer*, in: Händel, S. 59, 65 f., es sei denn, die Versuche seien schmerzfrei und erzeugten keine Angstzustände, sowie *Meyer-Abich*, in: Händel, S. 22, 31.

67 Die Formulierung macht deutlich, dass Tierschutzethik immer noch eine Rechtfertigungsethik ist, das heißt, den Tieren wird (wie selbstverständlich) Leid und Schmerz zugefügt, und erst im Nachhinein wird dann versucht, das fragwürdige Verhalten moralisch zu rechtfertigen, siehe *Teutsch*, S. 33.

68 *Kaufmann*, in: Hardegg/Preiser, S. 118, 125.

69 *Patzig*, in: Hardegg/Preiser, S. 68, 80 f.

das Leid des Menschen im Gegensatz zu dem des Tieres dadurch vervielfacht werde, dass Angehörige und Freunde mittrauerten. Diese Begründung ist wenig überzeugend. Darauf, dass auch Tiere ein Bewusstsein der Bedrohung ihres Lebens durch den Tod haben (können), wurde bereits hingewiesen, und auch das Argument, dass nur Menschen mit den leidenden, ihnen nahestehenden Personen mitempfänden, ist falsch[70]. Wie sonst lässt sich aber die Ungleichbehandlung rechtfertigen? Richtig dürfte es sein, von einem (generell) höheren Wert menschlichen Lebens auszugehen. Auch insofern lässt sich die auf der Bibel basierende christliche Lehre in Anspruch nehmen. Aus ihr ergibt sich nicht nur die Verpflichtung zu schonungsvoller, verantwortungsbewusster Herrschaft über die Tiere, sondern auch – und zwar ausdrücklich – der höhere Wert menschlichen Lebens. Auf zwei Passagen des *Matthäus*-evangeliums sei hier hingewiesen.

„Schaut auf die Vögel des Himmels: Sie säen nicht, sie ernten nicht und sammeln nicht in Scheunen, und euer himmlischer Vater ernährt sie. Seid ihr nicht viel mehr (wert) als sie?" (6, 26)

„Sind nicht zwei Sperlinge feil für ein paar Pfennige? Und doch fällt nicht einer von ihnen zur Erde ohne euren Vater. Bei euch aber sind sogar alle Haare eures Hauptes gezählt. Fürchtet euch also nicht. Ihr seid mehr wert als viele Sperlinge." (10, 29-31)

Hieran schließt sich die Frage an, was diesen höheren Wert menschlichen Lebens ausmacht. Es liegt nahe, auf den Verstand oder die Vernunftfähigkeit des Menschen zu verweisen, der ihn ohne Zweifel vom Tier unterscheidet und abhebt. Fraglich erscheint aber, ob der Verstand schon für sich genommen ein ethisch guter Wert ist, denn er befähigt den Menschen (auch) zum Bösen. Insofern gilt es jedoch zu erkennen, dass er den Menschen jedenfalls in die Lage versetzt, sein Verhalten an ethischen Normen auszurichten, das heißt zwischen Gut und Böse zu unterscheiden und sich dann am Guten zu orientieren. Nur der Mensch vermag z. B. davon abzusehen, seinem Mitmenschen zu schaden, auch wenn dies zu seinem persönlichen Vorteil wäre. Auf dieser Basis ließe sich der höhere Wert menschlichen Lebens begründen und somit die Ungleichbehandlung von Mensch und Tier rechtfertigen. Wesentlich einfacher hat es insofern die christliche Theologie. Sie kann darauf verweisen, dass Gott den Menschen, und zwar *nur* den Menschen, nach seinem Ebenbild erschaffen hat (Gen 1, 27).

---

70 Genau das Gegenteil lässt sich bei allen höher entwickelten Tieren feststellen, s. bereits oben S. 16 f. mit Fn. 56.

Will man dieser Argumentation nicht folgen, schuldet man entweder eine andere Antwort auf die Frage, warum Mensch und Tier trotz gleicher Leidens- und Schmerzfähigkeit ungleich behandelt werden können oder man lehnt Tierversuche generell ab. Dann hätte man aber auch die notwendige Konsequenz daraus zu ziehen, indem man auf Fortschritte (insbesondere) in der Medizin verzichtet.

III. Zur ethischen Vertretbarkeit wissenschaftlicher Tierversuche im Speziellen

Hieran anschließend stellt sich die Frage, unter welchen Voraussetzungen oder zu welchen Zwecken ein wissenschaftlicher Tierversuch als ethisch vertretbar bezeichnet werden kann. Wenn Versuche mit und am Tier nur mit großen Schwierigkeiten zu legitimieren sind – was die vorstehenden Ausführungen verdeutlichen –, dann kann es prinzipiell nur um den Schutz der menschlichen Gesundheit/körperlichen Unversehrtheit gehen. Dies umfasst vor allem die Erforschung von Arzneimitteln und andere Formen der Therapie, sowie die Erprobung von Methoden zur Prophylaxe oder Diagnostik[71]. Handelt es sich hingegen um solche Interessen des Menschen, die ohne weiteres verzichtbar sind, dürften mit Leiden oder Schmerzen verbundene Vivisektionen nicht durchgeführt werden. In diesem Zuammenhang ist an die Überprüfung von Luxusgütern, Kosmetika, Waschmittel oder Tabakerzeugissen zu denken[72]. Zwar ließe sich insofern einwenden, dass auch mit deren ungeprüften Umgang Gefahren verbunden sein können[73]. Dieser Einwand ist aber – ethisch betrachtet – wenig überzeugend, weil er den Grundsatz, dass Tierversuche – wenn überhaupt – nur in eng begrenzten Ausnahmefällen als zulässig angesehen werden können, in sein Gegenteil umkehrte. Allgemein gilt, dass jeder Eingriff oder jede Behandlung[74], der/die mit Leiden, Schmerzen oder Schäden für das Tier verbunden ist, um so

71 Auch in diesem Zusammenhang ist aber zum Teil eine absolute Leid- oder Schmerz(ober)grenze bei Versuchen mit Tieren gefordert worden, die zu überschreiten selbst dann nicht gerechtfertigt sei, wenn der konkrete Eingriff etwa zum Zwekke der Erforschung eines Medikaments zur Bekämpfung einer schweren Krankheit dringend notwendig wäre, *Caspar*, in: ders./Koch, S. 47, 80; *Händel*, ZRP 1996, 137, 141 f.; *Höffe*, in: Händel, S. 82, 96 f.; *v. Loeper*, in: Caspar/Koch, S. 21, 27. Jedenfalls rechtlich ist eine Schmerzobergrenze ausdrücklich nicht vorgesehen, vgl. § 7 III 2 TierSchG; vgl. aber auch § 9 II 3 Nr. 4 TierSchG. In diesem Zusammenhang soll auch noch einmal darauf hingewiesen werden, dass immerhin 98 % der Versuche an zuvor narkotisierten Tieren vorgenommen werden.

72 Siehe auch § 7 V TierSchG.

73 Siehe etwa *Kloepfer*, JZ 1986, 205, 206 mit Fn. 10.

74 Zu beiden Begriffen *Lorz/Metzger*, § 7, Rn. 4.

strenger zu beurteilen ist, je gravierender er/sie für das betroffene Tier und – auf der anderen Seite – verzichtbarer für den Menschen ist. Anders formuliert: Je geringfügiger die Interessenbeeinträchtigung des Tieres und – auf der anderen Seite – unverzichtbarer der Nutzen für den Menschen ist, umso eher ist der Tierversuch zu tolerieren[75]. Hinzu kommt die auch im TierSchG mehrfach erwähnte Maxime (s. §§ 1 S. 2, 7 II 2, 10 I 2), dass Eingriffe nur durchgeführt werden dürfen, wenn der verfolgte Zweck nicht auf andere Weise erreichbar ist. Dies impliziert sowohl eine Verpflichtung zur Erforschung und Nutzung von alternativen Methoden als auch die Notwendigkeit, unternommene Versuche in Datenbanken zu registrieren, um somit Mehrfachversuche zu vermeiden[76].

Was Tierversuche in der wissenschaftlichen Lehre, also zu Aus- und Weiterbildungszwecken betrifft, erscheint deren ethische Vertretbarkeit zweifelhaft[77]. Auf der einen Seite sind wertvolle Forschungsergebnisse gerade im medizinischen Bereich nur zu erwarten, wenn vorher im Studium entsprechende Kenntnisse unterbreitet und physiologische Vorgänge anschaulich gemacht worden sind. Auch bedarf es keiner näheren Erläuterung, dass durch Vivisektionen Operationstechniken erlernt werden können. Auf der anderen Seite ist aber zu bedenken, dass eine Vielzahl von Medizinstudenten operative (Sezier-) Techniken im später zu ergreifenden Beruf niemals anwenden wird. Im Übrigen erscheint es möglich, Kenntnisse ähnlich anschaulich am toten Tier (verbunden mit entsprechendem Filmmaterial) zu demonstrieren. Vor diesem Hintergrund erscheint der Verbrauch von Tieren zur Aus- und Weiterbildung durchaus fragwürdig. Schließlich verdient in diesem Zusammenhang ein anderer Gesichtspunkt erwähnt zu werden. Es kann für das Verantwortungsbewusstsein gegenüber dem Körper und dem Leben des anderen im medizinischen Beruf förderlich sein, wenn dem Studenten durch den Verzicht auf Versuche am lebenden Tier schon in der Ausbildung der Stellenwert dieser Güter vor Augen geführt und Bemächtigungstendenzen im Verhältnis von Arzt und Patient entgegengewirkt wird[78].

---

75 So auch *Agena*, Dt. Tierärzteblatt 1989, 624, 626; *Caspar*, in: ders./Koch, S. 47, 73: „Die Zufügung von schweren Leiden, Schmerzen oder Qualen in Versuchsreihen kann vom ethischen Standpunkt jedenfalls dort unter keinen Umständen mehr gerechtfertigt werden, wo es nurmehr um die Produktion billigen Wohlstands oder um die Erzeugung von Luxusgütern geht"; *Lorz/Metzger*, § 7, Rn. 57; *Spaemann*, in: Händel, S. 71, 78.

76 Vgl. hierzu *Böckle*, in: Händel, S. 50, 56 f.; *Lübbe*, NuR 1994, 469, 472.

77 Rechtlich sind sie freilich gestattet, vgl. § 10 TierSchG.

78 *Cirvosius*, S. 36, Fn. 158, S. 39; *Höffe*, in: Händel, S. 82, 95.

C. Die rechtliche Kollision: Tierschutz und grundrechtlich geschützte Freiheiten

Die Einfügung des Tierschutzes in Art. 20a GG beseitigte (im Wesentlichen) eine verfassungsrechtliche Problematik, die viele Jahre anhielt und die insbesondere im Verhältnis des Tierschutzes zur Freiheit von Wissenschaft, Forschung und Lehre zum Ausdruck kam. Sie soll hier kurz und allgemein skizziert und im Folgenden ausführlich erörtert werden. Doch kollidiert der Tierschutz nicht nur bei der Verwendung von Tieren zu wissenschaftlichen Zwecken mit grundrechtlich gewährleisteten Freiheiten. Er steht regelmäßig auch mit anderen Grundrechten in einem Kollisionsverhältnis. Die dem Tierschutz gegenüber stehenden Grundrechte lassen sich einteilen in solche mit und solche ohne Gesetzesvorbehalt.

I. Kollision mit Grundrechten unter Gesetzesvorbehalt

1. Berufs- und Eigentumsfreiheit

Zum einen steht der Tierschutz im Widerspruch mit den wirtschaftlichen Grundrechten der Berufsfreiheit und des Eigentums. Man denke hier in erster Linie an die gängige Praxis der Massentierhaltung und der Schlachttiertransporte, die von Art. 12 I und/oder Art. 14 I GG geschützt wird, zugleich aber, ohne dass dies näher erläutert werden müsste, den betroffenen Tieren Leid, Schmerzen und Schäden zufügen kann. Um dies zumindest in Grenzen zu halten, existieren entsprechende Vorschriften zum Zwecke des Tierschutzes, etwa über die Haltung landwirtschaftlicher Nutztiere[79] oder über die Einhaltung von Transportzeiten bei Schlachttieren[80].

Diese Einschränkungen grundrechtlicher Freiheiten bedürfen aber der Rechtfertigung. Insofern ist von Bedeutung, dass die Grundrechte der Berufs- und der Eigentumsfreiheit unter Gesetzesvorbehalt stehen. So bestimmt Art. 12 I 2 GG, dass die Berufsausübung durch oder auf Grund eines Gesetzes geregelt werden kann, und Art. 14 I 2 GG besagt, dass Inhalt und Schranken des Eigentums durch die Gesetze bestimmt werden. Ohne an dieser Stelle auf Auslegungsprobleme näher eingehen zu können[81], kann jedenfalls festgehalten

79 Siehe die neue Tierschutz-Nutztierhaltungsverordnung, BGBl 2001 I, S. 2758; durch die Erste Verordnung zur Änderung der TierSchNutztV (BGBl 2002 I, S. 1026) wurden die Anforderungen an das Halten von Legehennen als besonderer Abschnitt in die TierSchNutztV eingefügt; die alte Hennenhaltungsverordnung (BGBl 1987 I, S. 2622) wurde vom Bundesverfassungsgericht mit Urteil vom 6.7.1999 für (schon formell) nichtig erklärt, BVerfGE 101, 1.

80 Siehe die Verordnung zum Schutz von Tieren beim Transport, BGBl 1999 I, S. 1337.

81 Die Freiheit der Berufswahl wäre z. B., orientiert man sich allein an dem Wortlaut des

werden, dass das Grundgesetz hier selbst dem Gesetzgeber die *Möglichkeit einer Freiheitsbeschränkung* einräumt. Demnach vermag auch der Tierschutz diesen Grundrechten prinzipiell und ohne dogmatische Schwierigkeiten Grenzen zu setzen, so wie es auch im TierSchG vorgesehen ist. Das heißt nicht, dass ein Eingriff in ein unter Gesetzesvorbehalt stehendes Grundrecht immer schon dann gerechtfertigt ist, wenn er dem Tierschutz dient. Wo genau die Grenze des verfassungsrechtlich zulässigen Eingriffs verläuft, ergibt sich erst nach umfassender Abwägung des Tierschutzes mit dem jeweils betroffenen Grundrecht unter Berücksichtigung aller Umstände des Einzelfalles.

2. Freiheit der Religion

Auch die Religionsfreiheit steht regelmäßig in Konflikt mit dem Tierschutz. So berufen sich Angehörige der muslimischen bzw. jüdischen Glaubensgemeinschaft auf Art. 4 I, II GG, wenn es um die Frage geht, ob ihnen ein Recht auf die Schlachtung von Tieren ohne vorherige Betäubung zusteht. Es geht also, mit anderen Worten, um die sog. Schächtproblematik, die in mehrfacher Hinsicht streitig ist und Fragen aufwirft, die einer eigenständigen Untersuchung bedürfen[82]. § 4a II Nr. 2 TierSchG versucht zwischen der Religions- bzw. Glaubensfreiheit und dem Tierschutz zu vermitteln, indem er das Schlachten ohne Betäubung grundsätzlich verbietet und nur nach entsprechender

---

Art. 12 I 2 GG, gleich aus zwei Gründen gar nicht einschränkbar: Zum einen ist dort nur von der Berufs*ausübung* die Rede, zum anderen kann diese durch Gesetz oder aufgrund eines Gesetzes (nur) *geregelt* werden. Das Bundesverfassungsgericht und die herrschende Meinung korrigieren dadurch, dass sie zum einen die Berufsfreiheit als *einheitliches* Grundrecht auffassen, also tatbestandlich nicht zwischen der Freiheit der Berufswahl und der Freiheit der Berufsausübung differenzieren, und zum anderen die Formulierung „geregelt werden“ wie „eingeschränkt werden“ lesen, also einen einfachen Gesetzesvorbehalt annehmen. Dadurch kann dieser, obwohl er sich ausdrücklich nur auf die Berufsausübung bezieht, auch auf die Berufswahl angewendet werden, wobei eine Rechtfertigung hier allerdings nur unter verschärften Anforderungen angenommen wird; grundlegend BVerfGE 7, 377 (Apothekenurteil).

82 Das Problem fängt bereits bei der Frage an, ob dem Koran (speziell Sure 5, Vers 4) überhaupt ein generelles Betäubungsverbot entnommen werden kann, siehe hierzu OVG Hamburg, NVwZ 1994, 592, 595 mit zahlreichen sachverständigen Äußerungen islamischer Stellen, die sich allesamt dagegen aussprechen; s. auch im Anschluss an das Urteil des OVG Hamburg, a. a. O., die Revisionsentscheidung des BVerwG, NVwZ 1996, 61. Ebenfalls heftig diskutiert (und kritisiert) wird die Entscheidung des BVerfG vom 15.1.2002, BVerfGE 104, 337 (= NJW 2002, 663); nach Auffassung des Senats sei in erster Linie Art. 2 I GG Prüfungsmaßstab, der jedoch „durch den speziellen Freiheitsgehalt des Grundrechts der Religionsfreiheit aus Art. 4 I und II GG verstärkt“ werde; siehe aus der Rspr. des Weiteren etwa OLG Hamm, NVwZ 1994, 623 und VG Koblenz, NVwZ 1994, 615; aus der Literatur hierzu etwa *Kluge*, ZRP 1992, 141; *Müller-Volbehr*, JuS 1997, 223.

Genehmigung für zulässig erklärt, die erteilt werden darf, wenn zwingende Vorschriften einer Religionsgemeinschaft das Schächten vorschreiben (1. Alt.) oder den Genuss von Fleisch nicht geschächteter Tiere verbieten (2. Alt.).

Zweifelhaft ist, ob die Religionsfreiheit überhaupt zu den Grundrechten gehört, die unter Gesetzesvorbehalt stehen. Dies scheint auf den ersten Blick nicht der Fall zu sein; denn Art. 4 I bzw. II GG kann ein Gesetzesvorbehalt jedenfalls ohne weiteres nicht entnommen werden. Dementsprechend geht das Bundesverfassungsgericht davon aus, dass es sich um ein vorbehaltloses Grundrecht handele und die Schranken nur aus der Verfassung selbst zu bestimmen seien[83]. Dies überzeugt jedoch nicht. Über Art. 140 GG wird u. a. Art. 136 der WRV in das Grundgesetz inkorporiert. Aus dieser Vorschrift ergibt sich, dass die Ausübung der Religionsfreiheit keinen Einfluss auf die „bürgerlichen und staatsbürgerlichen Rechte und Pflichten“ hat. Zu den Pflichten eines jeden Bürgers zählt aber nicht zuletzt, sich an die geltenden Gesetze zu halten bzw. diese zu befolgen. Deshalb ist mit der herrschenden Lehre[84], der sich vor wenigen Jahren das Bundesverwaltungsgericht angeschlossen hat[85], davon auszugehen, dass Art. 4 I, II GG unter Gesetzesvorbehalt steht. Wenn das Bundesverfassungsgericht hingegen die Anwendung des Art. 136 I WRV deshalb ablehnt, weil dieser „nach Bedeutung und innerem Zusammenhang der grundgesetzlichen Ordnung von Art. 4 I, II GG überlagert“ werde[86], so vermag dies nicht zu überzeugen. Das Gericht hat, wenn auch in anderen Zusammenhängen, stets die Bedeutung der über Art. 140 GG inkorporierten Bestimmungen der WRV betont[87].

Nach Maßgabe dieser Ausführungen war der Gesetzgeber zu den in § 4a I und II TierSchG getroffenen Regelungen legitimiert, auch wenn sie die Religionsfreiheit beschränken. Entsprechend den obigen Ausführungen zum Verhältnis des Tierschutzes zur Berufs- bzw. Eigentumsfreiheit gilt auch hier, dass die Frage, ob eine Ausnahmegenehmigung nach § 4a II Nr. 2 TierSchG erteilt werden muss bzw. ob ein entsprechendes behördliches Verbot rechtmäßig war, nur durch umfassende Abwägung der betroffenen Belange zu beantworten ist.

---

83 BVerfGE 32, 98, 108; 33, 23, 30 f.; 44, 37, 49 f.

84 *Muckel*, S. 224 ff.; *Starck*, in: v. Mangoldt/Klein/Starck, Art. 4, Rn. 76 m. w. N.; vgl. aber auch *Mager*, in: v. Münch/Kunig, Art. 4, Rn. 47 f.

85 BVerwGE 112, 227, 231 f.

86 BVerfGE 33, 23, 31.

87 BVerfGE 19, 206, 219 („vollgültiges Verfassungsrecht“); 53, 366, 400; 70, 138, 167 („organisches Ganzes“).

II. Kollision mit vorbehaltlos gewährleisteten Grundrechten

Der Tierschutz kollidiert aber regelmäßig auch mit solchen Grundrechten, die nicht unter Gesetzesvorbehalt stehen, mithin vorbehaltlos gewährleistet sind. Hier ist vor allem an die in Art. 5 III GG normierten Freiheiten der Kunst sowie der Wissenschaft, Forschung und Lehre zu denken, anhand derer sich die Notwendigkeit der Staatszielbestimmung Tierschutz anschaulich erörtern lässt. Auch die Normbereiche dieser Grundrechte umfassen die Freiheit, innerhalb des jeweilig geschützten Bereichs Tieren Leiden, Schmerzen oder Schäden zuzufügen. Problematisch ist jedoch, dass hier eine Freiheitsbeschränkung durch oder auf Grund eines Gesetzes gerade nicht vorgesehen ist.

1. Freiheit der Kunst

Die Kunstfreiheit umfasst das Recht, Tiere (als Bestandteil einer künstlerischen Darbietung) zu benutzen. Demgegenüber normiert § 3 Nr. 6 TierSchG das Verbot, ein Tier zu einer Filmaufnahme, Schaustellung, Werbung oder ähnlichen Veranstaltung heranzuziehen, wenn dies mit Schmerzen, Leiden oder Schäden für das Tier einhergeht. Bis zur Normierung des Staatszieles „Tierschutz“ in Art. 20a GG stellte sich die Frage der verfassungsrechtlichen Rechtfertigung des tierschutzrechtlichen Verbotes. Exemplarisch sei in diesem Zusammenhang auf das Urteil des AG Kassel vom 5.10.1990[88] hingewiesen, in dem dieses eine Künstlerin vom Vorwurf der tierquälerischen Ordnungswidrigkeit (§ 18 I Nr. 1 TierSchG) freigesprochen hat bzw. freisprechen musste. Das Gericht stellte zunächst fest:

> „Das Eintauchen des Tieres mit Beinchen und Unterkörper in die Pampe aus Ei und Wurst, das anschließende Herumflatternlassen des flugunfähigen Tieres und die Säuberung des Tieres mit Wasser und Lappen löst in dem Tier erhebliche Angstgefühle aus und lässt den Kreislauf erheblich ansteigen. Dem Wellensittich sind durch die Betroffene erhebliche Schmerzen und Leiden zugefügt worden. Dieser Teil der Performance *ist Tierquälerei.*“

Die nach dieser Feststellung eigentlich logische Konsequenz einer Verurteilung trat jedoch nicht ein, denn:

> „Trotzdem war die Betroffene freizusprechen, weil die Kunst nach Art. 5 III GG frei ist. (...) Solange Tierschutz nicht Teil des Grundrechtskataloges geworden ist, geht die vorbehaltslose Verfassungsnorm des Art. 5 III GG den Vorschriften des Tierschutzgesetzes vor und hebelt diese aus.“

---

88 AG Kassel, NStZ 1991, 443 f.

2. Freiheit von Wissenschaft, Forschung und Lehre

Gegenstand dieser Abhandlung ist im Besonderen das Verhältnis des Tierschutzes zur Freiheit von Wissenschaft, Forschung und Lehre. Faktisch werden zu wissenschaftlichen Zwecken derzeit gut zwei Millionen Tiere benutzt[89]. Ohne vorgreifen zu wollen, kann schon an dieser Stelle festgehalten werden, dass die Verwendung von Tieren jedenfalls grundsätzlich dem Schutzbereich des Art. 5 III GG unterfällt. Ob und inwiefern sich im Hinblick auf den Tierschutz unter bestimmten Gesichtspunkten Schutzbereichsgrenzen ergeben (können), wird noch zu erörtern sein. Trotz der vorbehaltlosen Gewährleistung der Wissenschaftsfreiheit enthält das TierSchG umfassende Regelungen über die Verwendung von Tieren in der wissenschaftlichen Forschung (§§ 7 ff.) und Lehre (§ 10), die – jedenfalls zum Teil – Eingriffe in den Schutzbereich darstellen und somit rechtfertigungsbedürftig sind. Bis zur Normierung des Staatszieles Tierschutz im Grundgesetz war zweifelhaft, ob bzw. wie eine Rechtfertigung angenommen werden kann.

3. Lehrfreiheit contra Gewissensfreiheit und Tierschutz

Schließlich sei an dieser Stelle auf einen weiteren Problemkreis hingewiesen, der den im Rahmen dieser Abhandlung zu erörternden verfassungsrechtlichen Konflikt zwischen dem Tierschutz und der Freiheit der Wissenschaft berührt. Es geht um jene Fälle, in denen sich Studenten der Fachrichtung (Tier-) Medizin oder Biologie gegen die Teilnahme an Vorlesungen, Übungen, Seminaren o. Ä., in denen Tierversuche zu Ausbildungszwecken durchgeführt werden, wehren, weil ihr Gewissen ihnen die Teilnahme verbiete. Es handelt sich bei diesen Fällen um eine echte Grundrechtskollision zwischen der in Art. 5 III GG garantierten Freiheit der wissenschaftlichen Lehre und der in Art. 4 I GG ebenfalls als vorbehaltlos gewährleisteten Freiheit des Gewissens (regelmäßig auch der Berufsfreiheit gem. Art. 12 I GG). Der Tierschutz wird in diesen Fällen also nicht als *selbstständiger Wert* der Lehrfreiheit gegenübergestellt. Er steht den mit der Lehrfreiheit kollidierenden Freiheiten des Studenten bei einer vorzunehmenden Interessensabwägung lediglich zur Seite und vermag ihnen mehr Gewicht zu verleihen. Die Notwendigkeit der Aufnahme des Tierschutzes ins Grundgesetz lässt sich anhand dieser Fallkonstellationen nur eingeschränkt darlegen und begründen. Zwar ist bemerkenswert, dass die weit überwiegende Rechtsprechung im Ergebnis der Lehrfreiheit den Vorrang eingeräumt hat[90], so dass neben den betroffenen Grundrechten des

---

89 Siehe oben S. 8 f. mit Fn. 26 (offizielle Angabe).

90 BVerwGE 105, 73; VGH Mannheim, VBlBW 1996, 356 und NJW 1984, 1832; VGH

Studenten auch der Tierschutz zurücktreten musste. So argumentierte etwa das Bundesverwaltungsgericht in einer neueren Entscheidung[91], die betroffene Studentin hätte darlegen müssen, dass gleichwertige alternative Lehrmethoden zur Verfügung stünden und diese dem Hochschullehrer anbieten müssen. Dass aber die Gerichte anders argumentiert und/oder entschieden hätten, wenn der Tierschutz bereits mit Verfassungsrang ausgestattet gewesen wäre, ist zweifelhaft. Schon damals konnte der Tierschutz, dessen hohe Bedeutung jedenfalls im Grundsatz nie in Frage gestellt wurde, in die Abwägung mit einfließen. Vor diesem Hintergrund wird der Problemkreis „Lehrfreiheit contra Gewissens- (und Berufs-) freiheit und Tierschutz" im Rahmen dieser Abhandlung nicht näher durchleuchtet werden.

München, NVwZ-RR 1993, 190; OVG Koblenz, DVBl 1997, 1191. Demgegenüber haben der VGH Kassel, NJW 1992, 2373 und das VG Frankfurt, NJW 1991, 768 als Vorinstanz der Gewissensfreiheit der betroffenen Studentin den Vorzug gegeben, was u. a. damit begründet wurde, dass sich ein ausreichender Lernerfolg auch mit Tierpräparaten durchführen ließe, die bereits zuvor zu anderen Zwecken getötet worden sind; aus der Literatur hierzu etwa *Brandhuber*, NJW 1991, 725; *Caspar*, NVwZ 1998, 814; *v. Loeper*, ZRP 1991, 224; nach *Cirsovius*, S. 112 ff., ist die Freiheit der wissenschaftlichen Lehre schon gar nicht betroffen, wenn es um die Festlegung von Prüfungsanforderungen oder die Abnahme von Prüfungen geht. Die Hochschule vermittele hierbei gerade keine wissenschaftlichen Erkenntnisse, sondern es seien vielmehr umgekehrt die Studenten, die ihr Wissen oder ihre Fähigkeiten unterbreiteten, ausführlich zu diesem Problemkreis und den widerstreitenden Interessen *Cirsovius*, a. a. O. sowie S. 118 ff.

91 BVerwGE 105, 73; die hiergegen eingereichte Verfassungsbeschwerde wurde nicht zur Entscheidung angenommen, BVerfG, NVwZ 2000, 909.

2. Teil:
Die Freiheit von Wissenschaft, Forschung und Lehre (Art. 5 III 1 GG) im Hinblick auf die Verwendung von Tieren

A. Der sachliche Schutzbereich

Im Folgenden soll der sachliche Schutzbereich der Freiheit von Wissenschaft, Forschung und Lehre gem. Art. 5 III GG unter besonderer Berücksichtigung der Durchführung von Tierversuchen näher bestimmt werden. Ihre Verbürgung entspringt nicht einer gesamteuropäischen Verfassungstradition wie etwa die Meinungs- oder Religionsfreiheit. Vielmehr handelt es sich um eine „typisch deutsche Erscheinung“[92], die ihre Wurzeln allgemein in der Philosophie der Aufklärung hat. Vor dem Hintergrund bestimmender Einflussnahme von Seiten des Staates und der Bedrohung vieler missliebiger Wissenschaftler in der ersten Hälfte des 19. Jahrhunderts wurde die Freiheit der Wissenschaft und ihrer Lehre 1848/49 in die Frankfurter Reichsverfassung (§ 152 FRV: „Die Wissenschaft und ihre Lehre ist frei.“) und nach ihrem Vorbild in zahlreiche einzelstaatliche Verfassungen des Reiches aufgenommen. Weder Mitte bzw. Ende des 19. Jahrhunderts noch unter der Geltung der Weimarer Reichsverfassung, in die das Grundrecht (unter Hinzufügung der „Kunst“) übernommen wurde (Art. 142 WRV: „Kunst, Wissenschaft und ihre Lehre sind frei.“), bestand jedoch Klarheit darüber, wie die jeweilige Verfassungsnorm auszulegen bzw. was im Einzelnen unter „Wissenschaft“ zu verstehen war[93].

I. Nähere Bestimmung der Schutzgüter „Wissenschaft, Forschung und Lehre“

1. Der Wissenschaftsbegriff des Grundgesetzes

Das Grundgesetz selbst definiert den Begriff der Wissenschaft genauso wenig wie die Reichsverfassungen von 1849 bzw. 1919. Es setzt ihn vielmehr voraus. Da Wissenschaft im Wesentlichen außerrechtlichen Regeln folgt, muss jeder Versuch einer juristischen Begriffsbestimmung notwendig formal und

---

92 So *Friesenhahn*, zit. nach v. *Mangoldt/Klein*, Art. 5, X 1; *Schulze-Fielitz*, in: HdbVerfR, § 27, Rn. 1 („spezifisch deutscher Verfassungstradition“).

93 Statt vieler *Bauer*, S. 21; ausführlich zur historischen Entwicklung des Grundrechts der Wissenschaftsfreiheit, insbes. auch zur Interpretation des § 152 FRV bzw. des Art. 142 WRV *Schmidt*, passim; zu § 152 FRV auch *Kühne*, S. 499 ff.; einen Überblick geben z. B. *Denninger*, in: AK, Art. 5 III (Wiss.), Rn. 1 ff.; *Geller/Kleinrahm*, Art. 16, 1.; *Oppermann*, in: HdbStR VI, § 145, Rn. 1 ff.

offen bleiben[94]. Nach der Rechtsprechung des Bundesverfassungsgerichts ist Wissenschaft jede Tätigkeit, die nach Inhalt und Form als ernsthafter planmäßiger Versuch zur Ermittlung der Wahrheit anzusehen ist[95]. Diese Definition wird auf *Rudolf Smend* zurückgeführt[96] und in der Literatur weitgehend kritiklos übernommen[97].

a) Einzelne Erläuterungen und Präzisierungen der Definition der h. M.
Sie bedarf jedoch der Erläuterung und Präzisierung. Darüber hinaus vermag sie nicht in jeglicher Hinsicht zu überzeugen.

aa) Element der Lehre nicht berücksichtigt
Zunächst ist anzumerken, dass nach dieser Definition das Element der wissenschaftlichen Lehre gänzlich unberücksichtigt bleibt. Da jedoch Forschung *und* Lehre Bestandteile des (Ober-) Begriffs „Wissenschaft" sind[98], muss die Bestimmung von Wissenschaft im Sinne des Art. 5 III GG den Bereich der Lehre als die Vermittlung der durch Forschung gewonnenen Erkenntnisse mit umfassen. Nicht jede Erkenntnisvermittlung ist jedoch wissenschaftlich im Sinne des Art. 5 III GG[99]. Sie muss kritisch-kommunikativ erfolgen, das heißt sie darf dem Zuhörer keine Erkenntnisse indoktrinieren, sondern muss sich um geistigen Austausch mit diesem bemühen und ihn in die Lage versetzen, seinerseits die vorgetragenen Erkenntnisse zu hinterfragen[100].

bb) Zum Kriterium des Versuchs der Wahrheitsermittlung
Die Definition der Wissenschaft als (bloßer) *Versuch* der Wahrheitsermittlung bzw. -vermittlung verdeutlicht zwei grundlegende Eigenarten wissenschaftlicher Forschung. Sie macht zum einen klar, dass es grundsätzlich nicht auf die Qualität oder (besser) Richtigkeit der angewandten Methoden oder gefundenen Ergebnisse ankommt. Art. 5 III GG schützt auch Forschungsansätze und -ergebnisse, die sich (im Nachhinein) als ungeeignet oder fehlerhaft erweisen; denn charakteristisch für wissenschaftliches Arbeiten ist allein die

---

94 *Scholz*, in: M/D, Art. 5 III, Rn. 87; *Schulze-Fielitz*, in: HdbVerfR, § 27, Rn. 2 f.

95 BVerfGE 35, 79, 113; 47, 327, 367; 90, 1, 12 (wobei hier das Merkmal „planmäßig" nicht mehr auftaucht).

96 VVDStRL 4 (1928), 44, 67, freilich noch im Hinblick auf Art. 142 WRV; siehe *Scholz*, in: M/D, Art. 5 III, Rn. 91; *Schulze-Fielitz*, in: HdbVerfR, § 27, Fn. 9.

97 Statt vieler *Lorenz*, in: FS für Lerche, S. 267, 268; *Schulze-Fielitz*, in: HdbVerfR, § 27, Rn. 2.

98 Zum Zusammenhang von Wissenschaft, Forschung und Lehre unten ab S. 58.

99 Vgl. *Denninger*, in: AK, Art. 5 III (Wiss.), Rn. 30; *Hailbronner*, S. 164.

100 Zum Verfassungsbegriff der Lehre näher auf S. 41 ff.

Suche nach Erkenntnissen, ihrer Deutung und Weitergabe. Forschung beschreitet ihrem Wesen nach oftmals unbekannte Wege. Gerade große Erkenntnisse haben ihre Wurzeln nicht selten in Irrtümern bzw. sind „nachträglich bewiesene Intuitionen“[101]. Die Beschränkung der Forschung auf den bloßen Versuch, die Wahrheit herauszufinden, macht des Weiteren deutlich, dass jede Erkenntnis rein vorläufiger Natur und damit ein prinzipiell unabgeschlossener Prozess ist und bleibt[102].

cc) Zum Kriterium der Planmäßigkeit

Das Kriterium der Planmäßigkeit besagt, dass Erkenntnisse nach einem *nachvollziehbaren methodischen System* gesucht werden[103]. Dies bedeutet keinen Widerspruch zu der soeben getroffenen Feststellung, dass es gerade nicht auf die Richtigkeit des Forschungsansatzes bzw. -ergebnisses ankommt („*Versuch* der Wahrheitsermittlung“). Dass die Erkenntnissuche nach einem nachvollziehbaren methodischen System zu erfolgen hat, impliziert lediglich, dass die Möglichkeit bestehen muss bzw. jedenfalls nicht ausgeschlossen werden kann, dass die angewandte Methode tatsächlich zur Wahrheitsermittlung führt. Keinesfalls muss die so verstandene Geeignetheit der Wahrheitsermittlung positiv feststehen. Die Nachvollziehbarkeit der Erkenntnissuche trägt vielmehr der Tatsache Rechnung, dass Wissenschaft trotz oder gerade wegen ihrer Eigengesetzlichkeit[104] gewissen Gesetzmäßigkeiten unterliegt, wodurch die gefundenen Erkenntnisse überhaupt erst einer kritischen Prüfung zugänglich werden[105]. Die hiergegen vorgebrachten Bedenken, etwa der Art, dass bei Zugrundelegung dieses Kriteriums auch die grundlegenden Forschungen eines *Galileo Galilei* untersagt werden könnten[106], vermögen nicht recht zu überzeugen. Bei seinen Forschungen, die das gesamte Weltbild veränderten, hat es weniger an der Nachvollziehbarkeit unter wissenschaftlichen Maßstäben gefehlt. Vielmehr war es so, dass sich die zu der damaligen Zeit maßgeblichen Autoritäten, insbesondere die katholische Kirche, seinen Erkenntnissen bewusst verschlossen haben.

---

101 So *C. H. Becker*, zit. nach *Smend*, VVDStRL 4 (1928), 44, 61; siehe hierzu auch *Oppermann*, in: HdbStR VI, § 145, Rn. 10; *Schmitt Glaeser*, WissR 7 (1974), 107, 116; *Spranger*, ZRP 2000, 285, 288; *Thieme*, Rn. 62.

102 Siehe nur *Classen*, S. 80.

103 Siehe auch *Schmitt Glaeser*, a. a. O.; *Scholz*, in: M/D, Art. 5 III, Rn. 91 und die Nachw. bei *Zöbeley*, WissR 18 (1985), 76, 80, Fn. 18.

104 Auf die noch näher einzugehen ist, siehe unten S. 37 ff.

105 *Dickert*, S. 224; *Pernice*, in: Dreier, Art. 5 III (Wiss.), Rn. 23.

106 *Knemeyer*, S. 26 f.

dd) Zum Kriterium der Ernsthaftigkeit

Im Hinblick auf das Kriterium der Ernsthaftigkeit ist vertreten worden, mit ihm lasse sich zum Ausdruck bringen oder jedenfalls betonen, dass Wissenschaft (sowohl Forschung als auch Lehre) stets auch einen gewissen Kenntnisstand bzw. – genauer – ein Mindestmaß an wissenschaftlicher Qualifikation in dem jeweiligen Bereich voraussetze[107]. Dies wird man in der Tat verlangen müssen, will man nicht jedem Schulkind, das mit seinem Chemiebaukasten irgendwelche Substanzen mischt oder sonstige Reaktionen durchführt, den Grundrechtsschutz aus Art. 5 III GG zusprechen. Das Mindestmaß an wissenschaftlicher Qualifikation ließe sich etwa durch bestandene Prüfungen oder veröffentlichte Beiträge auf dem jeweiligen Gebiet nachweisen. Trotzdem erscheint das Kriterium der Ernsthaftigkeit mangels eigenständiger Aussagekraft verzichtbar[108]. So dürfte es im Hinblick auf obiges Beispiel von vornherein schon gar nicht um Erkenntnissuche, sondern vielmehr darum gehen, durch den spielerischen Umgang mit chemischen Substanzen Neugier zu wecken. Im Übrigen kommt die Notwendigkeit eines gewissen Kenntnisstandes bereits im Kriterium der Planmäßigkeit zum Ausdruck; denn das methodische System, nach dem Erkenntnisse gesucht werden, wird grundsätzlich nur dann nachvollziehbar sein, wenn der Forscher in dem jeweiligen Bereich auch einen gewissen gehobenen Kenntnisstand aufweist.

ee) Erfordernis eigenverantwortlichen Handelns

Des Weiteren verdient das Erfordernis der allein sachbezogenen Eigenverantwortung (sowohl des Forschers als auch des Lehrers) als Kriterium wissenschaftlichen Handelns hervorgehoben zu werden. Staatliche oder sonstige Vorgaben, insbesondere hinsichtlich der erkenntnissuchenden und -vermittelnden Methode oder auch des zu erreichenden Zieles, die die Suche nach Wahrheit bzw. deren Vermittlung beeinflussen und denen sich der Forscher oder Lehrer unterwirft, schließen den wissenschaftlichen Charakter im Sinne des Grundgesetzes aus.

ff) Wahrheitsermittlung als selbstständiges unabgeschlossenes Prinzip

Ferner ist zu Recht darauf hingewiesen worden[109], dass nach oben genannter Definition auch der Kriminalbeamte oder der Detektiv wissenschaftlich (for-

---

107 Siehe auch etwa BVerwGE 23, 112, 120 („Wissenschaft ist das ernsthafte Bemühen, das Gewusste mit dem Wissbaren in Übereinstimmung zu bringen."); *Dickert*, S. 220 ff.; *Pieroth/Schlink*, Rn. 622; *Thieme*, Rn. 62.

108 So auch *Scholz*, in: M/D, Art. 5 III, Rn. 91.

109 *Starck*, in: v. Mangoldt/Klein/Starck, Art. 5, Rn. 322.

schend) tätig wäre. Auch diese beabsichtigen nach Maßgabe eines bestimmten Planes, also eines (in aller Regel) nachvollziehbaren methodischen Systems, die Wahrheit zu ermitteln. Trotzdem sollen sie sich für ihre Arbeit ohne Zweifel nicht auf Art. 5 III GG berufen können. Die Tätigkeit des Kriminalbeamten oder Detektivs unterscheidet sich von der des Wissenschaftlers dadurch, dass erstere auf Klärung eines bestimmten Einzelfalles gerichtet ist, während der Wissenschaftler die Wahrheitsermittlung als *selbstständiges sachbezogenes Prinzip* betreibt[110]. Die Tätigkeit des Kriminalbeamten oder Detektivs ist abgeschlossen, sobald der konkrete Einzelfall gelöst ist. Wissenschaft hingegen kann schon begrifflich nie abgeschlossen sein, sondern muss immer wieder von neuem kritisch hinterfragt werden[111]. Sie verfolgt die Suche nach Wahrheit als „etwas noch nicht ganz Gefundenes und nie ganz Aufzufindendes“[112].

gg) Umfassender Schutz aller Wissenschaftsdisziplinen

Schließlich sei herausgestellt, dass Art. 5 III GG weder nach bestimmten Wissenschaftsdisziplinen noch nach einzelnen (mehr oder weniger anerkannten) Auffassungen innerhalb desselben wissenschaftlichen Bereichs differenziert[113]. Was die diversen wissenschaftlichen Disziplinen betrifft, so ist insbesondere die naturwissenschaftliche Forschung und Lehre regelmäßig im Verhältnis zum Tierschutz betroffen.

hh) Eigene Definition

Nach Maßgabe dieser Ausführungen ist hiernach Wissenschaft *jede eigenverantwortlich und planmäßig durchgeführte Tätigkeit, die den Versuch unternimmt, die Wahrheit als selbstständiges Prinzip zu ermitteln sowie kritisch-kommunikativ zu vermitteln.*

b) Betonung des sozialen Zwecks der grundrechtlichen Gewährleistung

Ungeachtet der primären Funktion der Wissenschaftsfreiheit als Abwehrrecht gegen staatliche Bevormundung[114] garantiert das Grundgesetz die Freiheit der

---

110 Siehe auch *Knemeyer*, S. 31; dass wissenschaftliche Wahrheitssuche als selbstständiges Prinzip erfolgt, bedeutet nicht, dass sie vollkommen zweckfrei sein muss. Nicht nur die Industrieforschung, sondern auch die reine Grundlagenforschung wird nicht zweckfrei betrieben, sondern dient stets der Beantwortung einer bestimmten Frage.

111 Vgl. BVerfGE 35, 79, 113; 90, 1, 12; *Pieroth/Schlink*, Rn. 621; *Sitter*, in: FG für Troller, S. 257, 264; *Starck*, a. a. O.

112 *Wilhelm von Humboldt*, zit. nach BVerfGE 35, 79, 113.

113 Ausführlich zum Wissenschaftspluralismus *Bauer*, S. 38 ff.

114 Zu den verschiedenen Funktionen des Grundrechts unten ab S. 61.

Wissenschaft jedoch *nicht zum Selbstzweck*[115]. Das bedeutet, dass es nicht ausschließlich der individuellen Selbstverwirklichung oder -entfaltung des Forschers dient oder – mit anderen Worten – der Befriedigung seiner Neugier („curiositas"). Geschützt ist also nicht das individuelle Streben nach Erkenntnis als solches, die geistige Selbstverwirklichung oder -entfaltung im autonomen persönlichen Bereich um ihrer selbst willen[116]. Hierfür ist ein über Art. 2 I GG hinausgehender Schutz nicht geboten. Da der forschende Wissenschaftler in der Regel seinem Beruf nachgeht, ist der Aspekt der (beruflichen) Selbstverwirklichung ohnehin eher von Art. 12 I GG abgedeckt. Würde man die Schutzintention der Wissenschaftsfreiheit allein in obigem Sinne verstehen, wäre kaum einsehbar, warum sie vorbehaltlos gewährleistet und damit gegenüber den in Art. 5 I GG sowie in anderen Vorschriften normierten Grundrechten herausgehoben und privilegiert ist[117]. Art. 5 III GG hat vielmehr einen über das individuelle Erkenntnisstreben hinausgehenden Schutzzweck, indem die gewonnenen nützlichen Erkenntnisse an die gesamte Gesellschaft weitergegeben werden, beispielsweise in Form von Medikamenten in der pharmazeutischen Forschung oder durch neue intellektuelle Anregungen in einer Geisteswissenschaft. Erst durch diesen „öffentlichen Auftrag"[118] wird die Forschung zu einem schützenswerten Gut, indem sie grundlegende menschliche Bedürfnisse befriedigt (nicht nur, aber vor allem auch durch die Entwicklung von Medikamenten zur Linderung und Heilung von Schmerzen), dadurch die Lebensqualität in dem jeweiligen Bereich verbessert und damit letztendlich auch zu einem wichtigen *Stabilisierungsfaktor des Gemeinwesens* wird. Zu Recht spricht das Bundesverfassungsgericht von einer „Schlüsselfunktion, die einer freien Wissenschaft *sowohl* für die Selbstverwirklichung des Einzelnen *als auch* für die gesamtgesellschaftliche Entwicklung zukommt"[119]. Das gilt in erster Linie für die Forschung, aber auch für die Lehre,

115 So, in Bezug auf die Lehrfreiheit, auch *Knemeyer*, S. 36.

116 Vgl. hierzu *Schmitt Glaeser*, WissR 7 (1974), 107, und das dort wiedergegebene Zitat des ehemaligen Bundesministers für Forschung und Technologie *V. Hauff*: „Forschungsfreiheit findet ihre Grenze dort, wo die Forschung zur privaten Spielwiese einzelner Wissenschaftler wird".

117 So auch *Bauer*, S. 40.

118 *v. Brünneck*, JA 1989, 165.

119 BVerfGE 35, 79, 114 (Hervorheb. von mir); 47, 327, 368, s. auch S. 370: Der durch Art. 5 III GG gewährte Freiraum sei „nach der Wertung des Grundgesetzes nicht für eine von Staat und Gesellschaft isolierte, sondern für eine *letztlich dem Wohle des Einzelnen und der Gemeinschaft dienende Wissenschaft* verfassungsrechtlich garantiert"; Hervorheb. von mir; s. hierzu auch *Dickert*, S. 22 ff., 261 ff.; *Waechter*, Der Staat 30 (1991), 19, 36; *Wagner*, NVwZ 1998, 1235, 1238.

in der Erkenntnisse wissenschaftlich weitergegeben werden, wodurch wiederum die Grundlage für neuen Erkenntnisgewinn geschaffen wird.

Auf diesen sozialen Zweck der Wissenschaftsfreiheit wird noch bei der Untersuchung ihrer Schutzbereichsgrenzen zurückzukommen sein.

c) Selbstbestimmung des Wissenschaftlers im Rahmen der garantierten Freiheit

Kennzeichnend für die Wissenschaft ist schließlich – genauso wie für die ebenfalls in Art. 5 III GG geregelte Freiheit der Kunst – ihre *Eigengesetzlichkeit* bzw. *Außerrechtlichkeit*. Sie ist nicht von Rechts wegen erfunden oder erschaffen (wie z. B. das Eigentum), sondern ist der Rechtsordnung vorgegeben[120]. Die Sache oder Institution „Wissenschaft" bestimmt sich daher im Wesentlichen selbst. Im Rahmen des Tatbestandes des Art. 5 III GG, im Rahmen dessen, was „Wissenschaft" im Sinne des Art. 5 III GG ist, hat der Wissenschaftler sozusagen freie Hand. Keinem Wissenschaftler darf von staatlicher Seite vorgeschrieben werden, welche Forschungsmethode geeignet oder welche Lehrmethode didaktisch klug ist. Wissenschaft darf nicht exogenen, das heißt wahrheitsexternen Faktoren verpflichtet sein, sondern nur sich selbst, mithin der planmäßigen Wahrheitssuche und -vermittlung[121].

Das bedeutet aber nicht, dass der Wissenschaftler verbindlich *über* den Tatbestand bestimmt. Aus der Eigengesetzlichkeit oder Außerrechtlichkeit der Wissenschaft kann und darf ebenso wenig wie bei der Kunstfreiheit gefolgert werden, dass der Schutz des Grundrechts allein von der Beurteilung des Wissenschaftlers abhinge und (insbesondere) der Staat dementsprechend einem Definitionsverbot unterläge[122]. Ansonsten würde die schlichte Behauptung,

120 *Dickert*, S. 135, s. auch S. 147.

121 Vgl. hierzu *Schmitt Glaeser*, WissR 7 (1974), 107, 109: „Der Lebensbereich Wissenschaft ist im Wesentlichen nicht ‚rechtserzeugt'", s. auch S. 115: „Die Freiheit wissenschaftlicher Forschung ist die Freiheit *vor* und *zu* inhaltlicher Determinierung", Hervorheb. dort; *Waechter*, Der Staat 30 (1991), 19, 35; *Wahl*, Freib. Univ.-Bl. 1987, 19, 23.

122 So aber *Knemeyer* (S. 26), der meint, dass „allein die Darlegung des Erkenntnisstrebens genügen" müsse und dass es keines Sachverständigen bedürfe, „da es gerade zum Wesen der Wissenschaft gehört, dem Wissenschaftler selbst zu überlassen festzulegen, was er als sachgemäß ansieht", s. auch auf S. 31; *Schulze-Fielitz*, § 27, Rn. 2; tendenziell auch *Trute*, S. 62 f., der auf die „Handlungspraxis der Wissenschaft" abstellt; s. auch das bei *Bauer* (S. 26) wiedergegebene Zitat von *H. Ridder*; weit. Nachw. bei *Isensee* (S. 13, Fn. 7) zum religiösen oder weltanschaulichen Selbstverständnis als (mindestens) auslegungsrelevante Argumentationsfigur, s. auch dessen Literaturnachw. auf S. 17, Fn. 17.

man betreibe Wissenschaft, genügen, dem Betreffenden den Grundrechtsschutz aus Art. 5 III GG zuzusprechen[123]. Wenn aber jedermann Wissenschaftler ist, unterscheidet sich Wissenschaft nicht von anderen (banalen) menschlichen Aktivitäten und kann demzufolge auch nicht besonders geschützt werden[124]. Vielmehr ist es, wie bei anderen subjektiven Rechten auch, den Behörden bzw. Gerichten aufgegeben zu überprüfen, ob die Voraussetzungen der jeweiligen Norm vorliegen, in Bezug auf die Freiheit der Wissenschaft also, ob es sich tatsächlich um eine eigenverantwortlich und planmäßig durchgeführte Tätigkeit handelt, die den Versuch unternimmt, die Wahrheit als selbstständiges Prinzip zu ermitteln sowie kritisch-kommunikativ zu vermitteln[125]. Auch Wissenschaft im Sinne des Art. 5 III GG ist ein Rechtsbegriff und daher rechtlich zu definieren, wobei hierbei die betonte Eigengesetzlichkeit der Wissenschaft, das heißt ihr geistig-autonomer Erkenntnis- bzw. Vermittlungsprozess entsprechend beachtet werden muss[126]. Bei der Beantwortung der Frage, wer bzw. welche Institution befugt ist, den (Verfassungs-) Begriff „Wissenschaft" zu definieren und wer ihn schließlich mit letzter Verbindlichkeit definiert, muss differenziert werden. Prinzipiell ist jedermann befugt, Verfassungsexegese zu betreiben. Insbesondere kann jeder, der von der durch eine Grundrechtsnorm garantierten Freiheit Gebrauch macht, als (indirekter) Norminterpret verstanden werden[127]. Wie weit hier im Einzelnen die Interpretationsbefugnis bestimmter Individuen oder Gruppen, staatlicher oder nicht-staatlicher Organisationen sowie weiterer potentiell Beteiligter reicht[128], kann und braucht im Rahmen dieser Abhandlung nicht untersucht werden. Denn jedenfalls ist das Selbstverständnis wirklich oder potentiell Betroffener nicht verbindlich, mag es bei der Interpretation des Freiheitsrechts auch Berücksichtigung finden. Verbindlich ist nur die amtliche (staatliche) Interpretation. Nur sie unterliegt der Rechtfertigung durch Recht und Gesetz (s. Art. 1 III und Art. 20 III GG)[129]. Jeder staatliche Kompetenzträger ist also zur Grundrechtsauslegung nicht nur berechtigt, sondern verpflichtet, wenn immer er die Grundrechtssphäre berührt, wobei praktisch in erster Linie

123 Siehe auch *Bauer*, S. 26; *Starck*, in: v. Mangoldt/Klein/Starck, Art. 5, Rn. 323.

124 *Starck*, a. a. O., Rn. 275, für die Kunst bzw. den Künstler.

125 Siehe oben S. 35.

126 BVerfGE 90, 1, 12 f.; hierzu auch *Dickert*, S. 168 ff.; *Scholz*, in: M/D, Art. 5 III, Rn. 87 f., der mit Recht von einem „Definitionsgebot" spricht; ausführlich zu den Argumenten gegen eine subjektivierende Betrachtungsweise *Isensee*, S. 29 ff.

127 *Classen*, S. 80; *Häberle*, JZ 1975, 297 f.

128 Siehe die Übersicht und die anschließende Erläuterung bei *Häberle*, JZ 1975, 297, 299 f.

129 *Classen*, S. 74; *Isensee*, S. 42, 59.

die Rechtsprechung zur Grundrechtsauslegung berufen ist[130]. Die Kompetenz zu letztverbindlicher Entscheidung obliegt schließlich dem Bundesverfassungsgericht (s. § 31 I BVerfGG)[131].

2. Zum Verfassungsbegriff der Forschung

a) Grundsätzliche Erwägungen

Wie oben bereits hervorgehoben[132], ist unter „Forschung" im Sinne des Art. 5 III GG jede eigenverantwortlich und planmäßig durchgeführte Tätigkeit zu verstehen, die den Versuch unternimmt, die Wahrheit als selbstständiges Prinzip zu ermitteln. Geschützt ist der gesamte Ablauf eines Forschungsprojektes von seiner Konzeption bis zu seinem Abschluss. Am Anfang steht die Aufstellung eines bestimmten Themas, also die Fragestellung. Insofern gewährleistet Art. 5 III 1 GG die Freiheit, nach eigener Initiative Forschungsbereiche auszuwählen bzw. sich einem bestimmten Forschungsgegenstand zuzuwenden. Hiernach ist der Forscher frei in der Wahl seiner Methode[133]. Er bestimmt also den Weg, auf dem er Erkenntnisse zu finden gedenkt, wobei er keineswegs gezwungen ist, einen geläufigen Weg einzuschlagen[134]. Ferner gibt Art. 5 III GG dem Forscher das Recht, die gefundenen Ergebnisse zu bewerten, das heißt theoretisch einzuordnen, insbesondere mit anderen zu vergleichen und die entsprechenden Konsequenzen hieraus zu ziehen[135]. Den Abschluss bildet die Veröffentlichung oder Verbreitung des Forschungsergebnisses. Sie ermöglicht und sichert wissenschaftliche Diskussion und damit die Weiterentwicklung des Forschungsgegenstandes. Der Forscher kann den Zeitpunkt, den Adressatenkreis und die Darstellungsform bestimmen. Nach ganz überwiegender Auffassung[136] steht dem durch Art. 5 III 1 GG einge-

---

130 *Isensee*, S. 41. Dass der Verfassungsinterpret zum Teil auf erhebliche Schwierigkeiten stößt, wenn er versucht, zutiefst subjektiv geprägte Grundrechtsbereiche (z. B. „Gewissen" in Art. 4 I und III GG) nach objektiven Maßstäben zu bestimmen, liegt auf der Hand.

131 *Dickert*, S. 183 f.; *Häberle*, JZ 1975, 297, wonach die Verantwortung „bei der ‚letztlich' interpretierenden Verfassungsgerichtsbarkeit" verbleibt; s. auch S. 299, 301; *Isensee*, S. 41, wonach „das Bundesverfassungsgericht im Streit das Recht des letzten Wortes hat".

132 S. 35.

133 Die ins HRG (§ 4 II 1) übernommene Formulierung des BVerfG (BVerfGE 35, 79, 113), die Forschungsfreiheit umfasse insbesondere „die Grundsätze der Methodik" ist unglücklich. Die Freiheit des Forschers betrifft nicht nur die grobe „Bestimmung der Himmelsrichtung" (so aber *Reich*, § 4, Rn. 4), sondern auch die Anwendung einer ganz konkreten Methode im Einzelnen (zutr. *Lüthje*, in: Denninger, § 3, Rn. 12).

134 *Reich*, § 4, Rn. 4.

135 Näher *Lüthje*, a. a. O., Rn. 13; *Reich*, § 4, Rn. 13.

136 *Krüger*, in: HdbWissR I, S. 261, 295; *Lüthje*, a. a. O., Rn. 14; *Reich*, § 4, Rn. 14 m. w. N.

räumten Recht auf Verbreitung des Forschungsergebnisses indes *keine* Veröffentlichungs*pflicht* gegenüber, so dass bei Nichtveröffentlichung nicht etwa das Kriterium der Wissenschaftlichkeit entfiele[137]. Schließlich sind auch alle mit dem konkreten Forschungsvorhaben zusammenhängenden vorbereitenden und unterstützenden Tätigkeiten geschützt[138]. Nach Maßgabe dieser – nicht abschließend zu verstehenden – groben Aufzählung einzelner Forschungsbereiche[139] ist die Durchführung von Tierversuchen der Freiheit des methodischen Vorgehens zuzuordnen.

b) Grundlagenforschung und anwendungsorientierte Forschung

Forschung lässt sich in verschiedene Arten einteilen[140]. Nicht nur, aber auch im Hinblick auf Tierversuche ist insbesondere die Unterscheidung zwischen Grundlagenforschung und anwendungsorientierter Forschung bedeutsam (s. auch § 7 II TierSchG). Grundlagenforschung ist dadurch charakterisiert, dass im Zeitpunkt der Aufgaben- oder Fragestellung, möglicherweise auch im Stadium der Zielerreichung, noch nicht (hinreichend deutlich) zu erkennen ist, für welches Anwendungsgebiet die Forschungsarbeiten Bedeutung gewinnen (können). Sie ist also nicht an der konkreten praktischen Verwertbarkeit ihrer Resultate ausgerichtet. Das bedeutet aber nicht, dass man sie als „zweckfrei"[141] oder „Forschung um ihrer selbst willen"[142] (ab-) qualifizieren könnte. Auch Grundlagenforschung erfolgt zu dem Zweck der Beantwortung einer bestimmten wissenschaftlichen Frage, nur der unmittelbare Anwendungsbereich des erhofften oder erzielten Ergebnisses ist noch unklar. Auch ihr ist die Hoffnung auf ein Ergebnis, auf die Nützlichkeit der erstrebten oder gewonnenen Erkenntnisse immanent[143]. Aufgrund ihrer Intransparenz stößt sie jedoch in der Regel auf größere Akzeptanzprobleme als die an der konkreten An-

137 So aber *Agena*, Dt. Tierärzteblatt 1989, 624; *M. Blankenagel*, z. B. S. 104 ff.; *Dickert*, S. 270 ff., 277 ff. Hierauf wird noch näher einzugehen sein, unten S. 79 ff.

138 Dies gilt jedenfalls solange, wie sie „erkenntnisrelevante Handlungen" darstellen, *Trute*, S. 146; zweifelhaft ist, inwiefern hierunter auch das Recht auf Information bzw. Akteneinsicht fällt; ausführlich zu diesem Problemkreis *Lennartz*, etwa S. 3 ff., 76 ff. und *Mayen*, insbes. S. 45 ff., 63 ff., 224 ff.

139 In Anlehnung an die Aufzählung in BVerfGE 35, 79, 113, die wortwörtlich ins HRG (§ 4 II 1) übernommen wurde, siehe einfach-gesetzlich auch § 4 II HG NRW.

140 Ausführlich *M. Blankenagel*, S. 26 ff.; zu den außeruniversitären Forschungsinstituten (nicht Industrieforschung) *Thieme*, DÖV 1994, 150.

141 *Agena*, Dt. Tierärzteblatt 1989, 624, 625.

142 Siehe die Nachw. bei *Krüger*, in: HdbWissR I, S. 261, 264, Fn. 15.

143 Der Unterschied zwischen Grundlagen- und anwendungsorientierter Forschung reduziert sich somit im Wesentlichen häufig auf die *Zeit*, innerhalb derer die Anwendung der gewonnenen Erkenntnisse erfolgt, *Krüger*, in: HdbWissR I, S. 261, 263.

wendung orientierte Forschung[144]. Deshalb darf sie aber nicht pauschal als geringwertiger angesehen werden[145]. Durchbrüche in der Entwicklung neuer Behandlungsformen, Präventivmaßnahmen oder diagnostische Verbesserungen sind im Wesentlichen aus der Grundlagenforschung hervorgegangen[146]. Neben den wissenschaftlichen Hochschulen wird Grundlagenforschung vor allem an den Instituten der Max-Planck-Gesellschaft betrieben, aber auch an vielen Einrichtungen der Privatwirtschaft als Vorarbeit für weitere Untersuchungen[147].

Demgegenüber ist anwendungsorientierte oder angewandte Forschung von vornherein auf bestimmte Forschungsziele festgelegt. Sie orientiert sich also an den Bedürfnissen der Praxis. Die erstrebten oder gewonnenen Erkenntnisse müssen wirtschaftlich umsetzbar oder verwertbar sein. Neben der freien Industrie findet angewandte Forschung z. B. an Technischen Universitäten sowie in den Einrichtungen der Fraunhofer-Gesellschaft statt[148].

Dass sowohl die Grundlagenforschung als auch die angewandte Forschung durch Art. 5 III GG geschützt wird, ist heute ganz herrschende Meinung[149].

3. Zum Verfassungsbegriff der Lehre

a) Grundsätzliche Erwägungen

Die von Art. 5 III GG geschützte Lehre lässt sich schließlich definieren als eigenverantwortlich und planmäßig durchgeführte Tätigkeit, die die Wahrheit als selbstständiges Prinzip kritisch-kommunikativ zu vermitteln sucht[150]. Einzelne Elemente dieser Definition sind zum Teil schon erläutert worden[151]. Der

---

144 *Caspar*, in: ders./Koch, S. 47, 76.

145 So aber tendenziell *Doehring*, in: Hardegg/Preiser, S. 137, 142; *v. Heydebrand u. d. Lasa/Gruber*, ZRP 1986, 115, 119; mit Recht ablehnend insofern auch *Hillmer*, S. 202; anders *Dreier*, DVBl 1980, 471, 474 f.; *Kloepfer*, JZ 1986, 205, 206, die mit Hinweis auf den „gesamtgesellschaftlich relevanten und folgenreichen Zweckbezug der technischen Verwertbarkeit" (*Dreier*) bzw. das „erhöhte Gefährdungspotential für die Allgemeinheit durch das Inverkehrbringen sowie die Anwendung von Produkten" (*Kloepfer*) umgekehrt für die anwendungsorientierte Forschung eine „erhöhte Eingriffsbefugnis" (*Kloepfer*) annehmen.

146 Denkschrift DFG, S. 69 f.; s. auch S. 2 ff. und ausführlich zur Grundlagenforschung auf S. 6 ff.

147 *Krüger*, in: HdbWissR I, S. 261, 264.

148 *Krüger*, a. a. O.

149 Statt vieler *Krüger*, a. a. O., S. 278 f.; *Thieme*, Rn. 71.

150 Siehe schon oben S. 35. Die bloße Veröffentlichung eines gefundenen Ergebnisses unterfällt hingegen noch dem Schutzbereich der Forschungsfreiheit, siehe oben S. 39 f.

151 Oben S. 32 ff.

Konkretisierung bedarf aber noch das Kriterium der „kritisch-kommunikativen Vermittlung“. Von Art. 5 III GG ist nur eine solche Erkenntnisvermittlung geschützt, durch die keine von vornherein feststehenden Sachverhalte indoktriniert oder auch nur weitergegeben werden. Vielmehr ist wissenschaftliche Lehre nur eine solche, die den Weg, auf dem Erkenntnisse gefunden werden (können), das heißt die Methode wissenschaftlicher Erkenntnissuche, mit erläutert und somit den Zuhörer in die Lage versetzt, seinerseits die vorgetragenen Erkenntnisse wieder in Frage zu stellen, zu verifizieren bzw. zu falsifizieren[152]. Wissenschaftliche Lehre lehrt also das Erkennen selbst[153]. Nur hierdurch ist gesichert, dass der wissenschaftliche Erkenntnisprozess, der nie abgeschlossen sein kann, immer wieder von neuem durchgeführt wird. Wissenschaftliche Lehre ist zusätzlich dadurch charakterisiert, dass sie sich um geistigen Austausch mit dem Zuhörer bemüht. Das bedeutet, dass dem Zuhörer grundsätzlich die Möglichkeit offen stehen muss, in Kommunikation mit dem Lehrenden zu treten[154]. Lehre ist nämlich mehr als ein bloßer Vortrag über eine wissenschaftlich relevante Fragestellung. Vor diesem Hintergrund erscheint die Auffassung, das Veröffentlichen und/oder Verbreiten gefundener Erkenntnisse durch Lehrbücher oder über den Rundfunk sei von der Lehrfreiheit erfasst[155], durchaus zweifelhaft. Da die Erkenntnisvermittlung hier ganz einseitig und ohne Möglichkeit der Rückkoppelung erfolgt, fehlt das für die Lehre im Sinne des Grundgesetzes erforderliche kommunikative Element, so dass nach hier vertretener Auffassung eher der Schutzbereich der Forschungsfreiheit einschlägig ist, der – wie bereits herausgestellt[156] – auch die Weitergabe von Erkenntnissen umfasst.

Wissenschaftliche Lehre findet in erster Linie, aber nicht notwendigerweise, an Universitäten bzw. wissenschaftlichen Hochschulen[157] statt[158]. Dies setzt

---

152 Vgl. auch *Thieme*, Rn. 13.

153 *Hailbronner*, S. 95; ähnlich *Krüger*, in: HdbWissR I, S. 261, 268.

154 Vgl. etwa *Denninger*, in: AK, Art. 5 III (Wiss.), Rn. 38, der „die Instrumente der Rückkoppelung, der Rückmeldung des Übermittlungserfolges“ betont, die ebenfalls in den Schutzbereich der Lehrfreiheit einzubeziehen seien; nach *Köttgen*, in: Die Grundrechte, in: Die Grundrechte II, S. 291, 299 f., bezieht sich der Schutzbereich nur auf die Wortlehre; zu weitgehend jedenfalls *Dickert*, S. 288 f.

155 So die h. M., siehe etwa *Knemeyer*, S. 32; *Pernice*, in: Dreier, Art. 5 III (Wiss.), Rn. 26; *Starck*, in: v. Mangoldt/Klein/Starck, Art. 5, Rn. 340.

156 Oben S. 39.

157 Die Bezeichnung „Universität“ ist nicht in dem Sinne exklusiv, dass sie nur auf einen ganz bestimmten Typ einer wissenschaftlichen Hochschule anwendbar wäre. Vielmehr ist die Entscheidung, ob einer Hochschule die Bezeichnung „Universität“ verliehen wird, heute im Wesentlichen in das politische Ermessen des Gesetzgebers gestellt,

jedoch insbesondere voraus, dass sie eigenverantwortlich, das heißt selbstständig und frei von Weisungen durchgeführt wird. Insofern wird man die Wissenschaftlichkeit der Lehre zu prüfen haben, wenn sie durch wissenschaftliche Assistenten oder Mitarbeiter durchgeführt wird, die einem Hochschullehrer zugeordnet sind. Innerhalb seiner Lehrveranstaltung (z. B. Vorlesung, Seminar, Übung oder Praktikum) steht dem Lehrenden das Recht zu, Inhalt und Ablauf derselben in eigener Verantwortung zu bestimmen. Hierzu gehört das Recht auf Äußerung von wissenschaftlichen Meinungen sowie – im Rahmen der hier zu behandelnden Problematik von besonderer Bedeutung – das Recht, den methodischen Ansatz zu bestimmen und die für richtig gehaltene Darstellungsform zu wählen (siehe auch einfach-gesetzlich § 4 III HRG sowie § 4 III HG NRW)[159]. Der wissenschaftliche Lehrer kann den jeweiligen Lehrstoff also etwa in Form des mündlichen Vortrags, in Form von schriftlichen Aufzeichnungen oder Ton- und Bildträgern vermitteln. Da der Lehrbegriff des Grundgesetzes demnach prinzipiell nicht an ein bestimmtes Medium gebunden ist[160], steht es ihm genauso frei, praktische (Tier-) Versuche durchzuführen bzw. durchführen zu lassen, so wie sie insbesondere in den universitären Studiengängen der Medizin, Veterinärmedizin und Biologie unternommen werden. Das Recht der Durchführung von Tierversuchen ist demnach von der Freiheit der wissenschaftlichen Lehre grundsätzlich umfasst.

b) Wissenschaftliche Lehre an Fachhochschulen?

Tierversuche sind prinzipiell auch an Fachhochschulen denkbar, zum Beispiel in den Studiengängen der Agrarwirtschaft, Medizintechnik, Bio- oder Lebensmitteltechnologie[161]. Aufgrund der gegenüber Universitäten grundverschiedenen Zielrichtung von Unterrichts- bzw. Vorlesungsinhalten und deren Vermittlung an Fachhochschulen ist jedoch zweifelhaft, ob hier wissenschaftlich im Sinne des Art. 5 III GG gelehrt wird. Zunächst kann sich, da es sich bei dem Grundrecht der Wissenschafts- bzw. Lehrfreiheit um ein Jedermann-

Krüger, in: HdbWissR I, S. 207, 209. Vor diesem Hintergrund ist im Folgenden jede wissenschaftliche Hochschule gemeint, wenn von „Universität" die Rede ist; lehrbuchartig wird der Begriff der „wissenschaftlichen Hochschule" vom OVG Koblenz, ZBR 1963, 220 f., umschrieben.

158 Wissenschaftliche Lehre ist also auch außerhalb der Hochschule geschützt, *Oppermann*, in: HdbStR VI, § 145, Rn. 30 und 38; *Wendt*, in: v. Münch/Kunig, Art. 5, Rn. 102 f.

159 BVerwGE 105, 73, 79 f.; VGH Kassel, NJW 1994, 1608, 1609; zum Grundrecht der Freiheit der Lehre ausführlich *Krüger*, in: HdbWissR I, S. 309 ff.

160 *Knemeyer*, S. 31 ff.; *Denninger*, in: AK, Art. 5 III (Wiss.), Rn. 27; vorausgesetzt, dass das kommunikative Element berücksichtigt wird, s. oben im Text.

161 Siehe *Cirsovius*, S. 67.

Grundrecht handelt[162], (selbstverständlich) auch der Fachhochschullehrer außerhalb der Fachhochschule gegebenenfalls auf Art. 5 III GG berufen. Fraglich ist aber, ob an der Fachhochschule als staatlicher Institution wissenschaftlich gelehrt wird bzw. ob der Fachhochschullehrer in seinem spezifischen Amt wissenschaftlich tätig ist[163]. Wohl überwiegend[164] wird dies mit Hinweis auf die Eigenständigkeit und Gestaltungsfreiheit auch des Fachhochschullehrers bejaht. Zum Teil[165] wird die Geltung der Lehrfreiheit an der Fachhochschule im Hinblick auf ihre unterschiedliche Funktion bzw. Aufgabe im Vergleich zur Universität abgelehnt. Der Praxisbezug senke das wissenschaftliche Niveau in einem nicht mehr vertretbaren Umfang[166]. Von Seiten der Rechtsprechung ist des Öfteren betont worden, dass die Freiheit von Forschung und Lehre dem Fachhochschullehrer nur nach Maßgabe seines besonderen Auftrags zustehe[167]. Im Ergebnis ist dann die Frage, ob und inwiefern an Fachhochschulen wissenschaftlich gelehrt werde bzw. der Fachhochschullehrer an der Wissenschaftsfreiheit aus Art. 5 III GG teilhabe, nicht selten offen gelassen worden[168].

Der offene Wortlaut hilft, wie im Allgemeinen bei der Interpretation von Grundrechtsnormen, nicht weiter[169]. Es besteht nahezu Einigkeit darüber, dass mit dem Begriff „Lehre" nicht irgendeine beliebige Wissensvermittlung gemeint ist, sondern nur eine solche, die wissenschaftlich ist[170]. Ob an Fachhochschulen wissenschaftlich gelehrt wird, bedarf aber gerade der Klärung. Ebenso wenig

---

162 BVerfGE 15, 256, 263; 35, 79, 112; 88, 129, 136.

163 Vgl. *Scholz*, in: M/D, Art. 5 III, Rn. 106.

164 BayVGH, DÖV 1985, 496, 497; vgl. auch OVG Berlin, OVGE 14, 132, 134 in Bezug auf die Freiheit der Forschung; *Denninger*, in: AK, Art. 5 III (Wiss.), Rn. 30; *Oppermann*, in: HdbStR VI, § 145, Rn. 38; jedenfalls tendenziell auch *Hailbronner*, S. 90 ff.; *Starck*, in: v. Mangoldt/Klein/Starck, Art. 5, Rn. 326.

165 *Bauer*, S. 57 f.; *Zöbeley*, WissR 18 (1985), 76, 80 f., 83 f., der jedoch den wissenschaftlichen Charakter der Forschung an Fachhochschulen nicht in Zweifel zieht, S. 78 f., 83; vgl. auch *Kramer*, MittHV 1981, 205 f. und 331 f., der Universität und Gesamthochschule vergleicht.

166 Kramer, MittHV 1981, 331, 332 („Die Forderung nach ‚Praxisbezug' führt zur Verarmung.").

167 So BVerwG, NVwZ 1987, 681; OVG Hamburg, DVBl 1995, 1361, 1362; VGH Mannheim, DVBl 1986, 626, 629 für Fachhochschulen der öffentlichen Verwaltung; OVG Berlin, OVGE 14, 132, 134.

168 BVerfG, NVwZ 1987, 675; BVerwG, a. a. O.; VGH Mannheim, a. a. O., wonach die Freiheit von Forschung und Lehre den Fachhochschullehren jedenfalls landesrechtlich verbürgt sei; siehe auch die bei *Zöbeley*, WissR 18 (1985), 76, 77, Fn. 8, zitierten Beschlüsse.

169 So auch *Knemeyer*, S. 10.

170 Hierzu näher unten S. 58 f.

lässt sich das Grundrecht der Lehrfreiheit insofern historisch interpretieren. Zwar ist es in besonderem Maße durch die deutsche Geschichte geprägt. Fachhochschulen existieren aber erst seit 1968-70 als Rechtsfiguren im Hochschulbereich[171], so dass in den jeweiligen deutschen verfassunggebenden Versammlungen nicht diskutiert werden konnte, inwiefern auch die Lehre an Fachhochschulen am Grundrechtsschutz des Art. 5 III GG partizipiere.

Zur Beantwortung dieser Frage ist es vielmehr hilfreich, die Unterschiede zwischen Fachhochschulen und wissenschaftlichen Hochschulen herauszustellen und zu werten. Zunächst ist von Bedeutung, dass die Aufgaben von Universitäten bzw. Fachhochschulen in den Hochschulgesetzen der Länder grundsätzlich unterschiedlich normiert sind. So dienen die Universitäten gem. § 3 I 1 HG NRW der Pflege und Entwicklung der Wissenschaften durch Forschung, Lehre und Studium, während die Fachhochschulen gem. § 3 II 1 HG NRW durch anwendungsbezogene Lehre und Studium auf berufliche Tätigkeiten vorbereiten, die die Anwendung wissenschaftlicher Erkenntnisse und Methoden erfordern. An Universitäten wird somit im Grundsatz allein um der Pflege und Entwicklung der Wissenschaft willen gelehrt. Sie vermitteln eine umfassende vertiefte wissenschaftliche Ausbildung. An Fachhochschulen ist die Lehre hingegen an der konkreten Anwendung der Lehrinhalte orientiert, das heißt die Fragestellungen weisen regelmäßig einen direkten Bezug zur Berufspraxis auf. Die Lehre wird also an der Brauchbarkeit für die Berufsausbildung gemessen. Ihre Ziele bestimmen sich durch die Anforderungen des jeweiligen Tätigkeitsbereichs[172]. Dementsprechend ist auch der Charakter der Forschung an Universitäten und an Fachhochschulen grundverschieden. Während Forschung an Universitäten ganz allgemein der Gewinnung wissenschaftlicher Erkenntnisse dient (Grundlagenforschung) und selbst Ausbildungsziel ist[173], nehmen Fachhochschulen Forschungs- und Entwicklungsaufgaben nur insofern wahr, als sie für die jeweilige Berufsausbildung von Relevanz sind. Der Fachhochschullehrer ist prinzipiell nicht verpflichtet, selbst neue Erkenntnisse zu suchen. Ein eigener Beitrag zur theoretischen Weiterentwicklung seiner Disziplin wird von ihm nicht verlangt und erwartet. Es reicht daher aus, wenn er die wissenschaftliche Entwicklung in seinem Fachbereich verfolgt und in seine Lehre einfließen lässt. Dementsprechend ist die Tätigkeit des Fachhochschullehrers als „rezeptiv-umsetzend" be-

171 *Fleck*, DÖV 1971, 590 f.; *Krüger*, in: HdbWissR I, S. 207, 218 f.

172 Siehe auch BVerfGE 64, 323, 355 f.; *Hailbronner*, MittHV 1980, 245, 247; *Zöbeley*, WissR 18 (1985), 76, 77.

173 *Krüger*, in: HdbWissR I, S. 261, 268.

zeichnet worden[174].

Fachhochschulen unterscheiden sich von wissenschaftlichen Hochschulen ferner durch die Zugangsvoraussetzungen. Während für das Studium an einer Fachhochschule das Zeugnis der Fachhochschulreife genügt, muss die Qualifikation für das Studium an einer wissenschaftlichen Hochschule durch ein Zeugnis der allgemeinen (oder fachgebundenen) Hochschulreife nachgewiesen werden (s. § 66 II und III HG NRW). Letzteres soll als Reifezeugnis gewisse Mindestanforderungen bestätigen, welche an Studenten an einer wissenschaftlichen Hochschule im Hinblick auf allgemeine Kenntnisse, logisches und kritisches Denkvermögen gestellt werden[175].

Des Weiteren unterscheiden sich Fachhochschulen und Universitäten in ihren Abschlüssen. So ist die Fachhochschule grundsätzlich auf die Verleihung eines Diplom-, Bachelor- oder Mastergrades beschränkt (§ 96 I HG NRW). Den Diplomgrad kann sie auch aufgrund einer staatlichen oder kirchlichen Prüfung, mit der ein Studienabschluss erworben wird, verleihen (§ 96 II 1 HG NRW). Die Universität kann darüber hinaus neben dem Magistergrad (§ 96 I 1 und II 2 HG NRW) aufgrund einer Promotion den Doktorgrad verleihen (§ 97 I HG NRW) sowie durch die Habilitation den Befähigungsnachweis, ein wissenschaftliches Fach in Forschung und Lehre selbstständig zu vertreten (§ 98 I HG NRW)[176].

Vor diesem Hintergrund ist insbesondere in der Rechtsprechung des Bundesverfassungsgerichts mehrfach darauf hingewiesen worden, dass für Fachhochschullehrer nicht die gleichen Grundsätze gelten können wie für Professoren an wissenschaftlichen Hochschulen; vielmehr müsse zwischen beiden differenziert werden[177]. Eine andere (hier interessierende) Frage ist, ob die herausgestellten

---

174 BVerfGE 64, 323, 357, s. auch S. 359; *Cirsovius*, S. 68; *Hailbronner*, a. a. O.

175 Unterschiede bestehen auch trotz der einheitlichen Amtsbezeichnung „Professor" des HRG (s. § 44) im Hinblick auf die Einstellungsvoraussetzungen für Hochschullehrer, krit. hierzu etwa *Hailbronner*, MittHV 1980, 245, 248.

176 Allerdings ist auch Fachhochschul-Absolventen eine Promotion im Anschluss an ihr Studium (und hieran anschließend auch eine Habilitation) unter gewissen Voraussetzungen möglich, siehe etwa § 97 II HG NRW oder § 9 II Nds HG. Ferner ist unter bestimmten Voraussetzungen die Betreuung eines Doktoranden durch einen Fachhochschulprofessor vorgesehen, s. § 97 V HG NRW oder auch § 29 II 4 des Thür HG, wonach die gemeinsame Betreuung von Dissertationen durch Professoren wissenschaftlicher Hochschulen und Fachhochschulen gefördert werden soll; siehe hierzu *Krüger*, in: HdbWissR I, S. 207, 214 f.

177 Nach der Rspr. des BVerfG ist aus Art. 5 III GG herzuleiten, dass dem Hochschullehrer eine herausgehobene Stellung zukomme. Unter „Hochschullehrer" sei allerdings nur „der akademische Forscher und Lehrer zu verstehen, der aufgrund der Habilitation oder

Unterschiede zwischen Universitäten und Fachhochschulen letzteren den wissenschaftlichen Charakter nehmen.

Dass nur an Universitäten die Befähigung zu selbstständiger wissenschaftlicher Arbeit (Promotion) bzw. zur selbstständigen Vertretung eines wissenschaftlichen Faches in Forschung und Lehre (Habilitation) nachgewiesen werden kann, zeigt, dass der Gesetzgeber traditionell und typischerweise die Universitäten als Stätte wissenschaftlichen Wirkens ansieht. Das heißt jedoch nicht, dass nicht auch an anderen Institutionen wissenschaftlich gelehrt werden kann. Dies gilt umso mehr, als sich Fachhochschulen und wissenschaftliche Hochschulen in einem Maße angeglichen haben, dass eine klare Differenzierung schwerfällt[178]. Auch der Aspekt, dass der Zugang zu einem Fachhochschulstudium geringeren Anforderungen unterliegt als der zu einem Universitätsstudium, kann die Frage, ob die Lehre an Fachhochschulen wissenschaftlichen Charakter aufweist, nicht klären. Auch dies ist lediglich ein Indiz für die Vorstellung des Gesetzgebers, hier darauf bezogen, dass der anwendungsbezogenen Lehre an Fachhochschulen auch mit einer geringeren Schulbildung hinreichend gefolgt werden kann. Dies kann jedoch nicht als Begründung dafür ausreichen, dass die Lehre an Fachhochschulen keinen wissenschaftlichen Charakter aufweist. Immerhin kann die Anzahl der Studenten mit Abitur in einzelnen (Fachhochschul-) Studiengängen beträchtlich sein[179]. Das Zeugnis der Fachhochschul- bzw. allgemeinen Hochschulreife ist lediglich ein formales Kriterium, das über die wahre Leistungsfähigkeit oder -bereitschaft des einzelnen Studenten wenig aussagt[180]. Es existiert keine Regel, wonach Lehre nur dann wissenschaftlichen Charakter hat, wenn sie an einer Institution erteilt wird, an der eine spezielle wissenschaftliche Befähigung (durch Promotion oder Habilitation) nachgewiesen werden kann, bzw. wenn der Zuhörer eine bestimmte Anzahl von Schulklassen durchlaufen hat. Institutionelle oder formelle Kriterien können ein Indiz für wissenschaftliche oder

---

eines sonstigen Qualifikationsbeweises mit der selbstständigen Vertretung eines wissenschaftlichen Faches in Forschung und Lehre betraut ist", BVerfGE 35, 79, 127; 47, 327, 388 (sog. materieller Hochschullehrerbegriff). Differenziert werden müsse etwa im Hinblick auf organisations- bzw. mitgliedschaftsrechtliche Fragen, BVerfGE 61, 210, 211, 242 ff., oder in Bezug auf die Amtsbezeichnung, BVerfGE 64, 323, 353, 358; s. auch BVerfG, NVwZ 1987, 675; differenziert werden muss nach st. Rspr. des BVerwG ferner bei der Frage, ob ein Fachhochschullehrer ein „Rechtslehrer an einer deutschen Hochschule" im Sinne des § 67 I 1 VwGO ist, BVerwG, NJW 1997, 2399; BVerwGE 56, 336; BVerwG, NJW 1975, 1899.

178 Siehe näher hierzu *Fleck*, DÖV 1971, 590, 591 f.; *Krüger*, in: HdbWissR I, S. 207, 208 f.; *Zöbeley*, WissR 18 (1985), 76, 83.

179 BVerfGE 64, 323, 358.

180 Vgl. *Zöbeley*, WissR 18 (1985), 76, 81.

nicht-wissenschaftliche Lehre sein, vermögen sie aber nicht (allein) zu begründen[181].

Entscheidend kann demnach nur die bereits herausgestellte Aufgabe oder Funktion der Lehre an Fachhochschulen sein bzw. wie das Amt des Fachhochschullehrers ausgestaltet ist[182]. Insofern gilt es zunächst einzusehen, dass ein (allgemeiner) Bezug zur Berufspraxis für sich genommen der Lehre an Fachhochschulen noch nicht ihren wissenschaftlichen Charakter nimmt. Das wäre nur dann der Fall, wenn die Lehre durch „vordergründige Nützlichkeitsaspekte" beherrscht wäre[183]. Dies wird man aber jedenfalls so pauschal nicht annehmen können. Auch die Universitäten „bereiten auf berufliche Tätigkeiten vor, die die Anwendung wissenschaftlicher Erkenntnisse und Methoden erfordern" (§ 3 I 3 HG NRW; siehe auch § 2 I HRG), ohne dass ihnen deshalb die Wissenschaftlichkeit der Lehre abgesprochen würde. Auch an ihnen muss zwischen Lehrveranstaltungen wissenschaftlicher Art und solchen nicht-wissenschaftlicher Art unterschieden werden[184]. Institutionell lässt sich die Geltung des Grundrechts der Wissenschafts- bzw. Lehrfreiheit an Fachhochschulen damit ablehnen, dass einer weiteren Annäherung von Universitäten und Fachhochschulen vorgebeugt werden muss[185]. Die deutsche Universität ist bzw. war traditionell durch folgende drei Begriffsmerkmale gekennzeichnet: (1.) ihre körperschaftliche Rechtsstruktur mit darauf beruhender Selbstverwaltung, (2.) die Berücksichtigung der gesamten Breite der Natur- und Geisteswissenschaften in Forschung und Lehre sowie (3.) die Einheit von Forschung und Lehre[186]. Den Status einer Körperschaft des öffentlichen Rechts mit dem Recht auf autonome Verwaltung genießen auch Fachhochschulen. Weder im HRG (§ 58 I) noch im HG NRW (§ 2 I) wird insofern zwischen Fachhochschulen und wissenschaftlichen Hochschulen differenziert[187]. Auch die umfassende Berücksichtigung („universitas" (lat.) =

181 Siehe auch *Cirsovius*, S. 68; *Starck*, in: v. Mangoldt/Klein/Starck, Art. 5, Rn. 326.

182 Dies dürfte auch gemeint sein, wenn in der Rechtsprechung betont wird, dass die Freiheit von Forschung und Lehre den Fachhochschullehrern nur nach Maßgabe ihrer dienstlichen Aufgaben anvertraut ist, siehe BVerwG, NVwZ 1987, 681; OVG Hamburg, DVBl 1995, 1361, 1362; VGH Mannheim, DVBl 1986, 626, 629 für Fachhochschulen der öffentlichen Verwaltung; OVG Berlin, OVGE 14, 132, 134.

183 BVerfGE 61, 210, 238.

184 *Zöbeley*, WissR 18 (1985), 76, 81.

185 *Hailbronner*, S. 93 f., hierzu auch BVerfGE 61, 210, 246 f.

186 *Krüger*, in: HdbWissR I, S. 207, 208; zu dem Kennzeichen verschiedener wissenschaftlicher Disziplinen und der damit erstrebten Funktion, „den Prozess der Erkenntnisbildung befruchten" zu können, siehe *Kramer*, MittHV 1981, 205 f. und 331 f.; ferner *Geller/Kleinrahm*, Art. 16, 1.

187 Wohl aber in der Landesverfassung von NRW: Gem. Art. 16 I wird das Recht auf

Umfassenheit, Gesamtheit) der Natur- und Geisteswissenschaften kann zur Charakterisierung der Universität nicht mehr herangezogen werden. Die immense Ausweitung des Wissens und dementsprechend der wissenschaftlichen Disziplinen kann heute keine Universität ausnahmslos abdecken. Hinzu kommt, dass sich auch die an Universitäten und nicht-wissenschaftlichen Hochschulen vertretenen Disziplinen wechselseitig angenähert haben[188]. Vor diesem Hintergrund, so wird argumentiert, müsse wenigstens das Prinzip der Einheit von Forschung und Lehre als traditioneller Bestandteil der wissenschaftlichen Hochschule als unverzichtbar angesehen werden. Wissenschaftlicher Fortschritt sei nur dann gewährleistet, wenn Forschung und Lehre institutionell miteinander verbunden seien[189]. Forschung sei den Fachhochschulen aber „gleichsam nur als Annex zur Lehre" gestattet. Sie könnten, müssten aber nicht Forschung betreiben[190]. Diese rein institutionelle Betrachtungsweise des Grundrechts berücksichtigt jedoch nicht hinreichend, dass Art. 5 III GG in erster Linie als freiheitliches Abwehrrecht zu interpretieren ist. Es trifft zu, dass Art. 5 III GG vielfach als das „Grundrecht der deutschen Universität" angesehen und somit die Institution „Universität" in Art. 5 III GG verankert wird[191]. Dies bedeutet jedoch nicht, dass wissenschaftliche Lehrveranstaltungen nur an Universitäten stattfänden und an anderen Einrichtungen wissenschaftliche Lehre nicht möglich wäre. Vielmehr steht das Grundrecht der Wissenschafts- bzw. Lehrfreiheit jedem zu, der wissenschaftlich tätig ist oder tätig werden will[192]. Hiervon abgesehen kann das Prinzip der Einheit von Forschung und Lehre jedenfalls heute nur noch sehr eingeschränkt Geltung beanspruchen[193]. Zum einen erscheint zweifelhaft, dass aus dem tradierten Prinzip der Einheit von Forschung und Lehre auch eine Verfas-

---

Selbstverwaltung nur den Universitäten und denjenigen Hochschulen garantiert, „die ihnen als Stätten der Forschung und der Lehre gleichstehen". Demzufolge dürften Fachhochschulen von dieser Garantie ausgenommen sein, vgl. *Geller/Kleinrahm*, Art. 16, 5.

188 *Krüger*, in: HdbWissR I, S. 207, 208 f., der darauf hinweist, dass Technische Hochschulen philosophische, medizinische und juristische Fakultäten gegründet haben, während Universitäten wissenschaftlich-technische Fächer pflegen. Die Verleihung der Bezeichnung „Universität" an ehemals Technische Hochschulen sei eine logische Konsequenz dieser Entwicklung; siehe auch BVerfGE 61, 210, 238.

189 In diesem Sinne *Hailbronner*, S. 94.

190 BVerfGE 64, 323, 355.

191 Siehe etwa *Bethge*, in: Sachs, Art. 5, Rn. 210; *Oppermann*, in: HdbStR VI, § 145, Rn. 18.

192 BVerfGE 15, 256, 263; 35, 79, 112; 88, 129, 136; siehe auch *Knemeyer*, S. 34, 42 f., der mit Recht betont, dass auch Praktiker wissenschaftlich lehren können.

193 Kritisch bis ablehnend hierzu auch *Hailbronner*, S. 91; dies hat zur Folge, dass die Unterschiede zwischen wissenschaftlichen Hochschulen und Fachhochschulen in der Tat heute nur noch gering sind.

sungsgewährleistung folgt[194]; zum anderen wird es den heute sehr vielfältigen Lehrveranstaltungen an der Hochschule kaum gerecht. Deswegen lässt sich die Wissenschaftlichkeit der Lehre an Fachhochschulen auch nicht mit dem Hinweis auf den im Vergleich zu Universitäten deutlich höheren Umfang der Lehrverpflichtung ablehnen[195], der in der Tat wenig Gelegenheit lässt, daneben noch selbstständig Forschung zu betreiben[196].

Dennoch sind die Zweifel, die von einigen Autoren[197] im Hinblick auf den wissenschaftlichen Charakter der Lehre an Fachhochschulen vorgetragen werden, durchaus angebracht. Ihre Berechtigung erhalten sie letztendlich dadurch, dass eine wissenschaftliche Erkenntnisvermittlung nur *kritisch hinterfragend* erfolgen kann. Es geht eben nicht darum, fertiges Wissen zu vermitteln, sondern *das Erkennen selbst* zu lehren[198]. Lehre auf wissenschaftlicher Grundlage kann nur eine solche sein, die durch Auseinandersetzung mit dem Gelehrten erfolgt. Nur hierdurch kann der Zuhörer in die Lage versetzt werden, die vorgetragenen Erkenntnisse seinerseits in Frage zu stellen und gegebenenfalls zu verifizieren bzw. zu falsifizieren[199]. Ob eine in diesem Sinne wissenschaftliche Lehre an Fachhochschulen erfolgt, wird man aber vor dem Hintergrund, dass sie typischerweise einen direkten unmittelbaren Bezug zur Berufspraxis aufweist, tendenziell eher negativ beantworten müssen. Eine Lehre, die in erster Linie an der Berufsausübung orientiert ist, erfolgt eher durch Vermittlung feststehender Sachverhalte und verhindert damit gerade eine eigenständige kritische Auseinandersetzung mit dem Gelehrten[200]. Als Indiz hierfür mag die im Vergleich zu Universitäten kürzere Regelstudienzeit angesehen werden, die eine Konzentration der Lehre auf das für die Anwendung der jeweiligen Kenntnisse Notwendige bedingt[201].

Als Ergebnis ist somit festzuhalten, dass die Lehre an Fachhochschulen grundsätzlich nicht wissenschaftlich im Sinne des Art. 5 III 1 GG ist. Wenn eine Lehr-

194 Zutr. *Zöbeley*, WissR 18 (1985), 76, 82.
195 So aber tendenziell *Hailbronner*, MittHV 1980, 245, 247 f.
196 Siehe auch BVerfGE 64, 323, 355 f.; 61, 210, 246. Auf das Prinzip der Einheit von Forschung und Lehre wird noch näher einzugehen sein, unten ab S. 58.
197 *Bauer*, S. 57 f.; *Kramer*, MittHV 1981, 205 f. und 331 f.; *Zöbeley*, WissR 18 (1985), 76, 80 f., 83 f.
198 *Hailbronner*, S. 95.
199 Vgl. auch *Lüthje*, in: Denninger, § 3, Rn. 27. Siehe auch schon oben S. 41 f.
200 Im Gegensatz dazu erfolgt die Lehre an Universitäten in erster Linie zur Pflege und Entwicklung der Wissenschaften (§ 3 I 1 HG NRW). Die Vorbereitung auf berufliche Tätigkeiten (§ 3 I 3 HG NRW) ist demgegenüber nur ein (mittelbarer) Reflex.
201 BVerfGE 64, 323, 357.

Lehrveranstaltung jedoch den soeben beschriebenen Anforderungen gerecht wird, das heißt den Zuhörer zu einer eigenständigen kritischen Auseinandersetzung mit den vermittelten Erkenntnissen anhält, nimmt sie am Schutz der Lehrfreiheit teil[202]. Nur in diesem Fall wäre dann auch die Durchführung von Tierversuchen an Fachhochschulen von Art. 5 III GG abgedeckt.

c) Wissenschaftliche Lehre an Schulen?

Auch im naturwissenschaftlichen Unterricht an allgemein- oder berufsbildenden Schulen (z. B. Biologieunterricht) sind Tierversuche denkbar. Die Frage, ob hier wissenschaftlich im Sinne des Art. 5 III GG gelehrt wird, wird ebenfalls nicht einheitlich beantwortet. Während sie zum Teil[203] bejaht wird, wird sie von der herrschenden Meinung[204] verneint. Zunächst gilt auch in diesem Zusammenhang, was bereits für die Lehrfreiheit des Fachhochschullehrers betont wurde: Da es sich bei dem Grundrecht der Wissenschafts- bzw. Lehrfreiheit um ein Jedermann-Grundrecht handelt[205], kann sich (selbstverständlich) auch der Schullehrer außerhalb des Schulunterrichts gegebenenfalls auf Art. 5 III GG berufen. Fraglich ist aber, ob an der Schule als staatlicher Institution wissenschaftlich gelehrt wird bzw. ob der Lehrer in seiner spezifischen Amtsfunktion wissenschaftlich tätig ist[206].

Anders als bei den relativ modernen Fachhochschulen erscheint die historische Auslegung des Grundrechts der Lehr- bzw. Wissenschaftsfreiheit aufschlussreich. Betrachtet man zunächst seine Entwicklung bis zur Reichsverfassung von 1919, so lassen sich zwar Gründe dafür finden, dass die „Lehrfreiheit im engeren Sinne"[207], das heißt die Weisungsunabhängigkeit der Lehrenden hinsichtlich der Lehrinhalte und -methoden, überwiegend nur für den akademischen Lehrer gedacht und garantiert war. Eindeutig beantworten lässt sich diese Frage jedoch

---

202 Unzutr. daher *Hailbronner*, nach dessen Auffassung (S. 165) Lehrveranstaltungen an Fachhochschulen auch dann nicht Art. 5 III GG unterfallen, wenn wissenschaftliche Erkenntnisse vermittelt werden.

203 *Denninger*, in: AK, Art. 5 III (Wiss.), Rn. 31 f., der konkret den Deutsch-, Geschichts- oder Philosophieunterricht nennt; *Fuß*, VVDStRL 23 (1966), 199, 226 f.; *Perschel*, DÖV 1970, 34, 36 ff.; *Staff*, DÖV 1969, 627, 628 ff.

204 OVG Lüneburg, OVGE 3, 138, 144; *Bauer*, S. 33; *Bethge*, in: Sachs, Art. 5, Rn. 212; *Cirsovius*, S. 72 f.; *Dürig*, in: M/D, Art. 5 III, Rn. 107; *Gröschner*, in: Dreier, Art. 7, Rn. 69; *Knemeyer*, S. 41 f.; *Oppermann*, in: HdbStR VI, § 145, Rn. 30; *Pieroth/Schlink*, Rn. 623; *Starck*, in: v. Mangoldt/Klein/Starck, Art. 5, Rn. 330; *Thieme*, Rn. 70.

205 BVerfGE 15, 256, 263; 35, 79, 112; 88, 129, 136.

206 *Scholz*, in: M/D, Art. 5 III, Rn. 107; *Thieme*, Rn. 70.

207 *Denninger*, in: AK, Art. 5 III (Wiss.), Rn. 5.

nicht[208]. Erschwert wird ihre Klärung insbesondere dadurch, dass mit dem Begriff „Lehrfreiheit" verschiedene Forderungen verbunden waren[209]. Zunächst einmal ist von Bedeutung, dass die in der Paulskirchenverfassung (§ 152) garantierte Freiheit der Wissenschaft und ihrer Lehre im Wesentlichen eine Reaktion auf die durch die Karlsbader Beschlüsse erfahrene Ächtung der deutschen Universität und ihrer Mitglieder darstellte[210]. Zwar richtet sich das zur Ausführung der Karlsbader Beschlüsse 1819 erlassene Universitätsgesetz (§ 2) gegen „Universitäts- *und andere öffentliche Lehrer*" und spricht von „den Universitäten *und sonstigen Lehranstalten*"[211]. Dass hiermit aber nicht das niedere Schulwesen gemeint war, legt schon der Name des Gesetzes nahe. So ist auch in § 1 ausschließlich von der Aufgabe die Rede, „den Geist, in welchem die *akademischen* Lehrer (...) verfahren, sorgfältig zu beachten und demselben (...) eine heilsame, auf die künftige Bestimmung *der studierenden Jugend* berechnete Richtung zu geben." Dementsprechend ist davon auszugehen, dass auch § 2 allein die universitätsähnlichen Anstalten (Akademien) und die an ihnen Lehrenden im Blick hatte[212]. Überhaupt richtete sich das Universitätsgesetz in seiner Gesamtheit gegen Professoren, Studenten – ihnen wurde der Besuch gewisser Universitäten verboten[213] – und Studentenverbindungen[214]. Wenn nun die Verankerung der Lehrfreiheit in der Reichsverfassung von 1848/49 (auch) eine Reaktion auf die Karlsbader Beschlüsse darstellte[215], so spricht dies dafür, dass dementsprechend auch nur Hochschul- bzw. akademische Lehrer grundrechtsberechtigt sein sollten. Auf der anderen Seite waren aber auch missliebige Schullehrer von einer Absetzung und damit in ihrer Freiheit bedroht[216]. Im Plenum der Paulskirche

208 So auch *Denninger*, in: AK, Art. 5 III (Wiss.), Rn. 5; *Knemeyer*, S. 15 ff.; *Schmidt*, S. 60 ff.

209 Siehe *Denninger*, a. a. O.; *Schmidt*, S. 63, die auf die insofern uneinheitliche Terminologie hinweisen.

210 *Knemeyer*, S. 13: „So geben gerade sie (scil. die Karlsbader Beschlüsse und die zu ihrer Ausführung erlassenen Gesetze) den Schlüssel zur Interpretation der später verfassungsmäßig garantierten Lehrfreiheit"; so auch *v. Brünneck*, JA 1989, 165; *Köttgen*, in: Die Grundrechte II, S. 291, 292; *Smend*, VVDStRL 4 (1928), 44, 58.

211 Vollst. Wortlaut bei *Schmidt*, S. 50; siehe auch *Denninger*, in: AK, Art. 5 III (Wiss.), Rn. 3.

212 So auch *Knemeyer*, S. 13, Fn. 16a.

213 *Schmidt*, S. 50.

214 *Knemeyer*, S. 13, der zusätzlich darauf hinweist (S. 14 f.), dass das Universitätsgesetz allein auf die *Wort*lehre der akademischen Lehrer bezogen war, während die Schriftlehre durch das Pressegesetz bzw. die in seiner Ausführung erlassene Zensurverordnung behindert war.

215 *v. Brünneck*, JA 1989, 165; *Knemeyer*, S. 13; *Köttgen*, in: Die Grundrechte II, S. 291, 292; *Smend*, VVDStRL 4 (1928), 44, 58.

216 *Kühne*, S. 503, der ferner darauf hinweist (a. a. O.), dass die Wissenschaftsfreiheit ein

sowie bei den Beratungen im Vorfeld der Verfassung wurde die Frage, ob das Grundrecht der Lehrfreiheit (im Sinne der Weisungsunabhängigkeit der Lehrenden hinsichtlich der Lehrinhalte und Methoden) zwar diskutiert. Übereinstimmung wurde jedoch nicht erzielt. Klarheit herrschte lediglich darüber, dass die Universitäten vor einer Verletzung der akademischen Lehrfreiheit und vor einer Wiederholung der Vorfälle der Reaktionszeit geschützt werden sollten[217]. So forderten *Friedrich Christoph Dahlmann* und *Robert von Mohl*, die beide später bei den Verfassungsberatungen 1848/49 eine bedeutende Rolle spielen sollten, in ihren jeweiligen Veröffentlichungen schon früher unmissverständlich „für die Studierenden die Freiheit der Auswahl der Vorlesungen" (*Dahlmann*) sowie die „Freiheit der Lehre auf den Hochschulen" (*v. Mohl*)[218]. Die Formulierung „Freiheit der Wissenschaft", die zum ersten Mal im April 1848 auf der Tagung der sog. „17 Männer des öffentlichen Vertrauens" gefordert wurde, ging ebenfalls auf *Dahlmann* zurück. Dieser wollte hierdurch zwischen der akademischen Lehrfreiheit und der weiteren, Elementarschulen und Universitäten in gleichem Maße begünstigenden Lehr- und Unterrichtsfreiheit vermitteln und das niedere und höhere Schulwesen mindestens zum Teil von der Gewährleistung ausschließen[219]. In Bezug auf die weit gefasste Formulierung der Vorkommission[220], die für die künftigen Beratungen eine Vorlage schaffen sollte, befürchtete im Verfassungsausschuss der Abg. *Felix Fürst Lichnowsky*, dass man jeden Schulmeister glauben lasse, er sei „ein freier Lehrer der freien Wissenschaft"[221]. Demgegenüber kam bei den Beratungen im Ausschuss für Unterrichts- und Erziehungswesen (Schulausschuss) unmissverständlich zum Ausdruck, dass auch Schullehrer die Lehrfreiheit beanspruchen können sollten. Diese sichere „nicht bloß dem Gelehrten gegenüber dem wissenschaftlich strebenden Publikum oder dem Universitätslehrer das Recht der freien Lehre (...), sondern auch dem Jugendlehrer, inwieweit dieser nämlich ebenfalls Beruf und Gelegenheit hat, rein wissenschaftliche Objekte dem Verständnis seiner Schüler nahezubringen". Der Lehrer dürfe in solchem Fall „durch keinerlei Vorschrift (...) in der unverfälschten Darlegung wissenschaftlicher Ergebnisse gehindert werden"[222]. Bei der abschließenden Beratung im Plenum wurden ebenfalls Stimmen für und ge-

---

gleichstarkes Gegengewicht zur Glaubensfreiheit darstellen sollte.

217 *Denninger*, in: AK, Art. 5 III (Wiss.), Rn. 5; *Kühne*, S. 499; *Schmidt*, S. 70.

218 Zit. nach *Schmidt*, S. 53 f.

219 *Schmidt*, S. 65.

220 „Freiheit der Wissenschaft und ihrer Verbreitung durch Unterricht, unter Vorbehalt des gesetzlichen Befähigungsausweises für Lehrer an öffentlichen Anstalten", *Schmidt*, S. 66.

221 Zit. nach *Schmidt*, S. 67.

222 *Knemeyer*, S. 15, 16 f.; *Kühne*, S. 501 f.; *Schmidt*, S. 68 f.

gen ein extensives Verständnis der Lehrfreiheit erhoben. Während etwa der Abg. *Georg Beseler* bemerkte, dass die Wissenschaftsfreiheit keine Domaine von wenigen sei, sondern eines der wichtigsten Gemeingüter des Volkes, äußerte der Abg. *Wilhelm Schrader*, dass z. B. auf den Gymnasien Wissenschaft nicht um ihrer selbst willen betrieben werde, sondern nur aus pädagogischen Gründen[223]. Im Übrigen wurden im Plenum eher Fragen der Unterrichtsfreiheit bzw. des Schulwesens diskutiert[224]. Nicht mehr als ein Indiz dafür, dass sich die Forderung des Schulausschusses nicht durchsetzen konnte, ist, dass dieser vornehmlich von solchen Repräsentanten besetzt war, die der politischen Linken zuzuordnen waren. Dieser stand aber die Mehrheit zur damaligen Zeit überwiegend skeptisch bis ablehnend gegenüber[225]. Auf der anderen Seite ist die Stellung des § 152 FRV, der die Wissenschafts- bzw. Lehrfreiheit garantierte, an der Spitze des Art. VI über „Unterricht und Erziehung" wiederum ein Argument dafür, dass sich dieser auch auf den Schulunterricht erstrecken sollte[226]. Alles in allem spricht hiernach allenfalls die Tendenz dafür, dass sich § 152 FRV ausschließlich auf die akademische Lehre bezog[227]. Da die Verfassung aufgrund der Verweigerungshaltung des preußischen Königs nicht in Kraft treten konnte, kam es deshalb in den folgenden Jahrzehnten darauf an, wie sich die Lehrfreiheit nach dem gemeindeutschen Gewohnheitsrecht darstellte. Jedenfalls hiernach beschränkte sie sich aber nach ganz überwiegender Auffassung auf die akademische Wortlehre an den Universitäten[228].

223 Siehe, auch zu anderen Stimmen, *Kühne*, S. 502; *Schmidt*, S. 69 f.

224 *Schmidt*, S. 70; *Staff*, DÖV 1969, 627, 628 f.

225 *Kühne*, S. 502.

226 *Kühne*, S. 501, demzufolge der Sitz des § 152 auch dessen „volle inhaltliche Bedeutung" klarstelle, s. auch S. 503 und 511.

227 Vgl. auch *Denninger*, in: AK, Art. 5 III (Wiss.), Rn. 5; *Knemeyer*, S. 12 ff.; *Schmidt*, S. 72; zu einseitig in diese Richtung daher *Smend*, VVDStRL 4 (1928), 44, 58, 60.

228 *Knemeyer*, S. 17 f.; *Schmidt*, S. 75 f.; *Staff*, DÖV 1969, 627, 629, wonach die grundsätzliche Unantastbarkeit der akademischen Lehrfreiheit sich bereits 1848 durchgesetzt hatte; beispielhaft sei in diesem Zusammenhang auch noch auf Art. 17 der oktroyierten Verfassung Preußens vom 5.12.1848 verwiesen, der § 152 FRV wortgleich übernahm. Auch diese Bestimmung sollte vornehmlich den *Schutz der Universitäten* „gegen jeden hemmenden Eingriff" und gegen jede Anordnung der Regierung darüber, „wie *auf Universitäten* gelehrt werden (...) sollte", gewährleisten, so die Abg. *Eckstein* und *Kisker*, zit. nach *Schmidt*, S. 74; Hervorheb. von mir; vgl. andererseits aber auch *Kühne*, der darauf hinweist (S. 503), dass „die Wissenschaft und ihre Lehre" auch in den Verfassungen solcher Staaten für frei erklärt wurde, die keine Universitäten besaßen. Dies scheint jedoch dadurch erklärbar, dass ganze Passagen einfach aus der Paulskirchenverfassung abgeschrieben wurden. Auch ist die Möglichkeit nicht auszuschließen, dass die jeweilige Regelung im Hinblick auf eine noch zu errichtende Universität getroffen wurde.

Bei den Beratungen zur Weimarer Reichsverfassung 1919 hielt man die Gewährleistung der akademischen Lehrfreiheit für selbstverständlich. Allgemein wurde sie als traditionell gesicherter Rechtsbestand angesehen und demzufolge wenig diskutiert[229]. Im Plenum erklärte der Berichterstatter *Konrad Weiß* schlicht, Art. 142 beruhe darauf, dass die „Freiheit der Forschung und ihrer Lehre maßgebend geworden ist für den inneren und äußeren *Universitäts*betrieb“[230]. Dass sie sich auch auf den Schulunterricht erstrecken sollte, wird man hingegen vor dem Hintergrund der bis 1919 gewohnheitsrechtlich anerkannten Geltung allein der Freiheit der akademischen Lehre (s. o.) kaum annehmen können[231].

Umso erstaunlicher ist es demgegenüber, dass die Entstehungsgeschichte des Grundgesetzes doch recht eindeutig dafür spricht, dass auch Schullehrer Träger der Lehrfreiheit im Sinne des Art. 5 III GG sein sollten. Während der heutige Satz 1 des Art. 5 III GG im Wesentlichen ohne sachliche Debatte formuliert wurde[232], war vor dem Hintergrund der negativen Erfahrungen in der Zeit des Nationalsozialismus Hauptstreitpunkt bei der Formulierung der Vorschrift die Frage, ob bzw. wie für die Freiheit der Lehre eine Treueklausel zu formulieren sei. In diesem Rahmen wurde gefordert, im Wortlaut zum Ausdruck zu bringen, dass die Pflicht zur Treue gegenüber der Verfassung nur für Lehrer *an öffentlichen Schulen* und Hochschulen gelte[233]. Auch in weiteren Formulierungsvorschlägen des Allgemeinen Redaktionsausschusses zur Treueklausel wurde betont, dass diese „Lehrer *an den Schulen* und Hochschulen“ treffe[234], was impliziert, dass offenbar auch Schullehrer als Träger des Grundrechts der Lehrfreiheit angesehen wurden. Dass schließlich bei der endgültigen Fassung des Art. 5 III GG darauf verzichtet wurde, Lehrer an den Schulen und Hochschulen ausdrücklich in die Pflicht zu nehmen, bedeutete keine Abweichung in der Sache. Da der Parlamentarische Rat von einer Um-

229 *Denninger*, in: AK, Art. 5 III (Wiss.), Rn. 8; *Schmidt*, S. 88; *Smend*, VVDStRL 4 (1928), 44, 58 f., 64 („in Frankfurt zum Grundrecht erhoben und in Weimar lediglich (...) rezipiert hat“).

230 Zit. nach *Schmidt*, S. 89; Hervorheb. von mir.

231 Siehe etwa *Smend*, VVDStRL 4 (1928), 44, 58 ff., der sich dezidiert gegen eine Erstrekkung des Anwendungsbereichs von Art. 142 auf den Schulunterricht wendet; vgl. aber andererseits auch *Staff*, DÖV 1969, 627, 629.

232 *Matz*, in: v. Doemming/Füsslein/Matz, JöR 1 (1951), 91; vgl. auch *Denninger*, in: AK, Art. 5 III (Wiss.), Rn. 12, wonach der Grundsatz des Art. 142 WRV ohne große Diskussion übernommen wurde, und *Staff*, DÖV 1969, 627, 629, die ebenfalls betont, dass der Inhalt der Lehrfreiheit kaum erörtert worden sei.

233 *Matz*, a. a. O., S. 89, Hervorheb. von mir.

234 *Matz*, a. a. O., S. 90 f., Hervorheb. von mir.

schreibung des Personenkreises gänzlich absah, lässt sich nicht argumentieren, dass er die Lehrfreiheit auf Hochschullehrer beschränkt wissen wollte[235]. Jedenfalls aus der Entstehungsgeschichte der grundgesetzlichen Wissenschafts- bzw. Lehrfreiheit 1948/49 lässt sich hiernach eine Beschränkung der grundrechtlichen Reichweite auf die akademische Lehre nicht begründen[236].

Genauso wie im Hinblick auf die Lehre an Fachhochschulen erscheint auch in Bezug auf den Schulunterricht, insbesondere in der gymnasialen Oberstufe, vorstellbar, dass dieser ein Niveau erreicht, das dem wissenschaftlicher Veranstaltungen an einer Universität gleicht, dass dieses möglicherweise sogar übertrifft. Deshalb ist es auch hier wenig überzeugend, die Unanwendbarkeit des Grundrechts der Lehrfreiheit auf die Lehrer an allgemein bildenden Schulen pauschal mit dem unzureichenden Ausbildungsstand der Lernenden, also der Schüler zu begründen[237]. Des Weiteren ist die *tatsächliche* Diskrepanz zwischen der Freiheit bzw. Unfreiheit des Hochschullehrers und der des Schullehrers bei näherem Hinsehen nicht allzu groß. Auch der Hochschullehrer unterliegt Bindungen, seine Tätigkeit wird durch gesetzliche Vorschriften bestimmt (Studienordnungen, Pflichtvorlesungen, Mindeststundenzahl an Vorlesungen[238]). Auf der anderen Seite weist die Tätigkeit des Schullehrers durchaus eine gewisse Selbstständigkeit auf, insbesondere in der Wahl der Methode seiner Darbietung, aber auch trotz gewisser allgemeiner Vorgaben in der Umgrenzung der zu behandelnden Themengebiete[239].

Trotzdem wird man Verbote von Eingriffen an Tieren etwa im Biologieunterricht alles in allem nicht an Art. 5 III GG zu messen haben. Zunächst einmal wird man in Frage stellen müssen, ob der Unterricht an Schulen in dem Sinne

---

235 Zutreffend *Perschel*, DÖV 1970, 34, 37. Gerade vor dem Hintergrund der historischen Entwicklung des Grundrechts (s. o. im Text) erscheint die Tatsache schwer nachvollziehbar, dass bei den Beratungen im Parlamentarischen Rat auch Schullehrern der Schutz des Grundrechts der Lehrfreiheit zugestanden werden sollte, und zwar ohne dass dies eingehend erörtert worden ist.

236 Insofern zutreffend demnach *Perschel*, a. a. O.; *Staff*, DÖV 1969, 627, 629.

237 So aber *Cirsovius*, S. 72; *Maunz*, in: M/D, Art. 7, Rn. 62 und tendenziell *Fuß*, VVDStRL 23 (1966), 199, 227. Dass erst mit Abschluss der Schulbildung die sog. allgemeine Hochschulreife zuerkannt wird, ändert nichts daran, dass in gewissen Fällen das Denkvermögen der Schüler wissenschaftliches Arbeiten zulassen kann.

238 Vgl. *Starck*, in: v. Mangoldt/Klein/Starck, Art. 5, Rn. 329.

239 Siehe auch *Maunz*, in: M/D, Art. 7, Rn. 61; *Denninger*, in: AK, Art. 5 III (Wiss.), Rn. 32, spricht insofern zu Recht von der „Verwissenschaftlichung des Sekundarstufen (II) - Unterrichts" und der „Verschulung des universitären Grundstudiums"; ebenso *Knemeyer*, S. 36 f. („fortschreitende Verschulung" des Lehrbetriebs an Universitäten); vgl. auch *Cirsovius*, S. 72; *Staff*, DÖV 1969, 627, 630.

kritisch hinterfragend erfolgt, dass das Erkennen selbst gelehrt wird. Was für Fachhochschulen grundsätzlich verneint wurde[240], lässt sich für Schulen kaum anders beurteilen. Für den Unterricht an Schulen kommt es nicht darauf an, dass neue (Spezial-) Kenntnisse unbeeinflusst an die wissenschaftlich interessierte Öffentlichkeit tradiert werden, sondern vielmehr darauf, dass bewährtes, das heißt anerkanntes (Allgemein-) Bildungsgut weitergegeben wird. Es geht weniger um die kritische, auch in Frage stellende Vermittlung von Erkenntnissen und Gedanken, sondern eher um die Unterrichtung feststehender Sachverhalte[241]. Hinzu kommt die fundamentale Aussage des Art. 7 I GG, wonach das Schulwesen unter der Aufsicht des Staates (Bundeslandes) steht[242]. Hiermit wäre das Recht, Inhalt und Ablauf des Unterrichts grundsätzlich selbstständig und in eigener Verantwortung festzulegen, nicht in Einklang zu bringen. Aus Art. 7 I GG folgt vielmehr, dass der Unterricht an Schulen – jedenfalls nach der Konzeption des Grundgesetzes – gerade nicht eigenverantwortlich und weisungsfrei abgehalten, sondern von staatlicher Seite dirigiert und kontrolliert wird (durch Richtlinien, Stoffpläne, Verwaltungsanweisungen, Beschlüsse der Lehrerkonferenz o. Ä.). Das Schulwesen ist in den Bereich staatlicher Hierarchie eingegliedert, wodurch eine qualitativ ansprechende und gleichmäßige Ausbildung bezweckt ist[243]. Die einzelnen Lehrer werden dementsprechend vom Staat berufen und beaufsichtigt. Sie nehmen Rechte des Staates wahr[244]. Dies ist aber mit der Art. 5 III GG zugrunde liegenden Idee von Wissenschaft, die durch Freiheit und Unabhängigkeit charakterisiert ist, grundsätzlich unvereinbar. Zwar ist auch die Tätigkeit des Lehrers in gewisser Form durch Selbstständigkeit und freie Entscheidungen geprägt (s. o.). Doch ist diese Freiheit im Sinne von *pädagogischer Freiheit* zu verstehen, das heißt Freiheit zur Erreichung didaktischer Ziele[245]. Diese unterfällt jedoch nicht dem Schutzbereich des Art. 5 III GG.

---

240 Siehe oben S. 50.

241 Wie hier auch *Denninger*, a. a. O.; anders *Staff*, DÖV 1969, 627, 630, die insofern zwischen der Lehre im Schul- und der im Hochschulbereich nur einen graduellen Unterschied sieht.

242 Und zwar sowohl das an allgemein-, als auch das an berufsbildenden Schulen, BVerwG, NVwZ 1987, 680; *Gröschner*, in: Dreier, Art. 7, Rn. 28 ff., insbes. Rn. 31; *Pieroth*, in: Jarass/Pieroth, Art. 7, Rn. 2.

243 *Hailbronner*, S. 165.

244 *Maunz*, in: M/D, Art. 7, Rn. 60.

245 So mit Recht *Denninger*, in: AK, Art. 5 III (Wiss.), Rn. 31; s. auch *Knemeyer*, S. 41 f.; vgl. auch die entspr. Schulgesetze der Länder: § 14 III 2 SchVG NRW spricht von „pädagogischer Selbstverantwortung", § 86 II 2 des hess. Schulgesetzes spricht ausdrücklich von der „pädagogischen Freiheit" des Lehrers; siehe zur pädagogischen Freiheit des Lehrers *Gröschner*, in: Dreier, Art. 7, Rn. 69 f.; *Perschel*, DÖV 1970, 34 f.

Hiernach wird an allgemein- sowie an berufsbildenden Schulen nicht wissenschaftlich im Sinne des Art. 5 III GG gelehrt. Der Lehrer eines naturwissenschaftlichen Faches, der Tierversuche durchführen (lassen) will, kann sich – jedenfalls in seiner spezifischen Amtsfunktion – nicht auf die Lehrfreiheit berufen.

II. Abhängigkeit und Unabhängigkeit der Forschung und Lehre voneinander

Art. 5 III GG gewährleistet die Freiheit von „Wissenschaft, Forschung und Lehre“. Dies scheint in dem Sinne als Aufzählung gemeint, dass drei Schutzgüter (Wissenschaft und Forschung und Lehre) nebeneinander stehen, das heißt getrennt voneinander garantiert sind[246]. Jedoch ist „Wissenschaft“ nur der Oberbegriff für Forschung und Lehre, weil es neben Forschung und Lehre keine (weitere) Wissenschaft gibt. Art. 5 III GG umfasst also nur zwei Schutzgüter, die *wissenschaftliche Forschung* und die *wissenschaftliche Lehre*[247]. Zwar ist bemerkenswert, dass die Formulierung „Wissenschaft *und ihre* Lehre“, die immerhin auf eine ausgeprägte Tradition in der deutschen Verfassungsgeschichte zurückblicken kann (§ 152 FRV und nach seinem Vorbild diverse einzelstaatliche Verfassungen[248], Art. 142 WRV), ins Grundgesetz

246 In diesem Sinne wird die Lehrfreiheit von *Perschel* verstanden, der für seine Auslegung der Norm auch auf Art. 18 GG verweist, der ausdrücklich von „Lehrfreiheit“ und nicht von „Wissenschaftsfreiheit“ spreche, DÖV 1970, 34, 37 f. Sein Verständnis der Lehrfreiheit ist allerdings vor dem Hintergrund zu deuten, dass er sie auf den Schulunterricht erstreckt und in Art. 5 III GG (auch) die pädagogische Freiheit des Schullehrers verankert sieht.

247 Ganz h. M., BVerfGE 35, 79, 113; OVG Berlin, DVBl 1985, 1088; *Classen*, S. 75; *Köttgen*, in: Die Grundrechte II, S. 291, 296; *Schmitt Glaeser*, WissR 7 (1974), 107, 108; *Stein/Frank*, S. 376; *Wendt*, in: v. Münch/Kunig, Art. 5, Rn. 100. Dafür, dass mit den Begriffen „Wissenschaft“ und „Forschung“ nicht zwei verschiedene Regelungsbereiche gemeint sind, spricht auch, dass das Grundgesetz an anderen Stellen selbst von „wissenschaftlicher Forschung“ spricht, s. Art. 74 I Nr. 13 und 91b. Die abweichenden Auffassungen von *A. Blankenagel*, AöR 105 (1980), 35, 70, und (insbes.) *Hailbronner*, S. 9 ff., 26 ff. und 148 ff., konnten sich nicht durchsetzen. Nach *Hailbronner* sei Art. 5 III GG zum einen als das jedermann zustehende Grundrecht der Wissenschaftsfreiheit und zum anderen als „Funktionsgrundrecht“ von Forschung und Lehre zu verstehen, das dem staatlichen Funktionsträger, also in erster Linie dem Hochschullehrer, zustehe. „Wissenschaft“ sei demnach nicht gemeinsamer Oberbegriff von „Forschung“ und „Lehre“; kritisch zum Verständnis *Hailbronners* von der Normstruktur des Art. 5 III GG etwa *Dickert*, S. 162 ff.

248 So etwa § 23 der Verfassung von Anhalt-Bernburg vom 14.12.1848, § 21 des Staatsgrundgesetzes von Waldeck und Pyrmont vom 29.5.1849, § 30 des Staatsgrundgesetzes von Mecklenburg-Schwerin vom 10.10.1849, § 25 der Verfassung von Schwarzburg-Sondershausen vom 20.12.1849.

gerade nicht übernommen worden ist[249]. Dies bedeutet jedoch nicht etwa, dass die Väter des Grundgesetzes deshalb auch die nicht-wissenschaftliche Lehre geschützt wissen wollten[250]. Auch das Grundgesetz erkennt den traditionellen Zusammenhang zwischen (wissenschaftlicher) Forschung und (wissenschaftlicher) Lehre an, das akademische Prinzip der Einheit von Forschung und Lehre. Beide Bereiche sollen zum gegenseitigen Nutzen miteinander verbunden sein[251]. Dem liegt die Vorstellung des forschenden Wissenschaftlers zugrunde, der seine selbst gewonnenen Erkenntnisse an seine Zuhörer (Studenten) weitergibt. Diese sollen sich dann durch kritische Auseinandersetzung mit dem Übermittelten selbst um weitergehende Erkenntnisse bemühen, den aktuellen Wissensstand von neuem hinterfragen, vertiefen und somit voranbringen. Diese Idealvorstellung führte zu der Auffassung, dass allein das Verbreiten *eigener* Forschungsergebnisse Lehre sei[252]. Ansonsten, so wird argumentiert, stünde z. B. jedem, der wissenschaftliche Lehrbücher zum Zwecke ihrer Verbreitung bloß vorlese, das Grundrecht zu[253]. Diese Ansicht muss bereits im Hinblick auf den Wortlaut des Art. 5 III 1 GG bezweifelt werden, der – wie bereits betont – gerade nicht von der Freiheit der „Wissenschaft (bzw. Forschung) *und ihrer* Lehre" spricht[254], sondern von „Wissenschaft, Forschung *und* Lehre"[255]. Des Weiteren ist obiger Auffassung entgegenzuhalten, dass gerade auch die Vermittlung der Erkenntnisse anderer Wissenschaftler notwendige Voraussetzung dafür ist, dass der Student die wissenschaftstypische Kritikfähigkeit sowie das Infragestellen sowohl eigener als auch fremder Gedanken und Erkenntnisse erlernt[256]. Wäre ausschließlich die Vermittlung selbst erworbener Erkenntnisse Lehre im Sinne des Art. 5 III GG, so müsste nach dem Grundgesetz innerhalb einer einzigen zusammenhängenden Lehrveranstaltung zwischen wissenschaftlichen Teilen (Vermittlung eigener Erkenntnisse) und nicht wissenschaftlichen Teilen (Vermittlung fremder Erkenntnisse) differenziert werden. Dies ist schon praktisch kaum

249 *Perschel*, DÖV 1970, 34, 36.

250 *Staff* hingegen betont, dass sich aus dem Wortlaut des Art. 5 III GG jedenfalls eine Begrenzung auf die akademische Lehre nicht begründen lasse, DÖV 1989, 627, 628.

251 *v. Brünneck*, JA 1989, 165, 166.

252 *v. Mangoldt/Klein*, Art. 5, X 5 a); *A. Reich*, zit. nach *Bauer*, S. 33, Fn. 39; *Wolf*, WissR 3 (1970), 193, 209 f.; jedenfalls tendenziell auch *Gerber*, DVBl 1954, 313; Wendt in: v. Münch/Kunig, Art. 5, Rn. 102.

253 *v. Mangoldt/Klein*, a. a. O.

254 Im Gegensatz zu seinen Vorgängern, s. oben im Text.

255 *Staff*, DÖV 1969, 627, 628; Hervorheb. von mir.

256 Vgl. auch *Hesse*, Rn. 402.

durchführbar[257]. Da sich die eigene Forschungstätigkeit in der Regel nur auf einen kleinen Bereich dessen beschränkt, was in der Lehre weitergegeben werden soll, wäre überdies der wohl überwiegende Teil einer Lehrveranstaltung nicht wissenschaftlich im Sinne des Grundgesetzes[258]. Grundrechtlichen Schutz verdient eine Lehrveranstaltung aber auch dann, wenn fremde Erkenntnisse verbreitet werden, solange die Verbreitung wissenschaftlichen Charakter hat, das heißt die fremden Erkenntnisse methodisch erarbeitet und kritisch hinterfragt werden[259]. Die Verbindung von (eigener) Forschung und Lehre (der gerade hieraus gewonnenen Erkenntnisse) ist somit insgesamt ein durchaus prägendes Element der Universität, jedoch nicht Geltungsvoraussetzung der Lehrfreiheit[260]. Die Einheit von Forschung und Lehre ist ein typisches, aber kein notwendiges Kriterium der wissenschaftlichen Ausbildung an Universitäten. Der oben angesprochene Idealfall der Kongruenz von Forschung und Lehre ist alles in allem an der heutigen Universität nur noch abgeschwächt anzutreffen. Auf die freie Wirtschaft war er von vornherein nicht übertragbar. Wo nur geforscht, aber nicht gelehrt wird, kann es auch keinen Zusammenhang von Forschung und Lehre geben. Der fehlende Zusammenhang von Forschung und Lehre ist aber solange unschädlich, wie es überhaupt Einrichtungen gibt, wo Erkenntnisse durch wissenschaftliche Lehre vermittelt werden. Der Ort hierfür ist aber vor allem die Universität. Forschung im Sinne des Art. 5 III GG findet demnach nach ganz überwiegender Ansicht[261] auch in den privatwirtschaftlichen Unternehmen und an reinen Forschungsinstituten statt.

Nach Maßgabe dieser Ausführungen ist hiernach ein in einer wissenschaftlichen Veranstaltung durchgeführter Tierversuch auch dann von der Lehrfreiheit geschützt, wenn der Wissenschaftler, unter dessen eigenverantwortlicher Leitung der Versuch stattfindet, in dem jeweiligen Bereich, dessen Erläuterung der Versuch dient, nicht selbst forscht. Auf der anderen Seite sind Tierversuche in der freien Wirtschaft sowie in reinen Forschungsinstituten von der Forschungsfreiheit grundsätzlich erfasst, auch wenn die jeweiligen Erkenntnisse nicht in wissenschaftlicher Lehre weitergegeben werden.

---

257 So auch *Fuß*, VVDStRL 23 (1966), 199, 226.

258 Siehe auch *Lüthje*, in: Denninger, § 3, Rn. 27.

259 Vgl. oben S. 42. Genau hieran fehlt es beim bloßen Vorlesen wissenschaftlicher Lehrbücher aber; auch insofern trifft daher die Argumentation von *v. Mangoldt/Klein* (s. o. im Text) nicht zu.

260 Wie hier auch *Lüthje*, in: Denninger, § 3, Rn. 27; *Hailbronner*, S. 164 f.; *Maunz*, in: M/D, Art. 7, Rn. 61.

261 Siehe an dieser Stelle nur *Wendt*, in: v. Münch/Kunig, Art. 5, Rn. 101.

III. Verschiedene Funktionen der Garantie einer freien Wissenschaft

Der Wissenschaftsbegriff des Grundgesetzes ist mehrschichtig. Vor dem Hintergrund der Erkenntnis, dass gegenwärtige und zukünftige Grundrechtskonflikte differenzierte Lösungen verlangen, werden auch der Freiheit der Wissenschaft Funktionen zugewiesen, die über die des klassisch-liberalen *Abwehrrechtes* („status negativus") hinausgehen. So wird Art. 5 III GG eine *institutionelle Garantie* der Wissenschaft und insbesondere der Universität entnommen und – im Zusammenhang mit dieser Dimension des Grundrechts – die akademische Selbstverwaltung gegenüber dem Gesetzgeber abgeleitet[262]. Grundsätzlich wird man diesbezüglich jedoch vorsichtig sein müssen. Eine funktionalisierte Deutung des Freiheitsrechtes, seine Inpflichtnahme für gesellschaftliche oder politische Bedürfnisse, beinhaltet stets die Gefahr mangelnder Berücksichtigung des Rechts zu individueller Beliebigkeit[263]. Gerade mit der Interpretation der Wissenschaftsfreiheit als institutionelle Garantie sind viele spezielle Fragestellungen hinsichtlich der inneruniversitären Organisation und Mitbestimmung verbunden, die aber für die hier zu behandelnde Thematik nicht weiter von Bedeutung sind[264]. Aus Art. 5 III GG folgt des Weiteren eine *objektive Wertentscheidung* der Verfassung zugunsten einer funktionierenden Wissenschaft. Art. 5 III GG ist also, mit anderen Worten, auch eine „wertentscheidende Grundsatznorm" für das Verhältnis von Wissenschaft, Forschung und Lehre zum Staat, welche die Pflege und Förderung der Wissenschaft sicherstellt. Der Staat hat schützend und fördernd einer Aushöhlung der Freiheitsgarantie vorzubeugen[265]. Problematisch ist schließlich, ob und (gegebenenfalls) inwiefern aus Art. 5 III GG ein *Teilhabe-* bzw. *Leistungsrecht* („status positivus") an staatlicher Forschungs- und Lehrförderung bzw. – aus der Sicht des Staates – die Pflicht zur Förderung der Wissenschaft abgeleitet werden kann. Anders als zum Beispiel die Meinungsfreiheit oder die Gewissensfreiheit „funktioniert Wissenschaft nicht von selbst". Der einzelne ist in der heutigen Zeit in vielfacher Hinsicht auf staatliche Vorkehrungen oder Maßnahmen angewiesen, damit er überhaupt wissenschaftlich tätig sein kann. Konkret ist an die Bereitstellung bzw. Erhaltung gewisser notwendiger Mittel zu denken, seien sie personeller, finanzieller oder organisatorischer

---

262 Vgl. hierzu statt vieler auch *Bethge*, in: Sachs, Art. 5, Rn. 202; *Schulze-Fielitz*, in: HdbVerfR, § 27, Rn. 8 m. w. N.

263 Kritisch und ablehnend hierzu *Dickert*, S. 147 ff.

264 Besonders betont wird die institutionelle Garantie des Lebensbereiches „Wissenschaft" von *Köttgen*, in: Die Grundrechte II, S. 291, 302, 310; vgl. hierzu auch *v. Brünneck*, JA 1989, 165, 169 ff.; *Oppermann*, in: HdbStR VI, § 145, Rn. 18 ff., 37 ff.

265 BVerfGE 35, 79, 112, 114; *Krüger*, in: HdbWissR I, S. 261, 276.

Art; denn ohne entsprechende Ausstattung ist Wissenschaft, gerade Naturwissenschaft, heute kaum mehr durchführbar[266]. Vor diesem Hintergrund erscheint fraglich, inwiefern der einzelne Wissenschaftler beanspruchen kann, dass ihm der Staat zumindest die Grund- oder Mindestausstattung zuteilt, die unerlässlich ist, um in dem jeweiligen Gebiet wissenschaftlich tätig sein zu können[267]. Aus Art. 5 III GG könnte sich also für den Wissenschaftler grundsätzlich auch ein Anspruch auf eine den Erfordernissen seines jeweiligen wissenschaftlichen Bereichs entsprechende Teilhabe an öffentlichen Mitteln ergeben. Auf der anderen Seite ist zu bedenken, dass ein etwaiger Anspruch auf Teilhabe an staatlichen Leistungen unter dem Vorbehalt des (vor allem finanziell) Möglichen steht[268]. Vor diesem Hintergrund sollte zwischen einem Anspruch auf gleichmäßige Beteiligung an bereits beschlossenen Leistungen (derivatives Teilhaberecht) und einem originären Teilhabeanspruch unterschieden werden[269]. Jedenfalls ein originärer Anspruch auf Bereitstellung konkreter Sachmittel kann Art. 5 III GG nicht entnommen werden, sondern folgt allenfalls aus den einfach-gesetzlichen arbeits- bzw. beamtenrechtlichen Vorschriften[270].

Diese hier bloß angesprochenen Dimensionen des Freiheitsrechts müssen im Rahmen dieser Abhandlung nicht weiter verfolgt werden. Für das hier interessierende Verhältnis der Freiheit der Wissenschaft zum Tierschutz ist in erster Linie die primäre Funktion des Grundrechts, nämlich die des subjektiven Abwehrrechtes gegen staatliche Bevormundung, von Bedeutung[271]. Das Grundrecht garantiert damit einen von staatlicher Fremdbestimmung freien Bereich persönlicher und autonomer Entfaltung; das bedeutet mit anderen Worten ein Wissenschaftsprivileg. Nicht der Wissenschaftler hat die Legitimität etwa seines Forschungszieles darzulegen, sondern der freiheitsbeschränkende Staat hat etwaige Beschränkungen (z. B. durch das TierSchG) zu rechtfertigen[272].

266 Siehe auch *Kleindiek*, S. 237.

267 Grundsätzlich bejahend BVerfGE 35, 79, 115 f.; 43, 242, 285; *Oppermann*, in: HdbStR VI, § 145, Rn. 21 f., 29; ausführlich hierzu *Schmitt Glaeser*, WissR 7 (1974), 107, 120 ff.

268 Dies hat zur Folge, dass Wissenschaft in gewisser Hinsicht eben doch von staatlicher Seite gelenkt und gewertet wird, vgl. *Schmitt Glaeser*, a. a. O, S. 122.

269 Siehe auch *Dickert*, S. 141.

270 Siehe auch *Cirsovius*, S. 56 f.

271 Siehe auch *Spranger*, ZRP 2000, 285, 286; allgemein *Schmitt Glaeser*, a. a. O., S. 131 f.

272 Zutreffend *Kloepfer*, JZ 1986, 205, 211; *Lorenz*, in: FS für Lerche, S. 267, 268 f.

IV. Grenzen der Wissenschaftsfreiheit

Im Folgenden sollen mögliche Grenzen der Freiheit wissenschaftlicher Forschung und Lehre angesprochen bzw. diskutiert werden[273], sofern sie (auch) im Hinblick auf die Durchführung von Tierversuchen von Relevanz sind[274]. Unter Zugrundelegung des (notwendig) offenen und formalen Wissenschaftsbegriffes, so wie er oben näher bestimmt worden ist, sind die Möglichkeiten diesbezüglich beschränkt.

1. Vorüberlegung: Grundrechts- bzw. verfassungsimmanente Grenzen und verfassungsimmanente Schranken

Wenn im Folgenden mögliche Grenzen bzw. Schranken der Freiheit wissenschaftlicher Forschung und Lehre dargestellt werden, so sollen zunächst jene Überlegungen vorangestellt werden, die dem zugrunde liegen.

Art. 5 III GG ist formal vorbehaltlos gewährleistet. Während beispielsweise die Meinungsfreiheit ihre Schranken in den Vorschriften der allgemeinen Gesetze, den gesetzlichen Bestimmungen zum Schutze der Jugend und in dem Recht der persönlichen Ehre findet (Art. 5 II GG) und sogar in das Recht auf Leben auf Grund eines Gesetzes eingegriffen werden darf (Art. 2 II 3 GG), unterliegt die Freiheit der Wissenschaft keinem Gesetzesvorbehalt. Dies bedeutet jedoch nicht, dass sie unbegrenzt bzw. schrankenlos gewährleistet ist. Eine so verstandene Freiheit kann es in einer Rechtsordnung nicht geben, weil ansonsten das gemeinschaftliche Zusammenleben, welches zu regeln eine Rechtsordnung gerade beabsichtigt, unmöglich würde. Jede rechtliche Freiheit findet demnach ihre Grenzen und/oder Schranken in der (im Einzelfall schutzwürdigeren) Freiheit des anderen bzw. in übergeordneten Gemeinschaftsgütern oder -interessen. Im Folgenden wird unterschieden zwischen grundrechts- bzw. verfassungsimmanenten *Grenzen* und (daran anschließend) verfassungsimmanenten *Schranken*[275].

---

273 Die Notwendigkeit einer Normbereichsanalyse, auf die insbesondere *Fr. Müller* aufmerksam gemacht hat, betont speziell für die Freiheit der Wissenschaft *Schmitt Glaeser*, a. a. O., S. 118.

274 In der Literatur rührt heute allerdings der Antrieb, die Freiheit der Wissenschaft, insbesondere die Freiheit der Forschung, tatbestandlich zu begrenzen, meist daher, Versuche mit und an menschlichem Leben, gerade in der Gentechnologie, zu unterbinden, vgl. statt vieler nur *Flämig*, etwa S. 13 ff., 49 ff.; *Graf Vitzthum*, ZRP 1987, 33 ff.; *Wahl*, Freib. Univ.-Bl. 1987, 19, 20 f., s. auch S. 26 ff. im Hinblick auf die Menschenwürde als verfassungsrechtlicher Anknüpfungspunkt; weit. Nachw. bei *Lerche*, in: Lukes/ Scholz, S. 88, 89, Fn. 2.

275 Diese (jedenfalls dogmatisch) unbedingt gebotene Unterscheidung wird bedauerlicherweise sowohl von der Rechtsprechung als auch von der Rechtslehre nicht selten ver-

a) Dem Normbereich immanente (= innere) Grenzen

Grundrechtsimmanente Grenzen sind solche, die durch Auslegung dem Schutzbereich des jeweiligen Grundrechts zu entnehmen versucht werden, während *verfassungsimmanente Grenzen* zwar ebenfalls den Schutzbereich verkürzen, jedoch durch Elemente, die im Wortlaut der jeweiligen Grundrechtsnorm keine Stütze finden[276]. Der Schutzbereich eines Grundrechts ist naturgemäß sehr abstrakt und generell gefasst. Trotzdem oder gerade deshalb hat die Bestimmung der Reichweite des grundrechtlichen Schutzbereichs aber nicht in der Weise zu erfolgen, dass möglichst viele Verhaltensweisen in ihn hineininterpretiert werden („in dubio pro libertate"). Auch Art. 5 III GG kennt weder den Satz „in dubio pro arte" noch „in dubio pro scientia"[277]. Vielmehr ist für jedes Grundrecht gesondert und präzise herauszuarbeiten, welche Verhaltensweisen *nach der jeweiligen grundrechtlichen Intention* geschützt oder nicht geschützt werden sollen. Entscheidend ist also die Herausarbeitung des für den jeweiligen Normbereich Spezifischen, Eigentümlichen, also dessen, „worumwillen nach historischer Erfahrung, politischer Überzeugung und rechtlicher Einsicht das Grundrecht gewährleistet worden ist"[278]. So gesehen besteht zwischen der Bestimmung des Umfangs der grundrechtlichen Gewährleistung und der Bestimmung grundrechts- (und auch verfassungs-) immanenter Grenzen des jeweiligen Schutzbereichs nur ein sprachlicher, aber kein inhaltlicher Unterschied[279].

Dieser Grundgedanke wird freilich sowohl von den Gerichten als auch in der verfassungsrechtlichen Literatur nicht immer ernst genommen. Statt dessen lässt sich eine Vorgehensweise beobachten, die sich als „Flucht in die Abwägung" kennzeichnen lässt. Grundrechte werden vorschnell mit anderen entgegenstehenden Werten abgewogen, bevor überhaupt der jeweils in Frage ste-

---

nachlässigt, so auch *Kloepfer*, in: FG BVerfG, S. 405, 408, 410; *Mayen*, S. 174.

276 Vgl. etwa *Muckel*, in: FS Schiedermair, S. 347; *Sachs*, in: Stern III/2, S. 513 ff. Die Terminologie ist insgesamt allerdings uneinheitlich.

277 *Scholz*, in: M/D, Art. 5 III, Rn. 90.

278 So *Müller*, S. 99, der diesen Gedanken besonders nachdrücklich betont hat, s. etwa auch S. 20, 56 f.; speziell für die Wissenschaftsfreiheit *Schmitt Glaeser*, WissR 7 (1974), 107, 117 („schützt Art. 5 III GG (von vornherein nur) wissenschaftsspezifische Verhaltensweisen"); kritisch hierzu etwa *Alexy*, insbes. S. 282, Fn. 97: Die Zwecke der Grundrechte könnten zur Tatbestandsbegrenzung nicht verwendet werden, weil sie nicht so bestimmt seien, dass ihnen „Tatbestandsmerkmale zugeordnet werden könnten, die die Entscheidung auch zweifelhafter Ausschlussfälle ermöglichen". Die den Grundrechtsbestimmungen zuzuordnenden Zwecke hätten „im Wesentlichen den Charakter von Prinzipien".

279 Vgl. auch *Müller*, S. 32 f.

hende, also potentiell betroffene Normbereich sorgfältig bestimmt worden ist[280]. Charakteristisch für ein (zu) weites Tatbestandsverständnis ist insbesondere die Rechtsprechung des Bundesverfassungsgerichts, das sich in zahlreichen Fällen für eine extensive Auslegung des jeweils einschlägigen grundrechtlichen Normbereichs entschieden hat und damit zu einer Rechtsgüterabwägung gezwungen war, obwohl sich zunächst eine Überprüfung und – jedenfalls in nicht wenigen Fällen – auch eine Verneinung der Betroffenheit des jeweiligen Schutzbereichs angeboten hätte[281]. Auch in der Literatur wird für ein weites Tatbestandsverständnis plädiert[282]. Nur ein solches erlaube eine problemadäquate Berücksichtigung divergierender Interessen anderer bzw. der Allgemeinheit[283]. Der Argumentationsprozess werde demzufolge transparenter und kontrollierbarer[284].

---

280 Zu Recht kritisch hierzu auch *Lerche*, in: Lukes/Scholz, S. 88, 92: „Die Verfassung will ein Recht nur so weit öffnen, wie es dem spezifischen Sinne des Grundrechts entspricht.“; *Muckel*, in: FS für Schiedermair, S. 347, 349 ff.; *Trute*, S. 139, 144 f.; *Wahl*, Freib. Univ.-Bl. 1987, 19, 29 f. („Sackgasse der Grundrechtsdogmatik“); ausführlich *Rüfner*, in: FG BVerfG, S. 453, 456 ff. mit zahlreichen Beispielen. Auf eine besonders krasse Fehlinterpretation eines grundrechtlichen Normbereichs (immerhin) durch das RG hat in diesem Zusammenhang *Müller* (S. 95 f.) hingewiesen: Das Gericht befand in einem Urteil aus dem Jahre 1927 die Bindung des Künstlers an die Strafgesetze für notwendig; denn anderenfalls „müsste man (...) auch den Mörder nicht für strafbar erachten, der sein Opfer mit einer künstlerisch wertvollen Marmorbüste niederschlägt“. Der Normbereich der Kunstfreiheit als solcher (d. h. bei „Nichtbindung“ an die Strafgesetze) erstrecke sich also mit anderen Worten auf das Erschlagen eines anderen Menschen mit einem Gegenstand, wenn es sich bei diesem nur um ein Kunstwerk handelt.

281 Etwa BVerfGE 7, 230, 234 ff., wonach das Anbringen eines Wahlplakates am Haus des Vermieters von der Meinungsfreiheit gedeckt sei; BVerfGE 32, 54, 69 ff., wonach der Begriff „Wohnung“ im Sinne des Art. 13 I GG auch Arbeits-, Betriebs- und Geschäftsräume umfasse; BVerfGE 35, 366, 375 f., wonach der Zwang, entgegen der eigenen religiösen Überzeugung in einem mit einem Kreuz ausgestatteten Gerichtssaal verhandeln zu müssen, das Grundrecht eines Prozessbeteiligten aus Art. 4 I GG verletze; BVerfGE 47, 327, 367 ff., wonach schon die bloße Verpflichtung zum Mitbedenken gesellschaftlicher Folgen wissenschaftlicher Erkenntnisse die Forschungsfreiheit verletze; BVerfGE 93, 1, 25, wonach die Anbringung eines Kruzifixes in den Unterrichtsräumen einer staatlichen Schule gegen Art. 4 I GG verstoße; mindestens missverständlich erscheint in diesem Zusammenhang auch der Grundsatz, dass in Zweifelsfällen diejenige Auslegung zu wählen sei, „welche die juristische Wirkungskraft der Grundrechtsnorm am stärksten entfaltet“, s. BVerfGE 6, 55, 72; 32, 54, 71; 39, 1, 38.

282 *Alexy*, etwa S. 289 f., 297 f.; *Höfling*, S. 175 ff.; *Kloepfer*, in: FG BVerfG, S. 405, 407; *Mayen*, S. 170 ff.; *Sachs*, in: Stern III/2, S. 571 f.

283 *Höfling*, S. 175 f.; *Kloepfer*, a. a. O.

284 *Höfling*, S. 181.

Dem ist jedoch entgegen zu setzen, dass eine Norm nicht dadurch an Wirkungskraft gewinnt, dass sie auf viele Lebenssachverhalte anwendbar ist. Ganz im Gegenteil: Je weiter der Anwendungsbereich einer Norm, desto mehr läuft sie inhaltlich leer. Sie verkommt zu einer Generalklausel, deren materieller Gehalt kaum mehr bestimmbar ist. Die Wissenschaftsfreiheit ist aber – wie viele andere Grundrechte auch – ein spezielles Freiheitsrecht, das spezielle und damit grundsätzlich begrenzte Formen menschlicher Freiheitsbetätigung schützt. Für eine sorgfältige Schutzbereichs(grenzen)bestimmung sprechen mehrere Gründe.

aa) Geschriebene und ungeschriebene Grundrechtsgrenzen

Zunächst ist zu berücksichtigen, dass das Grundgesetz selbst für manche Grundrechte eine ausdrückliche Begrenzung des jeweiligen Schutzbereichs vorgenommen hat und dadurch zum Ausdruck bringt, dass es seiner Konzeption gerade nicht entspricht, jedes nur erdenkliche Verhalten ohne Rücksicht auf konkurrierende Interessen unter grundrechtlichen Schutz zu stellen. So beschränkt etwa Art. 8 I GG die gewährleistete Freiheit auf solche Versammlungen, die friedlich und waffenlos sind. Art. 5 I 1 GG erstreckt die Informationsfreiheit nur auf allgemein zugängliche Quellen. Eine präzise Schutzbereichsbestimmung hat aber auch dann zu erfolgen, wenn, was bei den meisten Grundrechten der Fall ist, ausdrücklich geschriebene Grenzen fehlen. So stellt etwa Art. 13 I GG zwar die Wohnung unter seinen (vom Wortlaut her) unbegrenzten Schutz. Trotzdem macht es keinen Unterschied, ob jemand innerhalb seiner Wohnung oder auf der Straße ein Verbrechen begeht; denn Art. 13 I GG steht hierzu in keinerlei Bezug. Er will seiner Intention nach lediglich die Wohnung als elementaren Lebensraum freier Persönlichkeitsentfaltung gegen das Eindringen des Staates schützen[285], garantiert dem Wohnungsinhaber aber nicht die Freiheit, in seiner Wohnung nach Belieben handeln zu können. Eine Interessenabwägung zwischen Art. 13 I und etwa Art. 2 II 1 GG wäre also verfehlt. Die Notwendigkeit einer Normbereichsanalyse gilt selbstverständlich auch für die Wissenschaftsfreiheit. Auch in Art. 5 III GG ist lediglich davon die Rede, dass Wissenschaft, Forschung und Lehre frei sind. Auch dies kann aber nicht bedeuten, dass der vorgegebene *Betätigungsbereich* (z. B. Forschung) identisch sein müsste mit dem *grundrechtlich garantierten Bereich*[286]. Letzterer stößt auf Grenzen. (Auch) Das Grundrecht der Forschungs-

285 BVerfGE 42, 212, 219.

286 Vgl. *Köttgen*, in: Die Grundrechte II, S. 291, 299; *Schmitt Glaeser*, WissR 7 (1974), 107, 109.

freiheit kann nicht ohne Anfang und Ende gedacht werden[287]. So wäre zum Beispiel in dem Fall eines übereifrigen Wissenschaftlers, der einem anderen eine Plastiktüte gewaltsam über den Kopf stülpt, um zu erforschen, wie lange er ohne Luft auskommen kann, der seinem Nachbarn für ein Forschungsvorhaben benötigte Materialien stiehlt oder der seinem Versuchstier schmerzvolle Verstümmelungen zufügt, zunächst einmal zu prüfen, ob ein solches Verhalten von der Forschungsfreiheit des Art. 5 III GG umfasst ist, bevor man auf das (Grund-) Recht auf Leben bzw. Eigentum oder den Tierschutz als mögliche (äußere) verfassungsimmanente Schranken abstellt, die dann mit der Forschungsfreiheit abzuwägen wären.

bb) Vorbehaltlose Grundrechte nur ausnahmsweise beschränkbar

Gerade bei vorbehaltlosen Grundrechten ist eine weite Schutzbereichsinterpretation insofern problematisch, als sie im Regelfall unbegrenzte Freiheit gewähren, die nur *ausnahmsweise* beschränkbar sein soll[288]. Je extensiver der jeweilige Normbereich aber ausgelegt wird, desto notwendiger ist das Auffinden einer Freiheitsschranke, und je mehr solche Verhaltensweisen in den Normbereich hineininterpretiert werden, die keinen oder wenig Bezug zum Spezifischen oder Eigentümlichen des jeweiligen Grundrechts aufweisen, desto größer wird die Wahrscheinlichkeit, dass sich letztlich die Freiheitsschranke durchsetzt. Wenn vorbehaltlose Grundrechte ihre Schranken nur in anderen Grundrechten sowie in sonstigen Gütern mit Verfassungsrang finden[289], sieht sich der Verfassungsinterpret gleichsam gezwungen, in den Fällen, in denen ein vorbehaltloses Grundrecht mit einem Gemeinschaftsgut kollidiert, letzteres zu einem Verfassungsgut zu erheben, um dadurch eine Abwägung überhaupt erst zu ermöglichen. Genau dieses dogmatische Problem lag bis zur Änderung des Art. 20a GG auch der Frage zugrunde, ob dem Tierschutz Verfassungsrang zukommt[290]. Vor diesem Hintergrund kann es auch nicht verwundern, sollte aber nachdenklich machen, dass in den vom Bundesverfassungsgericht vorgenommenen Abwägungsfällen nahezu ausnahmslos nicht das vorbehaltlose Grundrecht, sondern der diesem im Einzelfall entgegenstehende Belang den Vorzug erhielt, wenn der Schutzbereich des Grundrechts überdehnt oder jedenfalls weit ausgelegt wurde[291].

---

287 *Köttgen*, a. a. O., S. 296; *Schmitt Glaeser*, a. a. O., S. 111.

288 So ausdrücklich BVerfGE 28, 243, 261.

289 Ständige Rechtsprechung des BVerfG seit E 28, 243, 261; s. des Weiteren E 30, 173, 193; 32, 98, 108.

290 Hierzu ausführlich auf den Seiten 149 ff.

291 So *Kriele*, JA 1984, 629, 631; siehe auch *Dickert*, S. 236.

cc) Unvorhersehbarkeit des Abwägungsergebnisses

Schließlich ist unschwer zu erkennen, dass die Berücksichtigung entgegenstehender Belange ausschließlich auf der Abwägungsebene zu kaum vorhersehbaren Ergebnissen bei der Prüfung der Rechtmäßigkeit der Grundrechtsausübung und damit zu Rechtsunsicherheit führt. Subjektive Präferenzen und Einschätzungen bestimmen das Ergebnis (mit). Warum sich das eine grundrechtlich geschützte Interesse gegenüber dem anderen durchsetzt, bleibt deshalb bestenfalls nachvollziehbar, aber doch so gut wie nie vorhersehbar[292]. Zwar steht bei jenen in der Literatur diskutierten evidenten Fällen oder „trivialen Beispielen“[293] wie etwa dem Mord auf der Schauspielbühne auch das Abwägungsergebnis zwischen der Kunstfreiheit (Art. 5 III GG) und dem Recht auf Leben (Art. 2 II 1 GG) von vornherein fest. Es dürfte aber eher dem Charakter oder der Struktur des Grundgesetzes entsprechen, das die Würde des Menschen (Art. 1 I GG) und die Gemeinschaftsbezogenheit des Individuums (vor allem durch die Grundrechtsschranken) betont, eindeutigen Fällen dieser Art von vornherein, also tatbestandlich, und nicht erst als Ergebnis einer Abwägung den Schutz zu versagen[294]. Es kann nicht dem Sinn eines Grundrechts entsprechen, den Mord (jedenfalls tatbestandlich) seinem Schutz zu unterstellen und erst durch Herausarbeiten, Gegenüberstellen und Abwägen aller Umstände des Einzelfalles zum Ergebnis zu kommen, dass das Menschenleben das Interesse des Künstlers an seiner Inszenierung überwiegt. Hieran vermag der Einwand, ein weites Tatbestandsverständnis bedeute lediglich eine prima-facie, aber keine definitive grundrechtliche Erlaubtheit des Handelns[295], nichts zu ändern. Die Unvorhersehbarkeit des Abwägungsergebnisses ist insbesondere für die prozessierenden Parteien sowie den entscheidenden Richter unbefriedigend. Die Partei vermag die Erfolgsaussichten einer Klage, eines Rechtsmittels oder auch einer möglichen Verfassungsbeschwerde nicht abschätzen, der Richter muss stets die Korrektur seiner Entscheidung durch die nächste Instanz oder das Bundesverfassungsgericht befürchten. Wird gewissen Verhaltensweisen hingegen von vornherein der Grundrechtsschutz versagt[296], so kann auch eine im Ergebnis oft nicht vorhersehbare (un-

---

292 Siehe auch *Kleindiek*, der betont, dass „Kriterien relativer Prognosezugänglichkeit“ erforderlich seien, S. 191.

293 *Rüfner*, in: FG BVerfG, S. 453, 459.

294 So auch etwa *Starck*, JuS 1981, 237, 245 f. („groteske, das Rechtsbewusstsein zersetzende Vorstellung eines Grundrechts auf Töten, auf Stehlen und Hehlen“).

295 *Höfling*, S. 184; *Mayen*, S. 170.

296 Ist der Schutzbereich eines speziellen Grundrechts nicht betroffen, bleibt die Berufung auf das allgemeine Freiheitsrecht des Art. 2 I GG weiterhin möglich, das seit BVerfGE 6, 32, 36 f. im Sinne allgemeiner Handlungsfreiheit verstanden wird. Auch dieses

berechenbare) Abwägung vermieden werden. Nur soweit Abwägungen nicht zu vermeiden sind, sollten sie als Mittel der Rechtsfindung eingesetzt werden[297].

b) (Äußere) Schranken der Wissenschaftsfreiheit aus der Verfassung

Erst wenn geklärt ist, dass die jeweilige Verhaltensweise vom Gewährleistungsbereich des Art. 5 III GG erfasst wird, stellt sich die Frage, ob sie im Hinblick auf die Grundrechte anderer oder sonstiger Gemeinschaftsinteressen beschränkbar ist. Diese *verfassungsimmanenten Schranken* ergeben sich nicht aus dem Grundrecht selbst und lassen den grundrechtlichen Schutzbereich zunächst einmal unberührt. Sie werden von außen an das Grundrecht gleichsam herangetragen und diesem gegenübergestellt. Es handelt sich um solche Belange oder Werte, die nach Maßgabe des Prinzips der *„Einheit der Verfassung"* mit dem jeweiligen Grundrecht zum Ausgleich gebracht werden müssen. Das Prinzip der Einheit der Verfassung besagt, dass eine einzelne Bestimmung (wie die Freiheit der Wissenschaft) nicht isoliert betrachtet und allein aus sich heraus ausgelegt werden kann, sondern mit den übrigen Vorschriften eine innere Einheit bildet[298]. Der Tierschutz stellt seit der Einfügung in Art. 20a GG eine solche (äußere) Schranke der Wissenschaftsfreiheit dar.

2. Diskrepanz zwischen Forschungs- bzw. Lehrmethode und dem verfolgten Ziel

Als nicht wissenschaftlich im Sinne des Art. 5 III GG lassen sich zunächst jene (Tier-) Versuche bezeichnen, in denen zwischen dem methodischen Vorgehen des Forschers bzw. des (wissenschaftlichen) Lehrers und dem zu erreichenden Ziel insofern eine Diskrepanz besteht, als nicht erkennbar oder nachvollziehbar ist, inwiefern der zur Erreichung des Ziels zu verfolgende Weg überhaupt geeignet sein soll. Insofern fehlt es dann an dem Kriterium der *Planmäßigkeit* des Vorgehens; denn hiermit ist die prinzipielle Nachvollziehbarkeit unter methodischem Aspekt verbunden[299]. Auch das Bundesverfassungsgericht hat Forschung als die geistige Tätigkeit bezeichnet, die mit dem

---

Grundrecht wird jedoch durch die Rechte anderer, die verfassungsmäßige Ordnung oder das Sittengesetz begrenzt oder beschränkt.

297 So auch *Muckel*, in: FS für Schiedermair, S. 347, 351; siehe auch *Mayen*, S. 171; *Wahl*, Freib. Univ.-Bl. 1987, 19, 29 f.

298 Seit BVerfGE 1, 14, 32 st. Rspr., s. etwa BVerfGE 3, 225, 231; 19, 206, 220; 34, 165, 183; 55, 274, 300; *Kimminich*, WissR 18 (1985), 116, 125; *Stern*, in: ders. III/2, S. 664 f.

299 *Schmitt Glaeser*, WissR 7 (1974), 107, 116. Siehe schon oben S. 33.

Ziel durchgeführt wird, in methodischer, systematischer und *nachprüfbarer* Weise neue Erkenntnisse zu gewinnen[300]. Die Nachvollziehbarkeit kann deshalb nicht möglich sein, weil schon Grundregeln der Logik im Hinblick auf das methodische Vorgehen nicht eingehalten sind[301]. So hat das Bundesverfassungsgericht in einer neueren Entscheidung[302] mit Recht einem Buch die Wissenschaftlichkeit abgesprochen, in dem der Autor die Schuldfrage des Zweiten Weltkriegs behandelt und hierbei die Auffassung vertritt, der Krieg sei dem Deutschen Reich von dessen Kriegsgegnern aufgezwungen worden. Seine Annahme stützt der Senat im Wesentlichen darauf, dass der Autor die seiner These entgegenstehenden Untersuchungen völlig außer Acht gelassen habe[303]. Diese Argumentation ist nicht auf historische oder geisteswissenschaftliche Werke beschränkt, sondern lässt sich auf die Durchführung von Tierversuchen übertragen. Auch ein Tierversuch ist nicht wissenschaftlich, wenn von vornherein nicht nachvollziehbar ist, wie durch ihn das jeweilige Forschungsziel erreicht werden soll, und andere Forschungsansätze gänzlich außer Betracht gelassen werden. In einem solchen Fall kann nicht mehr von einem planmäßigen Versuch der Wahrheitsfindung gesprochen werden. Dementsprechend kann sich auch ein wissenschaftlicher Lehrer nicht auf die Lehrfreiheit berufen, wenn er Eingriffe an Tieren vornimmt, die zu Ausbildungszwecken gänzlich ungeeignet sind.

Auf der anderen Seite muss aber zur Klarstellung noch einmal betont werden, dass es grundsätzlich nicht auf die Qualität oder Richtigkeit des wissenschaftlichen Arbeitens ankommt. Einem bestimmten Vorhaben kann also nicht schon deshalb die Wissenschaftlichkeit abgesprochen werden, wenn sein Nutzen oder seine Wertigkeit von anderen Wissenschaftlern bestritten wird, denn dies ist gerade wissenschaftstypisch und -fördernd. Der Anspruch von Wissenschaftlichkeit muss vielmehr „systematisch verfehlt" werden[304]. Vor diesem Hintergrund wird man in der Praxis nur in äußerst seltenen Fällen einmal Tierversuchen den Schutz des Art. 5 III GG im Hinblick auf obige Überlegungen absprechen können.

300 BVerfGE 35, 79, 113.
301 Vgl. auch Dickert, S. 224; *Krüger*, in: HdbWissR I, S. 261, 262.
302 BVerfGE 90, 1.
303 BVerfGE 90, 1, 13 f.
304 BVerfGE 90, 1, 13; kritisch zum Erfordernis des nachvollziehbaren Vorgehens aber *Knemeyer*, S. 26 f.

3. Forschungs- bzw. Lehrziel ohne wissenschaftliche Relevanz

Als nächstes seien jene Versuche genannt, bei denen zwar die Methode zur Erreichung des Forschungs- bzw. Lehrzieles geeignet und nachvollziehbar ist, das Forschungs- oder Lehrziel selbst jedoch wissenschaftlich irrelevant ist. Dieser Gesichtspunkt ist eher auf den Forscher und weniger auf den (wissenschaftlichen) Lehrer bezogen. Es geht insbesondere um solche Versuchsvorhaben, die ausschließlich die Befriedigung der Neugier des jeweiligen Forschers bezwecken; so etwa wenn ein Forscher herausfinden will,

- ob sich aus zwei Hunden ein lebensfähiger mit zwei Köpfen machen lässt,
- bis zu welchem Umfang sich Frösche von hinten aufblasen lassen, bevor sie platzen,
- wie groß der Überlebenswillen bei Ratten ist, wenn man sie ertränkt,
- wie sich eine Katze fortbewegt, wenn man ihr andauernde Hammerschläge auf den Kopf versetzt,
- wie sich das Putzverhalten von Mäusen verändert, wenn man ihnen die Beine abschneidet[305].

Art. 5 III GG schützt nicht jedes beliebige Forschungsinteresse, sondern nur ein solches, dass *wissenschaftlich* im Sinne der Vorschrift ist. Dieses Attribut verdienen solche Versuche nicht, die zwar auf Erkenntnisgewinn gerichtet sind, deren angestrebte Erkenntnis aber für die jeweilige wissenschaftliche Disziplin bedeutungslos ist, weil sie diese weder voranzubringen noch auch nur anzuregen vermögen. Zwar ist auch das Grundrecht der Wissenschaftsfreiheit in erster Linie ein Abwehrrecht gegen staatliche Bevormundung. Es ist aber bereits betont worden[306], dass Wissenschaft im Sinne des Art. 5 III GG, obwohl sie ihren jeweiligen eigenen Denkgesetzen folgt, ein Rechtsbegriff und damit rechtlich zu definieren ist. Wenn der Gewährleistung der Freiheit der Wissenschaft die Hoffnung auf heilsbringende Kraft für die gesamtgesellschaftliche Entwicklung zugrunde liegt[307], dann lässt sich dieser „öffentliche Auftrag“[308], der der Wissenschaft zugedacht ist, durch solche

305 (Nicht bloß fiktive) Beispiele von *Agena*, Dt. Tierärzteblatt 1989, S. 624, 627 f.; *Lübbe*, NuR 1994, 469 und 470, Fn. 12 sowie *H. Stern*, S. 38 f.; siehe hierzu auch *Caspar*, ZUR 1998, 177, 180 und *ders.*, in: Caspar/Koch, S. 79; *Spranger*, ZRP 2000, 285, 290, wonach Tierversuche nicht dem Normbereich des Art. 5 III GG unterfallen, wenn sie „objektiv betrachtet vollkommen unsinnig oder überflüssig sind“. Dass derartige Versuche praktisch die Ausnahme sind, versteht sich von selbst.

306 S. 37 ff.

307 Siehe oben S. 35 ff.

308 *v. Brünneck*, JA 1989, 165.

Tierversuche nicht ausführen, die die Interessenssphäre des einzelnen Forschers berühren mögen, für das Gemeinwesen jedoch keinerlei Impulse bringen.

Da davon ausgegangen werden kann, dass ein Forscher grundsätzlich nur solche Ziele verfolgt, die seine Disziplin in irgendeiner Weise mindestens anregen, dürften auch unter diesem Aspekt nur in wenigen Ausnahmefällen Tierversuche aus dem Schutzbereich der Wissenschaftsfreiheit auszugliedern sein.

4. Forschungs- bzw. Lehrziel bereits erreicht

a) Ausgliederung bloß routinemäßiger Produktkontrolle

Eine Schutzbereichsbegrenzung erscheint des Weiteren im Hinblick auf solche Tierversuche denkbar, die zwar zu einem der in § 7 II TierSchG genannten Zwecke durchgeführt werden sollen, jedoch nur eine Wiederholung bereits (mehrfach) durchgeführter Versuche darstellen, so dass die Möglichkeit eines Erkenntnisgewinns (nahezu) ausgeschlossen werden kann, weil der intendierte Erkenntnisgewinn bereits vorliegt. Vor diesem Hintergrund ist es erwägenswert, Experimente, die bereits hinreichend gesicherte oder sogar allgemein anerkannte Erkenntnisse lediglich bestätigen, als nicht auf Erkenntnisgewinn gerichtet anzusehen und diese somit als nicht wissenschaftlich aus dem Schutzbereich des Art. 5 III GG auszugliedern. Wenn es nicht mehr um die *Suche* nach Erkenntnissen, sondern um deren Anwendung geht, ist die Forschungsfreiheit nicht betroffen[309]. Konkret ist hier an die fortlaufende Produktkontrolle in der industriellen Forschung zu denken, also an all jene Fälle, in denen der Hersteller sein Produkt lediglich routinemäßig kontrolliert, weil dies im Einzelfall gesetzlich vorgeschrieben ist oder um möglichst die Gefahr auszuschließen oder jedenfalls zu minimieren, sich schadensersatzpflichtig zu machen (aus allgemeiner Produkthaftung, siehe z. B. auch § 84 AMG)[310]. Wenn demnach die zuständige Behörde einen Tierversuch untersagt, der nach Maßgabe obiger Ausführungen lediglich routinemäßig durchgeführt werden sollte, so erscheint es vertretbar, die Betroffenheit des Grundrechts der Forschungsfreiheit zu verneinen und statt dessen eher die wirtschaftlichen Grundrechte der Berufs- oder der Eigentumsfreiheit (Art. 12 I bzw. Art. 14 I GG) heranzuziehen. Allerdings sind die Übergänge hier fließend. Sobald ein

---

309 *Dickert*, S. 228.

310 Vgl. hierzu auch *Agena*, Dt. Tierärzteblatt, 1989, 624; *Hensel*, ZRP 75, 286, 287, der von der Gefahr eines „unwissenschaftlichen Abhakens von Ritualen" spricht; *Kloepfer*, JZ 1986, 205, 206, Fn. 7.

Tierversuch auch deshalb durchgeführt wird, weil z. B. Zweifel an der Wirksamkeit eines Medikaments aufgetreten sind, Nebenwirkungen reduziert oder ausgeschlossen werden sollen oder Verbesserungen des Produkts sonstiger Art angestrebt werden, wäre das Vorhaben ohne weiteres auf Erkenntnisgewinn gerichtet und damit Forschung im Sinne des Art. 5 III GG.

Auch hier gilt, dass jedenfalls in der Praxis nur wenige Versuche vorstellbar sind, bei denen ein Erkenntnisgewinn in dem oben beschriebenen Sinne ohne weiteres auszuschließen ist und somit angenommen werden könnte, dass der jeweilige Forschungszweck durch die entsprechende Versuchsreihe bereits (vollständig) erreicht ist.

b) Unmittelbare Wissensvermittlung bei Vivisektionen, insbesondere bei Prüfungen?

Im Hinblick auf den Schutzbereich der Lehrfreiheit wird herausgestellt, dass dieser dann nicht betroffen sei, wenn es gerade nicht um die wissenschaftliche Vermittlung neuer Erkenntnisse und die kritische Auseinandersetzung mit ihnen gehe, sondern vielmehr die bloße Übung praktischer Fertigkeiten im Vordergrund stehe[311]. Nach dieser Maßgabe wird die Ansicht vertreten, Tierversuche seien oftmals nicht wissenschaftlich im Sinne des Art. 5 III GG. Sie dienten allein oder jedenfalls vornehmlich der praktischen Veranschaulichung bereits bekannter Vorgänge aus didaktischen Gründen, ohne dass eine Auseinandersetzung mit einer offenen wissenschaftlichen Frage erfolge[312]. In diesem Zusammenhang lässt sich auch in Frage stellen, dass Prüfungen (etwa bestimmter Sezier- oder Präparationstechniken im Medizinstudium) dem Grundrechtsschutz aus Art. 5 III 1 GG unterfallen[313]. Gerade hierbei dürfte es weniger um die wissenschaftliche Vermittlung neuer Lehrinhalte gehen als vielmehr um die Kontrolle bereits vorhandener oder nicht vorhandener Kenntnisse bzw. Fähigkeiten. Insofern vermittelt eher der Prüfling dem Prüfer Informationen (über seinen Kenntnisstand) als umgekehrt[314].

311 *Lüthje*, in: Denninger, § 3, Rn. 27; vgl. auch *Hesse*, Rn. 402 („Anleitung zu wissenschaftlichem Denken und wissenschaftlichem Urteil") und *Köttgen*, in: Die Grundrechte II, S. 291, 299, wonach für die wissenschaftliche Lehre allein essentiell sei, dass es sich um „die Vermittlung wissenschaftlicher Erkenntnisse und nur solcher" handele.

312 Vgl. *Cirsovius*, S. 63, und die Nachw. dort in Fn. 324.

313 *Hailbronner*, S. 166 („weitgehend ungeklärt").

314 Ablehnend hierzu *Cirsovius*, S. 57 ff.

Im Ergebnis wird man dieser Auffassung jedoch nicht folgen können. Richtig ist, dass die Lehrfreiheit materiell, nicht institutionell zu verstehen ist[315]; es reicht daher nicht aus, dass die Lehrtätigkeit lediglich an einer wissenschaftlichen Einrichtung erfolgt. Vielmehr muss die Veranstaltung selbst wissenschaftlichen Charakter aufweisen[316]. Diesen wird man aber nicht pauschal damit ablehnen können, dass mit Hilfe von Tierversuchen bereits bekannte Vorgänge lediglich anschaulich gemacht würden. Auch die Durchführung von Tierversuchen dient der Vermittlung wissenschaftlicher Erkenntnisse. Dass diese praktischer Art sind, schadet nicht. Gerade bei Naturwissenschaften steht die Vermittlung praktischer oder technischer Fertigkeiten nicht selten im Vordergrund. Solange diese jedoch den Anforderungen genügt, die an den wissenschaftlichen Charakter der Lehre zu stellen sind, solange die Vermittlung insbesondere (auch) auf kritisch hinterfragende Weise durch einen eigenverantwortlich handelnden Lehrenden erfolgt[317], lässt sich die Wissenschaftlichkeit nicht bestreiten[318].

Ob dies auch für solche Tierversuche gilt, die im Rahmen von Prüfungen durchgeführt werden, mag zweifelhaft erscheinen. Insofern lässt sich differenzieren zwischen dem Stellen und Abnehmen sowie dem reinen Bewerten von Prüfungsaufgaben. Jedenfalls das Recht, Prüfungsaufgaben zu stellen, das heißt vor allem zu gestalten und hiernach abzunehmen, steht in unmittelbarem Zusammenhang mit der jeweiligen Lehrveranstaltung. Es trifft zwar zu, dass hierbei die reine Erkenntnisvermittlung in den Hintergrund tritt und eher die Kontrolle von Wissen oder Fertigkeiten im Mittelpunkt steht. Diese ist aber praktisch in aller Regel unerlässlich, weil ohne entsprechende Kontrolle ein Lehrerfolg nicht oder nur unzureichend erzielt werden kann. Prüfungen sind somit ein „Instrument der Rückkoppelung des Übermittlungserfolges“[319]. Wenn vor diesem Hintergrund der Hochschullehrer (oder ein anderer wissenschaftlicher Lehrer) davon ausgeht, zur Garantie eines ausreichenden Lehrerfolges Prüfungen durchführen zu müssen, so ist diese Entscheidung Teil seiner durch Art. 5 III GG geschützten Freiheit[320]. Ob dies auch für

315 *Denninger*, in: AK, Art. 5 III (Wiss.), Rn. 29.

316 Unrichtig daher *Bauer* (S. 33 f.), wonach „zur Realisierung des Grundrechtsschutzes“ Lehre an wissenschaftlichen Hochschulen stets als wissenschaftlich i. S. d. Art. 5 III GG anzusehen sei.

317 Siehe hierzu oben S. 41 ff.

318 Vgl. *Hailbronner*, S. 164.

319 *Denninger*, in: AK, Art. 5 III (Wiss.), Rn. 38.

320 Dies wird auch ganz überwiegend in der Literatur angenommen, siehe etwa *Denninger*, in: AK, Art. 5 III (Wiss.), Rn. 38 und *Pernice*, in: Dreier, Art. 5 III (Wiss.), Rn. 26, die

das Recht gilt, Prüfungsaufgaben lediglich zu bewerten, ob also auch dieses durch Art. 5 III GG geschützt ist, mag anders zu beurteilen sein[321]. Diese Frage kann offen bleiben, denn der Aspekt des Tierschutzes ist hiervon nicht betroffen.

Festzuhalten ist damit, dass die Erstreckung des Schutzbereichs der Lehrfreiheit auf die Durchführung von Tierversuchen nicht deshalb abgelehnt werden kann, weil bei Vivisektionen die Übung praktischer Fertigkeiten im Vordergrund stehe. Ferner ist auch das Stellen und Gestalten von Prüfungsaufgaben, in deren Rahmen lebende oder zu diesem Zweck getötete Tiere verwendet werden, von Art. 5 III GG erfasst.

5. Ausgrenzung der Industrie- bzw. der Auftragsforschung

Vereinzelt wird die Ansicht vertreten, die anwendungsorientierte Industrieforschung bzw. die Auftragsforschung seien aus dem Normbereich des Art. 5 III GG auszugliedern.

a) Orientierung am Markt statt an der Wahrheit

Diese Ansicht beruht im Kern auf der Voraussetzungslosigkeit der Wissenschaft, das heißt der Vorstellung, dass Wissenschaft keinen anderen steuernden Faktoren, keinen anderen außerhalb von Wissenschaft befindlichen Bindungen unterliegen dürfe als der reinen Suche nach neuen Erkenntnissen bzw. der Wahrheit. Forschung im Sinne des Art. 5 III GG sei mithin nur eine solche, die die Wahrheitssuche als Selbstzweck betreibe. Für das Grundgesetz sei die Freiheit der Wissenschaft „nicht eine Frage sozialer efficiency, sondern der Bildung“[322]. Vor diesem Hintergrund sei die anwendungsorientierte Industrieforschung keine Forschung im Sinne des Grundgesetzes[323]. Was die Forschung in der freien Wirtschaft anbelangt, so werde diese durch den Markt, nicht aber durch die Wahrheit strukturiert. Die Industrie müsse sich bloß an der Nützlichkeit ihrer Forschung orientieren, ihre Ergebnisse müssten nur verkäuflich sein[324]. Aus neuerer Zeit wurde diese Auffassung insbesondere von *Ralf Kleindiek* hergeleitet und begründet. Er geht davon aus, dass sich freie Wissenschaft nicht ohne staatliches Handeln bzw. nur innerhalb staatli-

---

von einer „dialogischen Struktur“ der Prüfung zur Lehre sprechen; vgl. ferner *Hailbronner*, S. 166 f.; *Wolf*, WissR 3 (1970), 193, 218.

321 Siehe OVG Berlin, DVBl 1985, 1088 f.

322 *Köttgen*, in: Die Grundrechte II, S. 291, 301.

323 *Köttgen*, a. a. O., S. 301 und 306; *Roellecke*, BB 1981, 1905, 1906; vgl. auch *Lennartz*, S. 30 f., für den Bereich des Datenschutzes.

324 *Roellecke*, a. a. O.; vgl. auch *Trute*, S. 104 ff.

cher Bindungen entfalten könne[325], Art. 5 III GG mithin auf eine staatliche Organisationsleistung angewiesen und ausgerichtet sei. Wissenschaftsfreiheit sei „Freiheitsverwirklichung durch staatliche Leistung"[326]. Vor dem Hintergrund seines Verständnisses der Wissenschaftsfreiheit als Organisationsgrundrecht grenzt er Industrieforschung aus dem Normbereich des Art. 5 III GG aus. Industrieforschung sei nicht durch Strukturen gekennzeichnet, die wissenschaftliche Autonomie ermöglichen (z. B. freie Methodenwahl). Sie sei vielmehr an der Herstellung, Optimierung und ökonomischen Verwertung von Produkten orientiert[327]. Wirtschaftliche Kosten-Nutzen-Analysen bestimmten Inhalt und Laufzeit von Forschungsprogrammen. Die organisatorische Einbindung in die gesamtunternehmerische Zielsetzung wirke sich unmittelbar auf den wissenschaftlichen Erkenntnisprozess aus[328]. Industrieforschung sei wirtschaftliche Freiheit und unterfalle daher den auf wirtschaftliche Tätigkeit zugeschnittenen Art. 12 I und 14 I GG[329].

Im Hinblick auf die Auftragsforschung wird herausgestellt[330], dass Thema und Ziel des Forschungsvorhabens regelmäßig festgelegt seien und sich der Forscher dementsprechend nicht an der Wahrheit orientiere.

Alles in allem wäre hiernach nur die (vornehmlich an Universitäten betriebene) reine Forschung bzw. Grundlagenforschung von Art. 5 III GG erfasst, so dass ein Großteil der Tierversuche keine Forschung im Sinne des Grundgesetzes darstellte.

b) Kritische Stellungnahme

Industrielle Forschung ist in aller Regel anwendungsorientierte Forschung und diese orientiert sich (schon begriffsmäßig) an den Bedürfnissen der Praxis. Deshalb ist es durchaus zutreffend, als die unmittelbare Wurzel des Forschungsantriebs in der Industrie die soziale Nützlichkeit oder Erwünschtheit und damit die erhoffte Profitabilität des Produkts zu bezeichnen. Das bedeutet aber nicht, dass damit der Gesichtspunkt der Wahrheitssuche, der für die Forschungsfreiheit im Sinne des Art 5 III GG essentiell ist, auf die staatlich organisierte und finanzierte Forschung beschränkt wäre. Es ist nicht einzuse-

325 *Kleindiek*, S. 239 ff.
326 *Kleindiek*, S. 240.
327 *Kleindiek*, S. 319, 322, 331.
328 *Kleindiek*, S. 323.
329 *Kleindiek*, S. 338 ff.; siehe auch *Trute*, S. 107.
330 *Grellert*, in: HdbWissR II, 1. Aufl., S. 1235, 1242 f.; *Krüger*, in: HdbWissR I, S. 261, 279.

hen, warum Art. 5 III GG in seiner klassischen liberalen Dimension als individuelles Abwehrrecht (status negativus) seinen Dienst versagen soll, wenn der Einzelne bzw. das (Industrie-) Unternehmen auf staatliche (Organisations-) Leistungen nicht angewiesen ist. Auch die Wissenschaftsfreiheit gibt in erster Linie ein Recht zu inhaltlicher Beliebigkeit, welche gerade keine organisatorischen Vorleistungen durch den Staat voraussetzt. Die Leistungs- oder Teilhabefunktion des Art. 5 III GG[331], auf die *Kleindiek* im Kern seine Argumentation stützt, lässt sich nicht in dem Sinne umdeuten, dass individueller Grundrechtsgebrauch ohne staatliche Vorleistungen aus dem Normbereich der Forschungsfreiheit ausgegrenzt wird[332]. Entscheidend ist allein, ob eigenverantwortlich und planmäßig der Versuch unternommen wird, die Wahrheit zu ermitteln. Dies lässt sich aber für die Industrieforschung im Grundsatz nicht bestreiten. Wenn hier auch die soziale Nützlichkeit oder erhoffte Profitabilität des Produkts im Vordergrund steht, so geht diese doch mit der Wahrheitssuche Hand in Hand. Wenn das entwickelte Medikament zur Krankheitsbekämpfung ungeeignet ist oder der neue Katalysator Schadstoffe nicht wie erwartet zurückhält, wird das Produkt auf dem Markt nicht verkauft, *weil* es keinen Erkenntnisgewinn gebracht hat bzw. *weil* der Forscher die Wahrheitssuche nicht vorangetrieben hat. Der Gesichtspunkt des Marktes und der Gesichtspunkt der Wahrheit sind also keinesfalls verselbstständigt. Vielmehr geht dieser jenem voraus. Hinzu kommt, dass Art. 5 III GG die Freiheit der Forschung nicht zuletzt deshalb unter einen besonders hohen Schutz stellt, weil ihm die Vorstellung von Forschung als einem Motor des Gemeinwesens zugrunde liegt[333]. Dieser wird aber vornehmlich in der freien Wirtschaft, die an den Bedürfnissen der Gesellschaft orientiert ist, in Gang gesetzt. Die These, Wissenschaft im Sinne des Art. 5 III GG sei nur eine solche, die sich sozusagen selbst genügt, ist (in der heutigen Zeit) nicht (mehr) haltbar. Sie erinnert an das Idealbild *Wilhelm von Humboldts* vom einsamen, freien und in jeder Hinsicht unabhängigen Forscher. Dieses wird aber den modernen Gegebenheiten und Anforderungen an die Forschung nicht gerecht. Nach Maßgabe dieser Ausführungen kann der Versuch, Industrie- bzw. anwendungsorientierte Forschung grundsätzlich aus dem Normbereich des Art. 5 III GG aus-

331 Siehe hierzu oben S. 61 f.

332 Insbesondere nimmt *Kleindiek* die Ausführungen des BVerfG im Hochschulurteil zu Unrecht für seine Position in Anspruch, S. 239, 240 f. Dort ging es um Fragen der inner-universitären Organisation. Das Gericht wollte aber offensichtlich nicht den grundrechtlichen Schutzbereich von staatlicher Organisation abhängig machen.

333 Siehe hierzu oben S. 35 ff.

zugliedern, nicht überzeugen[334]. Der grundrechtliche Schutzbereich wird erst dann verlassen, wenn die Wahrheitssuche gänzlich in den Hintergrund tritt, was etwa bei lediglich routinemäßiger Produktkontrolle der Fall sein kann[335].

Schwieriger ist die Situation bei der sog. Auftragsforschung, bei der also Universitäten oder Wirtschaftsunternehmen mit der Durchführung von Forschungsvorhaben beauftragt werden („bestellte Forschung"). Dieser wohnt in der Tat die Gefahr inne, dass in erster Linie ein vom Auftraggeber erwünschtes Ziel verfolgt und diesem die Wahrheit gegebenenfalls untergeordnet wird. Man denke in diesem Zusammenhang etwa an Parteigutachten, die (von dem jeweiligen parteinahen Wissenschaftler) allein zur Unterstützung eines bestimmten Begehrens erstellt werden. Tritt demgegenüber die geistig-autonome und sachbezogene Erkenntnissuche in den Hintergrund, so handelt es sich nicht um Wissenschaft im Sinne des Grundgesetzes[336]. Solange hierbei aber die Methode bzw. das Ziel des Forschungsvorhabens nicht im Einzelnen vorgegeben, mithin die wissenschaftsspezifische Eigengesetzlichkeit und Unabhängigkeit gewahrt ist, ist auch insofern die Wissenschafts- bzw. Forschungsfreiheit des Art. 5 III GG betroffen[337].

Nach Maßgabe dieser Ausführungen unterfallen Tierversuche, die in privatwirtschaftlichen Unternehmen (anwendungsorientiert) durchgeführt werden, dem Schutzbereich der Forschungsfreiheit. Auch Versuche, die im Auftrag eines Dritten unternommen werden, werden von Art. 5 III GG erfasst, sofern sie sich an der Wahrheit und nicht an einem vorgegebenen Ziel orientieren.

---

334 So auch *Classen*, S. 84, 136 f.; *Grellert*, in: HdbWissR II, 1. Aufl., S. 1235, 1242; *Kloepfer*, JZ 1986, 205 f.; *Papier*, NuR 1991, 162, 163 f.; *Wendt*, in: v. Münch/Kunig, Art. 5, Rn. 100. Hinzu kommt, dass eine Trennung von anwendungsorientierter Forschung und Grundlagenforschung (auch in der Industrie) ohnehin kaum logisch durchführbar ist. Beide Forschungsarten basieren aufeinander und sind im Prinzip von „einheitlicher Struktur", *Krüger*, in: HdbWissR I, S. 261, 264; siehe auch *M. Blankenagel*, S. 26, 46; *Wahl*, Freib. Univ.-Bl. 1987, S. 19; dies gilt gerade auch für moderne Forschungsbereiche wie etwa die Genforschung.

335 Siehe hierzu oben S. 72 f.

336 Siehe auch *Knemeyer*, S. 27.

337 Siehe auch *Classen*, S. 84; *Oppermann*, in: HdbStR VI, § 145, Rn. 14; *Scholz*, in: M/D, Art. 5 III, Rn. 98 f.; *Starck*, in: v. Mangoldt/Klein/Starck, Art. 5, Rn. 325; *Wendt*, in: v. Münch/Kunig, Art. 5, Rn. 101.

6. Pflicht zur Veröffentlichung der Erkenntnisse

Zum Teil[338] wird die Auffassung vertreten, die Forschungsfreiheit beinhalte nicht nur ein Veröffentlichungs*recht*[339]. Vielmehr folge aus der Wissenschaftlichkeit der Forschung die *Pflicht*, die gefundenen Erkenntnisse zu verbreiten. Wenn die Ansicht zuträfe, wäre vor allem die (anwendungsorientierte) Industrieforschung betroffen, die ihre Forschungsresultate typischerweise zurückhält, um sie wirtschaftlich nutzen zu können.

a) Information und Kommunikation als Grundvoraussetzung wissenschaftlicher Forschung

Das Verhältnis von wissenschaftlicher Forschung und wissenschaftlicher Lehre im Sinne des Art. 5 III GG sei durch eine funktionale (konditionale) Verknüpfung beider Elemente charakterisiert, wobei wissenschaftliche Lehre als Veröffentlichung der Forschungsergebnisse, genauer als systematisch angelegte Verbreitung, zu verstehen sei[340]. Wissenschaftliche Forschung sei ohne Veröffentlichung nicht möglich; denn der Kommunalismus im Sinne der Wissenschaftssoziologie, das heißt die uneingeschränkte Diskussion der Forschungsergebnisse, zähle zu den funktionalen Grundregeln der wissenschaftlichen Gemeinschaft und des wissenschaftlichen Handelns[341]. Dass Forschungsresultate allen Mitgliedern der scientific community zur Verfügung gestellt werden, gehöre somit zu den zentralen Aussagen über die Regeln wissenschaftlichen Handelns. Wissenschaftliche Informationen seien in diesem Sinne gleichsam ein öffentliches Gut und müssten ausgetauscht werden[342]. Ohne Veröffentlichung der Erkenntnisse blieben Forschungsanstrengungen für die Allgemeinheit ohne Nutzen. Solche Wissenschaft habe ihren kulturellen und funktionalen Zweck verfehlt[343]; denn sie könne zum wissenschaftlichen Fortschritt nicht beitragen. Jeder, der sich wissenschaftlich betätigen wolle, sei zunächst auf von anderen Gedachtes und Gefundenes angewiesen; denn jede wissenschaftliche Idee beruhe auf Vorläufern. Wolle der einzelne Forscher selbst aber nicht zur Aufrechterhaltung dieses Informationsstroms beitragen und statt dessen seine Forschungsergebnisse zurückhal-

338 *Agena*, Dt. Tierärzteblatt 1989, 624; *M. Blankenagel*, z. B. S. 104 ff.; *Dickert*, S. 270 ff., 277 ff.

339 Siehe insofern schon oben S. 39 f.

340 *Dickert*, S. 277, 281, 289.

341 *M. Blankenagel*, S. 84 ff.; *Dickert*, S. 278.

342 *M. Blankenagel*, S. 85, 103.

343 *Dickert*, S. 286.

ten, um sie besser „verkaufen zu können", so verhalte er sich unredlich[344] und verdiene den grundrechtlichen Schutz nicht. Art. 5 III GG bezwecke gerade auch den Erhalt der Ressource des gegenüber finanziellen Verlockungen resistenten Wissenschaftlers[345].

b) Kritische Stellungnahme

Die Leistungsfähigkeit des einzelnen Forschers ist begrenzt. Sämtliche Facetten eines wissenschaftlichen Problems, das zudem nicht selten interdisziplinär behandelt wird, zu durchschauen, ist ohne (gegenseitige) Anregungen durch andere Wissenschaftler kaum zu bewältigen. Deshalb ist die Sache „Wissenschaft" in der Tat auf Veröffentlichung angewiesen[346].

Dies hat jedoch nicht zur Folge, dass eine Veröffentlichung des Forschungsergebnisses Voraussetzung für die Inanspruchnahme des Grundrechts aus Art. 5 III GG ist. Die mangelnde Publizität behindert nicht die Wahrheitssuche des betreffenden Forschers; denn diese geht der Veröffentlichung zeitlich voraus[347]. Man wird auch nicht so weit gehen und die mangelnde Bereitschaft zu veröffentlichen als egoistisch oder unredlich bezeichnen können[348]. Gerade in der Industrieforschung bedeutet sie Schutz gegenüber Konkurrenten und ist ohne weiteres legitim. Dass hierdurch aufbauende Weiterarbeit oder praktische Umsetzung behindert würde[349], trifft – jedenfalls im Hinblick auf die Industrieforschung – offensichtlich nicht zu. Geheimhaltungsinteressen können darüber hinaus andere Gründe haben. Der Forscher kann sein Ergebnis für noch nicht ausgereift und hinreichend abgesichert halten und es demzufolge noch weitere Zeit überprüfen wollen[350]. Er kann des Weiteren zum Ergebnis kommen, seine Forschungsarbeiten hätten keine brauchbaren Erkenntnisse geliefert[351]. Insofern wird man von einer mit anderen Grundrechten vergleichbaren negativen Freiheit sprechen können, Erkenntnissuche *nicht* zu betreiben und auch gefundene Erkenntnisse *nicht* zu verbreiten. Dies ent-

344 *Dickert*, S. 287.

345 *M. Blankenagel*, S. 106.

346 Siehe nur BVerfGE 47, 327, 375 für die Hochschulforschung; *Dickert*, S. 105; *Kimminich*, WissR 18 (1985), 116, 119, wonach „Wissenschaft ihrem Wesen nach ein Gespräch" sei, siehe auch dort S. 123.

347 *Classen*, S. 89.

348 So aber *Dickert*, S. 287.

349 So *Dickert*, S. 286.

350 *Reich*, § 4, Rn. 14; *Thieme*, Rn. 368.

351 *Thieme*, Rn. 368, der in diesem Zusammenhang zudem darauf hinweist, dass die Forschungsarbeit ein Werk ist, an dem der Forscher das volle Urheberrecht erwirbt, s. insofern auch *Kimminich*, WissR 18 (1985), 116, 136 ff.

spricht der (primären) Funktion des Art. 5 III GG als liberales Freiheits- und Eingriffsabwehrrecht. Gegenteiliges lässt sich nicht damit begründen, dass Forschung und Lehre konditional miteinander verknüpft seien[352]. Forschung setzt keine Lehre voraus, und letztere lässt sich schon gar nicht mit Veröffentlichung oder Verbreitung gleichsetzen[353]. Diese ist vielmehr Bestandteil der Forschungsfreiheit[354]. Dass die viel zitierte Sentenz von der „Einheit von Forschung und Lehre" nicht unproblematisch und irreführend ist, wurde an anderer Stelle[355] bereits dargelegt.

Dass das Grundrecht der Forschungsfreiheit keine Veröffentlichung voraussetzt, lässt sich auch nicht mit Hinweis auf die sozialen Normen autonomer Wissenschaft entkräften. Dass die Wissenschaftssoziologie, die nach den Bedingungen und Voraussetzungen von Wissenschaft fragt und Normen aufstellt, die konstitutiv sind für die Aufrechterhaltung und Weiterentwicklung von Wissenschaft[356], den Kommunalismus (u. a.) als grundlegend ansieht[357], wird – soweit ersichtlich – nicht in Frage gestellt oder bestritten. Über Umfang und Grenzen des Art. 5 III GG entscheidet jedoch nicht das soziologische Verständnis von „Wissenschaft", sondern das verfassungsrechtliche[358]. Hiernach besteht aber keine Veröffentlichungspflicht[359].

7. Unterscheidung zwischen Werk- und Wirkbereich

Teilweise[360] ist, in Anlehnung an entsprechende Überlegungen zu der ebenfalls in Art. 5 III GG garantierten Freiheit der Kunst[361], in Erwägung gezogen worden, auch im Rahmen des Schutzbereichs der Wissenschaftsfreiheit zwischen dem *Werk*- und *Wirk*bereich zu differenzieren.

352 So die These von *Dickert*, S. 277, 281, 289.

353 So aber *Dickert*, S. 289.

354 Statt vieler *Reich*, § 4, Rn. 14; siehe schon oben S. 39.

355 S. 59 f.

356 Siehe nur *Dickert*, S. 278, Fn. 144.

357 Statt vieler *A. Blankenagel*, AöR 105 (1980), 35, 63; *Kleindiek*, S. 249 ff., jeweils in Anlehnung an *R. Merton*, der außer dem Kommunalismus noch den Universalismus, den organisierten Skeptizismus sowie die Desinteressiertheit als die vier grundlegenden Normen des Sozialsystems „Wissenschaft" aufgestellt hat.

358 *Kleindiek*, S. 256 f.

359 Siehe auch *Reich*, § 4, Rn. 14; *Thieme*, Rn. 368; *Wendt*, in: v. Münch/Kunig, Art. 5, Rn. 101.

360 *Pernice*, in: Dreier, Art. 5 III (Wiss.), Rn. 24 f.; *Scholz*, in: M/D, Art. 5 III, Rn. 187; *Turner*, ZRP 1986, 172, 173; *Wahl*, Freib. Univ.-Bl. 1987, 19, 31 f.

361 *Müller*, JZ 1970, 87, 90 f.; *Scholz*, in: M/D, Art. 5 III, Rn. 65; *Starck*, in: v. Mangoldt/Klein/Starck, Art. 5, Rn. 304 ff.

a) Tierversuche als Bereich der Werkschöpfung

Demnach sei die Wissenschaftsfreiheit grundsätzlich nicht[362] bzw. nur durch kollidierendes Verfassungsrecht, insbesondere Grundrechte anderer[363], beschränkbar, so lange sie sich im Werkbereich hält, das heißt in dem Bereich der Schöpfung des Werkes, in dem der Wissenschaftler nur für sich ist. Sobald Forschungserkenntnisse oder -ergebnisse jedoch „in konfliktträchtiger Weise angewandt, vermittelt oder verbreitet werden", erreiche die Wissenschaftsfreiheit die „schrankenintensive Zone des Wirkbereichs"[364]. Dieser Differenzierung liegt die Vorstellung zugrunde, dass die Wahrheitssuche im engeren Sinne (entsprechend der Herstellung eines Kunstwerkes) in einem von jeglicher Außenwelt abgeschotteten Bereich des Forschers stattfinde und dass erst die Übertragung des Forschungsergebnisses (bzw. des Kunstwerkes) aus diesem persönlich-privaten Bereich heraus an die Öffentlichkeit die soziale Freiheitssphäre erreiche, also den Bereich, in dem sie typischerweise auf kollidierende Interessen stoße.

Da Tierversuche dazu dienen, Erkenntnisse erst zu gewinnen, wären sie hiernach dem Werkbereich zuzuordnen.

b) Kritische Stellungnahme

Die Unterscheidung zwischen Werk- und Wirkbereich vermag indes nicht zu überzeugen. Es ist zwar richtig, dass das Bundesverfassungsgericht den Werk- und den Wirkbereich künstlerischen Schaffens herausgestellt hat; es hat jedoch ausdrücklich und zu Recht betont, dass zwischen beiden eine „unlösbare Einheit" besteht und dass das Grundrecht der Kunstfreiheit ohne Erstreckung auf den Wirkbereich weitgehend leer liefe[365]. Dies gilt aber für die Wissenschaftsfreiheit mindestens in gleichem Maße. Ihre hohe Bedeutung erklärt sich gerade dadurch, dass die gewonnenen Erkenntnisse, die für die Gemeinschaft wichtig sind, an diese weitergegeben werden[366]. Auch die Wissenschaftsfreiheit liefe also weitgehend leer, würde sich der grundrechtliche Schutz im Wesentlichen auf das Schreiben im stillen Kämmerlein oder die reine Durchführung von (Tier-) Versuchen beziehen. Wenn für die Kunstfreiheit herausgestellt wurde, dass in der Regel erst die Verbreitung des Kunst-

---

362 So *Kimminich*, WissR 18 (1985), 116, 126; *Scholz*, in: M/D, Art. 5 III, Rn. 187.

363 So *Müller*, JZ 1970, 87, 91; *Wahl*, Freib. Univ.-Bl. 1987, 19, 31.

364 *Scholz*, in: M/D, Art. 5, Rn. 187; *Turner*, ZRP 1986, 172, 173, der diese Differenzierung jedoch selbst als fragwürdig bezeichnet.

365 BVerfGE 30, 173, 189; 77, 240, 254; s. auch BVerwG, NJW 1995, 2648.

366 Siehe oben S. 35 f.

werkes auf entgegengesetzte Interessen stößt[367], so mag dies trotz durchaus bestehender dogmatischer Bedenken[368] ein diskussionswürdiger Ansatz für die Normbereichsanalyse der Kunstfreiheit sein. Es trifft zu, dass die Herstellung eines künstlerischen Werkes, etwa eines Romans, in den meisten Fällen noch nicht konfliktträchtig ist, sondern erst durch seine Verbreitung entgegenstehende Interessen berührt werden (z. B. der Jugendschutz[369]). Auf die Wissenschafts-, insbesondere die Forschungsfreiheit ist dieser Gedanke jedoch kaum übertragbar. Forschung gerät typischerweise nicht erst bei der Verbreitung ihrer jeweiligen Ergebnisse, sondern schon bei der Wahrheitssuche selbst, insbesondere in der naturwissenschaftlichen Forschung, mit anderen schützenswerten Gütern in Konflikt. Dies wird in besonderem Maße auf dem Gebiet der Genforschung an menschlichen Embryonen und ihrer Vereinbarkeit mit Art. 2 II 1 und Art. 1 I GG, aber auch bei der hier speziell interessierenden Verwendung von Tieren deutlich. Hier stößt bereits die Schöpfung des Werkes auf kollidierende Interessen, wird „die Umwelt selbst zum Labor“[370]. Deshalb gibt es für eine Privilegierung des Werkbereichs gegenüber dem Wirkbereich im Rahmen eines einheitlichen Vorgangs des Forschens

---

367 *Müller*, JZ 1970, 87, 90 f.; *Scholz*, in: M/D, Art. 5 III, Rn. 65; *Starck*, in: v. Mangoldt/Klein/Starck, Art. 5, Rn. 304 ff.

368 Die Annahme einer von vornherein unterschiedlichen Schutzintensität ist zweifelhaft, weil entgegenstehende Interessen bei der Bestimmung des Normbereichs eines Grundrechts nur dann berücksichtigt werden dürfen, wenn dies der Schutzintention des Grundrechts selbst nicht widerspricht. *Im Grundsatz* gilt also, dass grundrechtliche Freiheitsausübung nicht dadurch weniger schutzwürdig wird, dass sie die Freiheitsausübung anderer beeinträchtigt. Ansonsten käme dies einer (indirekten) Nichtstörungsschranke gleich. Den jeweils konkurrierenden Freiheitsgebrauch abzugrenzen, ist vielmehr Sache des Gesetzgebers, zutr. *Trute*, S. 149. Ein vieldiskutierter Ansatz für eine Begrenzung schon des Normbereichs der Kunstfreiheit ist der von *Fr. Müller*, der dahin geht, nicht die *beliebige* Vermittlung oder Verbreitung des Kunstwerkes als vom Normbereich des Art. 5 III GG umfasst anzusehen, sondern nur eine jeweils angemessene *Möglichkeit* der Verbreitung; siehe S. 94 ff. Das bedeutet konkret, dass die Garantie des Art. 5 III GG etwa einem Maler nicht die Freiheit gibt, sein Bild mitten auf der Autobahn zur Schau zu stellen, solange eine weniger konfliktträchtige Vermittlung des Kunstwerkes (in seinem Atelier, durch Anmietung einer fremden Galerie) möglich und zumutbar ist. Art. 5 III GG gibt hiernach kein Recht auf Aufdrängung von Kunst. Von anderen Grundrechtsdogmatikern wird die Normbereichsanalyse von *Fr. Müller* entschieden abgelehnt, vgl. etwa *Alexy*, S. 280 ff.; *Höfling*, S. 179 („methodisch und dogmatisch unhaltbar“).

369 Vom BVerfG ausdrücklich als ein Wert mit Verfassungsrang angesehen, siehe BVerfGE 83, 130, 139; a. A. *Müller*, JZ 1970, 87, 91.

370 *Kleindiek*, S. 198; ablehnend auch *Trute*, S. 145 f.; siehe auch *Turner*, ZRP 1986, 172, 173.

keinen überzeugenden Grund[371].

8. Forschungsfreiheit unter Verantwortungsvorbehalt

Möglicherweise lässt sich der Schutzbereich der Forschungsfreiheit im Hinblick auf das Prinzip der Verantwortung begrenzen. Wenn Art. 5 III GG nur verantwortliches Handeln erfasst bzw. (enger) schlechthin unverantwortliches Handeln ausschließt[372], könnte besonders schmerzintensiven Forschungen (auch) an Tieren der Schutz durch Art. 5 III GG versagt werden. Dem liegen bisher noch eher wenig diskutierte[373] Überlegungen zugrunde, die im Folgenden dargelegt und abschließend kritisiert werden.

a) Der Begriff „Verantwortung“

Die Bedeutung des Begriffes „Verantwortung“ ist zunächst abhängig von der (wissenschaftlichen) Disziplin, in der er gebraucht wird. So ist er eine Kategorie nicht nur der Rechtswissenschaft, sondern vor allem auch der Philosophie, Theologie und Psychologie. Aber auch innerhalb der Rechtswissenschaft und selbst innerhalb des Grundgesetzes (Präambel, Art. 28 II; 46 I, II; 65 S. 1, 2) wird er in verschiedenen Bedeutungszusammenhängen gebraucht. Vor diesem Hintergrund kann es keine einheitliche Bestimmung des (Rechts-) Begriffes „Verantwortung“ geben[374]. An dieser Stelle soll daher die Feststellung ausreichen, dass es jedenfalls um die Zurechnung menschlichen Handelns und seiner Folgen geht, das „Sich-Bewusstmachen“, „Sich-Verpflichtetfühlen“ oder „Rechenschaft ablegen“ im Hinblick auf eine normsetzende Instanz oder Autorität[375]. So verstanden liegt dem Begriff „Verant-

371 Abl. auch *Waechter*, Der Staat 30 (1991), 19, 33 f. Aufgrund des „unbestreitbaren Außenbezugs“ beim Experiment will *Dickert* dieses nicht dem Werk-, sondern dem Wirkbereich zuordnen, S. 253 f.

372 Wobei der gesamte, oben (S. 39 f.) näher beschriebene Bereich des Forschens gemeint ist, also von der Fragestellung bis zur Veröffentlichung, siehe *Sitter*, in: FG für Troller, S. 257, 260 ff.; *Waechter*, Der Staat 30 (1991), 19, 43 f. Deshalb greift das nicht selten geäußerte Argument zu kurz, wonach der Wissenschaftler Forschungsresultate liefere, die für sich genommen weder gut noch böse, also ethisch neutral seien und er für den späteren üblen Gebrauch derselben durch andere nicht einzustehen habe, *Sitter*, a. a. O., S. 260.

373 Siehe aber aus neuerer Zeit *Dickert*, S. 360 ff.; *Losch/Radau*, NVwZ 2003, 390, 392 f. Vgl. in diesem Zusammenhang auch bereits BVerfGE 47, 327 zu § 6 des hess. Universitätsgesetzes (bzw. jetzt § 7 II des hess. HG), der dem Wissenschaftler vorschreibt, „die gesellschaftlichen Folgen wissenschaftlicher Erkenntnis mitzubedenken“, was das BVerfG für mit Art. 5 III GG vereinbar hielt; eine ähnliche Verantwortungsklausel enthält § 4 VI des HG von Sachsen-Anhalt.

374 Vgl. auch *Saladin*, S. 26.

375 Zum Begriff näher *Krawietz*, in: GS für Kaulbach, S. 147, 160 ff.; *Picht*, S. 318 ff.;

wortung“ gleichsam eine doppelte Verweisung zugrunde: zum einen auf ein bestimmtes Handeln und dessen Folgen (Verantwortung *wofür*?) und zum anderen auf eine „zuständige“ Instanz oder Autorität (Verantwortung *wovor*?)[376]. Wenn hier und im Folgenden von der Verantwortung des Forschers die Rede ist, so geht es weniger um eine ex-post-Zurechnung bereits begangener Taten, sondern eher um eine vorausschauende Beurteilung ex ante[377].

b) Begründung ethischer Verantwortung des Forschers

Im Hinblick auf das philosophische Prinzip Verantwortung im Sinne einer Zukunftsethik werden verschiedene Modelle diskutiert[378], wobei insbesondere die Überlegungen von *Hans Jonas* verdienen hervorgehoben zu werden[379]. Sie wurzeln in der Erkenntnis, dass Menschen sein (existieren) sollen[380]. Dies setze jedoch voraus, dass Verantwortung für zukünftige Generationen und – damit zusammenhängend – für die Natur übernommen werde, als deren Teil der Mensch sich versteht. Ethik habe es heute mit Handlungen zu tun, die eine beispiellose Reichweite in die Zukunft hätten und deren Wirkungen oft unumkehrbar seien[381]. Aus der Unwissenheit über die (Fern-) Wirkungen menschlicher Handlungen folge eine Verantwortung im Sinne von ethisch motivierter Zurückhaltung und Demut[382]. Vor diesem Hintergrund lasse sich ein neuer kategorischer Imperativ formulieren: „Handle so, dass die Wirkungen deiner Handlungen verträglich sind mit der Permanenz echten menschlichen Lebens auf Erden“[383].

Inwiefern die hier nur skizzierte Verantwortungsethik auch den Tierschutz umfasst, ist jedoch zweifelhaft, weil das einzelne Tier mit der Existenz des Menschen, auch im Hinblick auf zukünftige Generationen, nur schwerlich in einen Begründungszusammenhang gebracht werden kann. Zwar wird die Verantwortungsethik zum Teil zu einem Existenzrecht alles Seienden erwei-

---

Saladin, S. 19 ff.

376 *Gerhardt*, in: GS für Kaulbach, S. 103, 127; *Picht*, S. 319.

377 *Dickert*, S. 365.

378 Siehe hierzu die Darstellung bei *Wiegand*, JöR 43 (1995), 31, 39 ff. mit umfangreichen Nachweisen.

379 Weitere Nachweise zur Philosophie von *Jonas* finden sich bei *Wiegand*, JöR 43 (1995), 31, 41, Fn. 63; kritisch gegenüber *Jonas* äußert sich etwa *Gerhardt*, in: GS für Kaulbach, S. 103, 111 ff., 129 ff., wonach zur Begründung des Prinzips „Verantwortung“ keine neue Ethik erforderlich sei.

380 *Jonas*, S. 84 ff., insbes. S. 90 f., 96 ff.; vgl. demgegenüber *Gerhardt*, a. a. O., S. 113 f.

381 *Jonas*, S. 8 f.

382 *Jonas*, S. 55.

383 *Jonas*, S. 36.

tert[384]. Zudem wird mit Recht vielfach betont, dass die Verantwortung des Menschen aus seinen Handlungsmöglichkeiten bzw. aus der Reichweite seiner Macht folgt, der Mensch also einzustehen hat nicht für das, was ihn betrifft, sondern für das, was er bewirkt[385]. Insofern lässt sich nicht in Zweifel ziehen, dass sich menschliche Macht auf Tiere auswirkt, was besonders intensiv bei der Zufügung von Leiden und Schmerzen in der Versuchstierforschung zum Ausdruck kommt. Insgesamt erscheint aber die Verantwortungsethik – jedenfalls im Sinne *Hans Jonas*' – eher auf den Umwelt- oder Naturschutz ausgerichtet[386], welcher gegenüber der Tierschutzethik zwar zweifellos Berührungspunkte aufweist, aber dennoch grundsätzlich eigenständig ist. Deshalb erscheint es nahe liegender, das Bestehen sittlicher Pflichten gegenüber dem Tier mit der Gleichheit von Mensch und Tier bezüglich ihrer Leidens- und Schmerzfähigkeit zu begründen, so wie es am Anfang dieser Abhandlung[387] dargelegt wurde und heute – jedenfalls im Ergebnis – weitgehend oder sogar allgemein anerkannt ist. Dies kommt insbesondere im TierSchG zum Ausdruck, in dem das Gebot, einem Tier nicht ohne vernünftigen Grund Schmerzen, Leiden oder Schäden zuzufügen, oberste Maxime ist (§ 1).

c) (Verfassungs-) Rechtliche Verantwortung des Forschers?

Problematisch erscheint aber, ob diese den (rechtlichen) Schutzbereich der Forschungsfreiheit zu begrenzen vermag. Um rechtliche Verantwortung zu begründen, bedarf es der Bezugnahme auf ein Rechtssystem, hier das Grundgesetz. Insofern sind verschiedene (Ausgangs-) Überlegungen denkbar, den dialektischen Zusammenhang[388] zwischen Freiheit und Verantwortung herzustellen.

aa) Keine Grundpflicht „Verantwortung"

Zum einen könnten den Grundrechten bestimmte Grundpflichten gegenübergestellt werden. So wäre es denkbar, mit dem Grundrecht auf freie Forschung die Grundpflicht zu verantwortungsvoller Ausübung dieser Freiheit gleichsam zu kombinieren. Dem Grundgesetz ist die Normierung von Grundpflichten

---

384 *Sitter*, in: FG für Troller, S. 257, 270; vgl. auch *Saladin*, S. 109, wonach der kategorische Imperativ *Jonas*' auf die „Permanenz irdischen Lebens schlechthin" zu erstrecken sei.

385 *Gassner*, NuR 1987, 97, 99; *Gerhardt*, in: GS für Kaulbach, S. 103, 126; *Jonas*, S. 27; *Sitter*, in: FG für Troller, S. 257, 270.

386 Siehe *Dickert*, S. 401 ff., 409 f.; *Gerhardt*, in: GS für Kaulbach, S. 103, 129 ff.; *v. Kirchbach*, S. 144.

387 S. 16 ff.

388 *Saladin*, S. 14 f., siehe auch S. 82 ff.

auch durchaus nicht fremd, wenn es sich hiermit auch deutlich zurückhaltender zeigt als noch die Weimarer Reichsverfassung[389]. So bestimmt etwa Art. 6 II GG die Pflege und Erziehung der Kinder als die den Eltern in erster Linie obliegende *Pflicht*. Art. 14 II GG bestimmt, dass „Eigentum *verpflichtet*" und sein Gebrauch auch dem Gemeinwohl dienen soll, und Art. 5 III 2 GG *verpflichtet* der Sache nach den wissenschaftlich Lehrenden auf die Treue gegenüber der Verfassung usw.[390]. Es handelt sich bei diesen Bestimmungen jedoch um *Ausnahmen*, die aus sich heraus zu interpretieren sind. Sie lassen sich keinesfalls beispielhaft als Regel dafür anführen, dass das Grundgesetz jede Freiheitsgewährleistung mit der Pflicht zu einer bestimmten, für gut oder richtig befundenen Ausübung der jeweiligen Freiheit verknüpft. Dem Grundgesetz ist vielmehr prinzipiell das Fehlen von Grundpflichten als den Grundrechten gleichwertige Rechtsfiguren eigentümlich. Rechtlich verbindliche und zwangsweise durchsetzbare Pflichten können nur zu Lasten der Freiheit gehen, die das Grundgesetz aber gerade (in verschiedenen Facetten) zu schützen beabsichtigt[391]. Pflicht zur Freiheit bedeutete also – kurz gesagt – Unfreiheit. Deshalb steht etwa dem Recht, seine Meinung frei zu äußern (Art. 5 I GG), nicht die Pflicht gegenüber, nur integrierende, sinnvolle oder geistreiche Äußerungen zu machen. Dem Recht, seinen Beruf frei zu wählen (Art. 12 I GG), steht nicht die Pflicht zu gemeinnütziger Arbeit gegenüber. Das Grundgesetz baut vielmehr darauf, dass der Grundrechtsträger die sich durch die Gewährleistung von Grundrechten ergebenden Möglichkeiten selbst sinnvoll und gemeinwohlfördernd nutzt[392]. Freiheitsbeschränkungen müssen grundsätzlich durch Gesetz oder auf Grund eines Gesetzes angeordnet werden, das seinerseits vor den Grundrechten rechtfertigungsbedürftig ist. Nur durch in diesem Sinne verfassungsmäßige Freiheitsbeschränkungen können und dürfen dem Bürger Rechtspflichten gegenüber anderen oder der Gemeinschaft auferlegt werden. Zwischen verfassungsrechtlichen Grundrechten und Grundpflichten besteht mithin keine Symmetrie[393]. *Josef Isensee* hat dies treffend wie folgt

---

389 Diese besaß in Art. 163 sogar eine „Pflichtengeneralklausel", wonach jeder Deutsche die sittliche Pflicht hatte, seine geistigen und körperlichen Kräfte so zu betätigen, wie es das Wohl der Allgemeinheit erfordert; zu den Grundpflichten der Deutschen in der WRV *Isensee*, DÖV 1982, 609, 610.

390 Zu weiteren Grundpflichten im Grundgesetz *Bethge*, NJW 1982, 2145, 2146.

391 Deshalb im Grundsatz mit Recht kritisch *Kloepfer*, JZ 1986, 205, 210; *Lübbe*, NuR 1994, 469, 470, die (in Bezug auf Art. 1 I GG) darauf hinweisen, dass es systemwidrig sei, außerhalb des hier nicht berührten Bereichs echter Grundrechtskollisionen ein Grundrecht als Legitimation für Freiheitsbeschränkungen zu gebrauchen.

392 Siehe hierzu *Dickert*, S. 389 f.; *Isensee*, DÖV 1982, 609, 615 f.

393 Zutr. *Saladin*, S. 213.

ausgedrückt:

„Freiheit ist notwendig auch Freiheit zur Trägheit, zum Desinteresse, zur Bosheit und zur Dummheit. Auf dem Boden des Grundgesetzes gedeihen Weizen und Unkraut. Ein überfürsorglicher Staat, der schlechthin das Wachstum des Unkrauts verhindern wollte, müsste den Weizen mitvernichten[394]."

bb) Ablehnung von Einrichtungsgarantien als primäre Grundrechtsfunktion

Die Begrenzung freier Forschung im Hinblick auf das Prinzip „Verantwortung" soll auch nicht auf die Art erfolgen, dass die Grundrechte in erster Linie als Einrichtungs-Garantien gedeutet werden[395]. Wenn man von einem materialisierten oder funktionalisierten Freiheitsverständnis ausgeht, fällt es zwar leicht(er), Anforderungen an die soziale Funktion der Freiheit zu stellen (sowie sie verantwortungsbewusst wahrzunehmen). Ungeachtet der Gewährleistung bestimmter (privatrechtlicher) Institute oder (öffentlichrechtlicher) Institutionen im Grundrechtsteil der Verfassung[396], sind die Grundrechte aber *in erster Linie Abwehrrechte* des Einzelnen gegen den Staat und von dieser Sicht her zu interpretieren. Dies gilt auch für die Freiheit der wissenschaftlichen Forschung. Die im Grundgesetz gewährleistete Freiheit ist prinzipiell geprägt von der eigenverantwortlichen Realisierung der sich durch sie bietenden Möglichkeiten und eben nicht um öffentlicher Interessen willen[397]. Auch wenn die Grundrechte primär als Abwehrrechte verstanden werden, ist der Verfassungsinterpret aber nicht daran gehindert, gewisse „Anforderungen" an den Freiheitsgebrauch zu stellen.

cc) Schutzbereichsanalyse der Forschungsfreiheit

Im Folgenden soll vielmehr durch *Schutzbereichsanalyse* der Forschungsfreiheit gezeigt werden, dass eine Begrenzung des grundrechtlichen Schutzbereichs im

---

394 *Isensee*, DÖV 1982, 609, 615; ähnlich auch *Kriele*, in: Händel, S. 113, 122 („ohne die Möglichkeit des Missbrauchs gibt es keine Freiheit").

395 Überlegungen dieser Art reichen bis an die Anfänge der Weimarer Republik zurück und wurden insbesondere von *Carl Schmitt* ausgebaut, s. die Nachw. bei *Höfling*, S. 56; aus neuerer Zeit grundlegend *Häberle*, Wesensgehaltgarantie, S. 70 ff. und *ders.*, Öffentliches Interesse, z. B. S. 49, 356; s. auch *Rupp*, AöR 101 (1976), 161, 172 ff.

396 So werden z. B. das Eigentum und das Erbrecht in Art. 14 I 1, die Ehe in Art. 6 I GG als Institute garantiert; Art. 5 III GG wird überwiegend als Garantie der Institution „Universität" angesehen, s. etwa *Oppermann*, in: HdbStR VI, § 145, Rn. 6, 51 ff.

397 So aber *Häberle*, Öffentliches Interesse, S. 710; ähnlich *Kleindiek*, S. 242, wonach freie Wissenschaft eine *öffentliche Aufgabe* sei, Hervorheb. dort.

Hinblick auf das Prinzip „Verantwortung“ jedenfalls denkbar ist[398]. Hierbei ist davon auszugehen, dass Recht und Ethik zwar zwei grundsätzlich unterschiedliche Normenmassen sind und bleiben, dass aber Rechtsprinzipien der Inkorporation ethischer Normen offen stehen (müssen)[399], wobei der Verfassungsinterpret nicht an den ethischen Horizont des Verfassunggebers von 1949 gebunden ist. Die historische Auslegung, die die Gesetzesmaterialien und die Entstehungsgeschichte unter die Lupe nimmt, ist nur *eine* mögliche Auslegungsart. Wenn der Sinn und Zweck einer Norm es erfordert, muss sie im Rahmen ihrer Entwicklung interpretiert und fortgeschrieben werden (teleologische Auslegung)[400]. Vor diesem Hintergrund ist gerade eine (unbestimmte, wertungsbedürftige) Grundrechtsnorm offen für ethische Strömungen und damit für die Moral[401]. Insbesondere auch der Charakter der Forschung hat sich in den letzten Jahrzehnten unverkennbar gewandelt.

(1) Historische Verbürgung als (nur) heilsbringende Kraft

Die Freiheit der Wissenschaft war als Grundrecht bereits in der Weimarer Reichsverfassung von 1919 (Art. 142), in der Paulskirchenverfassung von 1848/49 (§ 152) sowie in diversen einzelstaatlichen Verfassungen (etwa Art. 17 der oktroyierten Verfassung Preußens vom 5.12.1848) gewährleistet, ist also keinesfalls ein modernes, sondern durchaus ein historisch gewachsenes Recht[402]. Die Verbürgungen in den jeweiligen Verfassungsurkunden erfolgten nicht (allein) zu dem Zweck, den Wissensdurst jedes einzelnen (möglicherweise selbsternannten) Forschers zu befriedigen, sondern waren entscheidend mit der Vorstellung von Forschung als heilsbringender gesellschaftlicher Produktivkraft verbunden. Der deutsche Idealismus sah den „Fortgang des Menschengeschlechtes von den Erfolgen der Wissenschaft abhängig“[403] und

---

398 Vgl. *v. Kirchbach* (S. 142), der ebenfalls betont, dass „nur die Begrenzung einzelner, spezifizierter Grundrechtsbetätigungen durch einzelne (...) sittliche Normen“ einen geeigneten Maßstab gebe; *Saladin* (S. 14) hingegen sieht Verantwortung als umfassendes „tragendes Strukturprinzip des Rechtsstaates“.

399 *Wiegand*, JöR 43 (1995), 31, 43 ff.

400 BVerfGE 1, 299, 312; 13, 261, 268; 62, 1, 45; siehe auch *Bauer*, S. 24; *Schmitt Glaeser*, WissR 7 (1974), 107, 108; vgl. auch *v. Kirchbach*, S. 145, der von der „offenen Identität“ des Grundgesetzes spricht.

401 *Alexy*, S. 494; *Dickert*, S. 401 f.; *v. Heydebrand u. d. Lasa/Gruber*, ZRP 1986, 115, 118 (Grundgesetz sei „kein statisches Gebilde“); ausführlich *Isensee*, NJW 1977, 545 ff.; *Kriele*, in: Händel, S. 113, 118 ff.; vgl. auch *Turner*, ZRP 1986, 172, 175: „Interpretation auf der Basis des aktuellen Standes (...) des Wertbewusstseins“.

402 Die Reichsverfassung von 1871 enthielt keine Grundrechte.

403 *Waechter*, Der Staat 30 (1991), 19, 36.

trat dementsprechend für die Grenzenlosigkeit ihrer Freiheit ein[404]. „Das ganze höhere Dasein des Staates“ beruhe darauf, dass „der Geist des freien Forschens ungehindert walten kann“[405]. Da die Wahrheitssuche den Menschen näher an das Wesen der Dinge und an das Wesen seiner selbst bringen sollte[406], sah man die Forschungsfreiheit zudem auf religiöser Grundlage erwachsen, das heißt mit der Hoffnung auf Erlösung verbunden bzw. – je nach individueller Orientierung – als Ersatz für die Religion[407].

Bei dieser Vorstellung, diesem Verständnis vom Lebens- und Rechtsbereich „Forschung“ hatte es im Wesentlichen – auch noch bei der Schaffung des Grundgesetzes 1948/49[408] – sein Bewenden. Nichts – so schien es – konnte das Bild des in Einsamkeit und Freiheit lebenden „harmlosen“ Gelehrten, der sich selbst genügt und – vom Wissensdurst getrieben – seinen Gedanken und Theorien nachgeht, erschüttern[409]. Es ist mit dem heutigen kaum noch vergleichbar.

(2) Von der Gefährdung *der* Forschung zu der Gefährdung *durch* Forschung

Im Mittelpunkt der Diskussion über die Forschung stehen heute mehr denn je von ihr ausgehende Risiken und Gefahren. Es geht weniger um die Gewährleistung möglichst umfassender Freiheit oder sogar deren Intensivierung als vielmehr um *Grenzen.* Beispielhaft sei auf die kontrovers diskutierten Möglichkeiten der biologischen Forschung (an embryonalen Stammzellen, genetische Forschung, Klonen) hingewiesen[410]. Dieser grundlegenden Veränderung des Lebensbereichs „Forschung“ entsprechend wird in den letzten Jahren immer mehr auch der (Verfassungs-) Rechtsbereich „Forschung“ in Bezug

404 *Schmidt*, S. 75.
405 *H. Steffens* (aus: „Über die Idee der Universität“, 1809), zit. nach *Schmidt*, S. 49.
406 *Flämig*, S. 77 ff.
407 *Kühne*, S. 501, 511; *Smend*, VVDStRL 4 (1928), 44, 62.
408 Vgl. die Ausführungen oben S. 35 f.
409 Vgl. *Schmitt Glaeser*, WissR 7 (1974), 107, 110; *Waechter*, Der Staat 30 (1991), 19, 35 ff. mit Verweis auf *J. G. Fichte* und *W. v. Humboldt*, die dieses Bild (mit-) geprägt haben. Das Bild des einsamen freien Gelehrten lässt sich bis an die Anfänge der griechischen Philosophie zurückverfolgen. So lebte etwa der Legende nach Diogenes von Sinope in einer Tonne. Alexander den Großen, der ihm einen Wunsch erfüllen wollte, bat er nur um eins: „Geh’ mir ein wenig aus der Sonne.“
410 Hierzu auch *Losch*, S. 28 ff., insbes. S. 35 ff.; *Sitter*, in: FG für Troller, S. 257, 267 f.; *Waechter* spricht von der „Einsicht, dass Wissenschaft heute möglicherweise in direkterer Art als jemals gedacht über den Fortgang des Menschengeschlechtes entscheiden kann.“, Der Staat 30 (1991), 19, 45 f.; zu weiteren Bereichen etwa *Kleindiek*, S. 85 ff. (Synthetische Chemie), 92 ff. (Kernenergieforschung).

auf seine Grenzen bzw. Schranken hinterfragt. So stellt etwa *Dieter Lorenz*[411] fest, dass moderne Entwicklungen in der naturwissenschaftlichen Forschung ein Unbehagen hervorgerufen hätten, „das frühere Wissenschaftsgläubigkeit und Fortschrittseuphorie zunehmend zurückdrängt". *Rainer Wahl* betont[412], dass sich „immer mehr und immer stärker ein warnender und kritischer Ton" mische „unter die Stimmen des Stolzes über neueste Erkenntnisse". *Christian Flämig* äußert[413] die „Befürchtung, dass die Segnungen der mittels der Naturwissenschaften bewirkten Fortschritte sich manchmal als Plage erweisen können". Insgesamt entsteht – jedenfalls tendenziell – der Eindruck[414], als sei die Forschungsfreiheit heute eher legitimationsbedürftig als schutzwürdig.

Im Übrigen wird betont[415], dass die Einhaltung gewisser ethischer Grenzen im Interesse der Forschung selbst liege. Ohne Rückgriff auf ein Ethos der Verantwortlichkeit laufe sie Gefahr, den notwendigen sozialen Rückhalt zu verlieren, den sie für ihre Unabhängigkeit benötige.

(3) Verfassungsrechtliche Parallelen

Im Folgenden sollen Parallelen zu anderen Grundgesetzbestimmungen aufgezeigt werden, die belegen, dass der Ausschluss unverantwortlichen Handelns aus dem Schutzbereich der Forschungsfreiheit der geltenden Verfassungsdogmatik nicht völlig fremd ist.

(3.1) Begrenzung auch anderer Grundrechte im Hinblick auf gefährliches/(gemein-) schädliches Verhalten

Auch andere Grundrechte werden im Hinblick auf gefährliche oder (gemein-) schädliche Verhaltensweisen bereits tatbestandlich begrenzt[416]. So wird zunächst der Schutz der Versammlungsfreiheit in Art. 8 I GG ausdrücklich auf *friedliche* und *waffenlose* Versammlungen begrenzt. Unfriedliche Teilnehmer können sich auf Art. 8 I GG nicht berufen. Unter die von Art. 5 I 1 GG geschützte Meinungsfreiheit lassen sich (nach allerdings jeweils umstrittener Ansicht) weder bewusst unwahre Tatsachenbehauptungen (Lügen) subsumie-

---

411 *Lorenz*, in: FS für Lerche, S. 267.

412 *Wahl*, Freib. Univ.-Bl. 1987, 19.

413 *Flämig*, S. 13, siehe des Weiteren auch S. 13 ff., 49 ff., 59 ff., 75 ff.

414 Vgl. neben den genannten Autoren auch den Gesetzentwurf der SPD-Fraktion, BT-Dr. 13/8597, S. 2, in dem ebenfalls betont wird, dass Wissenschaft und Forschung dringend ein ethisches Minimum benötigen; des Weiteren *Losch*, S. 15 ff. m. w. N.; *Saladin*, etwa S. 99 ff.; *Waechter*, Der Staat 30 (1991), 19, 20 f., 39 ff.

415 *Caspar*, in: ders./Koch, S. 47, 78; *Flämig*, S. 79.

416 Vgl. zum Folgenden auch *Dickert*, S. 404 ff.

ren[417] noch Schimpfwörter oder die sog. Schmähkritik, also eine solche herabsetzende Äußerung, bei der nicht mehr die Auseinandersetzung in der Sache, sondern die Diffamierung der Person im Vordergrund steht[418]. Derartige Äußerungen sind für die öffentliche Meinungsbildung irrelevant. Von der Berufsfreiheit des Art. 12 I GG sind nach zum Teil vertretener Auffassung[419] nur solche Tätigkeiten erfasst, die der Schaffung oder Unterhaltung einer Lebensgrundlage dienen, auf Dauer angelegt und *nicht gemeinschädlich* sind[420]. Hiernach übt der Taschendieb, Drogendealer oder Zuhälter keinen Beruf im Sinne des Art. 12 I GG aus.

Vor diesem Hintergrund ist die Begrenzung der Forschungsfreiheit unter dem Aspekt der Verantwortlichkeit sowohl im Hinblick auf ihre Blickrichtung als auch ihre Unbestimmtheit (Wertungsbedürftigkeit) jedenfalls mit Ansätzen vergleichbar, die in Bezug auf andere Grundrechte diskutiert werden.

(3.2) Die Staatszielbestimmungen des Art. 20a GG

Des Weiteren sei in diesem Zusammenhang auf die beiden Staatszielbestimmungen des Art. 20a GG hingewiesen. Bereits im Hinblick auf die (staatliche) Verpflichtung zum Schutz der natürlichen Lebensgrundlagen wurde die Frage aufgeworfen, ob der Schutz ausschließlich anthropozentrisch zu verstehen sei oder ob die natürlichen Lebensgrundlagen auch um ihrer selbst willen zu schützen seien[421] und damit eine Abkehr von einer ausschließlich auf menschliche Interessen bezogenen Ethik in der Verfassung diskutiert. Spätestens aber mit der Verankerung des Tierschutzes in Art. 20a GG wurde deutlich, dass das Grundgesetz auch solche Werte als herausragend anerkennt und zu schützen vorzuschreiben vermag, die für den Menschen, insbesondere seine Persönlichkeitsentfaltung und das Leben innerhalb der menschlichen Gemeinschaft, keine oder kaum Relevanz besitzen.

---

417 BVerfGE 54, 208, 219; 61, 1, 8; *Hesse*, Rn. 391; hierzu auch *Stark*, S. 51 ff. (h. M.).

418 Ausführlich hierzu *Stark*, S. 67 ff.

419 BVerwGE 22, 286, 289; *Gubelt*, in: v. Münch/Kunig, Art. 12, Rn. 9; *Manssen*, in: v. Mangoldt/Klein/Starck, Art. 12, Rn. 39.

420 Das BVerfG hat demgegenüber zum Teil auf die Erlaubtheit der Tätigkeit abgestellt, BVerfGE 7, 377, 397; 78, 179, 193. Hierauf kann es jedoch nicht ankommen, weil sonst der Gesetzgeber verbindlich über den Grundrechtsschutz entscheiden würde, *Manssen*, a. a. O., m. w. N.

421 Vgl. nur *Murswiek*, in: Sachs, Art. 20a, Rn. 22 ff.; hierzu noch unten, S. 167 f.

(3.3) Die Präambel des Grundgesetzes

Im Hinblick auf den Versuch, den Schutzbereich der Forschungsfreiheit einer „ethischen Limitierung zu unterwerfen“[422], kann auch die Präambel des Grundgesetzes nicht unerwähnt bleiben. Sie verweist auf die „Verantwortung vor Gott (und den Menschen)“ und ist vor allem als Reaktion auf den vorangegangenen Nazi-Totalitarismus zu verstehen[423]. Darüber hinaus beinhaltet sie allgemein eine Absage an Größenwahn, eine Mahnung zu Bescheidenheit und Demut. Der Staat soll begrenzt sein und nicht über alles verfügen dürfen[424]. Durch die Bezugnahme auf Gott soll das Recht in „überpositive Zusammenhänge“ gerückt werden[425]. Die nominatio dei ist Ausdruck eines Bildes vom Menschen, das diesen in höheren Verantwortungszusammenhängen sieht, und bekräftigt den Staat als begrenzte ethisch fundierte Ordnung[426]. Da die Präambel vom Bewusstsein der Verantwortung vor Gott *und* den Menschen spricht, liegt die Annahme nahe, dass eine ausschließlich auf den Menschen und seine Interessen bezogene (anthropozentrische) Ethik zu kurz greift. „Verantwortung vor Gott“ lässt sich daher als „Verantwortung für Gottes Schöpfung“ begreifen, also für alles, was Gott geschaffen hat[427]. Wenn hiernach aber der Parlamentarische Rat durch die nominatio dei auf die christliche Moraltheologie in Deutschland Bezug nimmt, so ist nicht zu verkennen, dass sich diese durchgehend auch auf die Tierschutzethik erstreckte[428]. Vor diesem Hintergrund lässt sich „Verantwortung vor Gott“ auch als Pflicht zu verantwortlichem Umgang mit dem einzelnen Tier interpretieren[429]. Diese Pflicht hätte dann auch keinesfalls nur moralischen oder politischen Appellcharakter. Heute ist anerkannt, dass die Präambel als Bestandteil der Verfassung selbst rechtlichen Gehalt hat[430]. Sie dient als Leitlinie der

422 *Wendt*, in: v. Münch/Kunig, Art. 5, Rn. 101a.

423 *Häberle*, in: FS für Zeidler, S. 3, 11; *Starck*, in: v. Mangoldt/Klein/Starck, Präambel, Rn. 36.

424 *Dreier*, in: ders., Präambel, Rn. 15; *Starck*, a. a. O.

425 *Cirsovius*, S. 86; *Häberle*, a. a. O., S. 12.

426 *Häberle*, a. a. O., S. 15.

427 *Starck*, in: v. Mangoldt/Klein/Starck, Art. 5, Rn. 383; *Wiegand*, JöR 43 (1995), 31, 53 f.

428 Siehe ausführlich *Cirsovius*, S. 87 ff. In diesem Zusammenhang ist erwähnenswert, dass die Präambel der sächsischen Verfassung ausdrücklich von der „Bewahrung der Schöpfung“ spricht.

429 *Starck*, in: v. Mangoldt/Klein/Starck, Art. 5, Rn. 383; *Wiegand*, JöR 43 (1995), 31, 53.

430 BVerfGE 5, 85, 127; 36, 1, 17; 77, 137, 149 in Bezug auf das frühere Wiedervereinigungsgebot; *Dreier*, in: ders., Präambel, Rn. 9; *Kunig*, in: v. Münch/Kunig, Präambel, Rn. 7 f.; *Maunz*, in: M/D, Präambel, Rn. 7; *Starck*, in: v. Mangoldt/Klein/Starck, Präambel, Rn. 30; ausführlich im Hinblick auf das Prinzip Verantwortung *Wiegand*, JöR 43 (1995), 31, 33 ff., 47 ff. Dass die Präambel nicht nur ein pathetischer Vorspruch ist, wurde bereits im Parlamentarischen Rat betont, s. *Matz*, in: v. Doemming/Füsslein/Matz, JöR 1 (1951), 28 f., 41.

Auslegung von Vorschriften des Grundgesetzes, auch und gerade von Grundrechten.

dd) Kritik

Dem Versuch, unter dem Gesichtspunkt der Verantwortlichkeit bereits den Schutzbereich der Forschungsfreiheit zu begrenzen, liegen zutreffende Überlegungen zugrunde, von denen die wichtigsten dargestellt wurden[431]. Sie haben dazu geführt, dass die Freiheit der Forschung in modernen Landesverfassungen ausdrücklich im Hinblick auf die Menschenwürde bzw. die natürlichen Lebensgrundlagen begrenzt worden ist[432]. Dennoch sind Bedenken angebracht.

Sie wurzeln im Wesentlichen darin, dass *nicht hinreichend* (abstrakt) *bestimmbar* ist, wann die Benutzung eines bestimmten Forschungsgegenstandes, die Wahl einer bestimmten Forschungsmethode oder die Verfolgung eines bestimmten Forschungszieles verantwortungslos ist. Im Hinblick auf Tierversuche sind Forschungsgegenstand und -methode angesprochen. Insofern lässt sich ohne weiteres die Behauptung aufstellen, die in § 7 IV und V TierSchG genannten und (grundsätzlich) verbotenen Versuche zur Entwicklung oder Erprobung von Waffen, Munition und dazugehörigem Gerät sowie zur Entwicklung von Tabakerzeugnissen, Waschmitteln[433] und Kosmetika[434], die unter § 7 II Nr. 2 TierSchG fallenden sog. Fischtests, die dazu dienen, die Höhe der Abgaben als Ausgleich für giftige Abwässer festzulegen („Tiere als Bio-Indikatoren“) und zum Tod einer Vielzahl von Fischen führen[435], oder schließlich jene Versuche, die von der amerikanischen Autoindustrie in den 70er Jahren an Menschenaffen durchgeführt worden sind, wobei diese unter

---

431 Es lässt sich des Weiteren noch auf das Sittengesetz in Art. 2 I GG sowie die öffentliche Ordnung (Art. 13 III, 35 II GG) verweisen, zwei weitere ethisch geprägte (Verfassungs-) Begriffe.

432 Art. 31 II der Verf. von Brandenburg; Art. 7 II der Verf. von Meckl.-Vorpommern; Art. 10 III 2 der Verf. von Sachsen-Anhalt.

433 Hierunter fallen auch Reinigungsmittel, siehe die Gleichstellung im Gesetz über die Umweltverträglichkeit von Wasch- und Reinigungsmitteln, BGBl 1987 I, S. 876; siehe auch *Lorz/Metzger*, § 7, Rn. 68.

434 Seit dem 1.6.1998 sind auch *pflegende* Kosmetika wie Seife oder Zahnpasta von dem grundsätzlichen Verbot erfasst; davor beschränkte sich das Verbot auf *dekorative* (schmückende) Kosmetika wie etwa Lippenstift, Nagellack, siehe BT-Dr. 13/7015, S. 19 und § 4 LMBG, wo pflegende und dekorative Kosmetika ebenfalls gleichgestellt sind.

435 Kritisch hierzu *Caspar*, in: ders./Koch, S. 47, 67 f. Als genormtes alternatives Verfahren steht jedoch seit dem 1.9.2001 der Fischei-Test zur Verfügung, so dass die bisherigen Fischtests nur noch in Ausnahmefällen durchgeführt werden müssen, TS-Bericht 2003, BT-Dr. 15/723, S. 70.

anderem in Crash-Tests zerdrückt bzw. Abgasen in tödlichen Mengen ausgesetzt wurden[436], seien verantwortungslos und würden von der Forschungsfreiheit nicht geschützt. Genauso ließe sich mit Hinweis auf fehlende alternative Verfahren und/oder den Schutz von Körper, Gesundheit und Leben des Menschen aber auch das Gegenteil behaupten[437]. Ein Konsens wird sich nicht finden lassen. So kann z. B. eine Änderung der Versuchsanordnung, die mit einer (leichten) Schmerzreduzierung beim Versuchstier einhergeht, zu einem anderen Urteil führen. Diese Relativität ethischer Normen, ihre Abhängigkeit von Zeit, Ort und Interessen droht die Freiheit des Forschers massiv zu beeinträchtigen. Missliebige Forschungen könnten unter Berufung auf den konturenlosen Begriff „Verantwortung" unterbunden oder beeinflusst werden. Politische oder moralische Wunschvorstellungen gäben der Forschung ihre Richtung vor. Dies ist aber mit der Schutzzweck der Forschungsfreiheit nicht vereinbar; denn diese ist vor allem „Freiheit vor und zu inhaltlicher Determinierung"[438]. In diesem Sinne hat auch das Bundesverfassungsgericht klar zum Ausdruck gebracht, „dass gerade eine von gesellschaftlichen Nützlichkeits- und politischen Zweckmäßigkeitsvorstellungen befreite Wissenschaft dem Staat und der Gesellschaft im Ergebnis am besten dient"[439].

Diese Bedenken lassen sich nicht mit Hinweis darauf ausräumen, dass in Bezug auf andere Grundrechte ebenfalls gewisse Ansätze diskutiert werden, gefährliche oder schädliche Verhaltensweisen aus dem jeweiligen Schutzbereich auszugliedern[440]. So bereitet die Bestimmung dessen, ob eine Versammlung unfriedlich ist, erheblich weniger Schwierigkeiten, weil sich auf gegenüber anderen abgrenzbare Verhaltensweisen abstellen lässt (Gewalt gegen Personen oder Sachen). Auch die Frage, ob eine Tatsachenäußerung bewusst unwahr erfolgt ist und somit (nach h. M.) nicht dem Schutzbereich des Art. 5 I 1 GG zuzuordnen ist, lässt sich verhältnismäßig leicht nachweisen. Demgegenüber lassen sich in Bezug auf die Forschungsfreiheit kaum Kriterien aufstellen, die der Ausgrenzung bestimmter Forschungsgegenstände, -methoden oder -ziele aus dem Schutzbereich des Art. 5 III GG ihre Beliebigkeit neh-

---

436 *H. Stern*, S. 10 f.

437 Siehe etwa *Kloepfer*, JZ 1986, 205, 206, Fn. 10, wonach der Staat seine Schutzpflicht für die menschliche Gesundheit aus Art. 2 II 1 GG verletze, wenn er kosmetische Präparate ohne Tierversuche auf den Markt bringe.

438 *Schmitt Glaeser*, WissR 7 (1974), 107, 115; ablehnend in diesem Sinne auch *Kleindiek*, S. 198 f.; *Losch/Radau*, NVwZ 2003, 390, 393; *Oppermann*, in: HdbStR VI, § 145, Rn. 29; *Scholz*, in: M/D, Art. 5 III, Rn. 99; *Wahl*, Freib. Univ.-Bl. 1987, 19, 23.

439 BVerfGE 47, 327, 370.

440 Siehe oben S. 91 f.

men. Zwar besteht eine ähnliche Gefahr der Willkür auch im Rahmen des Art. 12 I GG, wenn man als geschützten Beruf nur eine solche Tätigkeit ansieht, die (u. a.) nicht gemeinschädlich ist[441]. Auch in diesem Zusammenhang ist aber bereits mit Recht darauf hingewiesen worden[442], dass auf das Kriterium der Gemeinschädlichkeit aufgrund seiner Unbestimmtheit verzichtet werden sollte.

Wenn das Grundgesetz individuelle Freiheiten verbürgt, resultieren daraus zwangsläufig auch Risiken[443]. Zwar ist zuzugeben, dass Risiken, die in einigen naturwissenschaftlichen Bereichen zu Tage treten, in der Tat ein bedrohliches Ausmaß angenommen haben[444]. Dies darf jedoch nicht zur Folge haben, dass dem Freiheitsrecht gleichsam der Boden entzogen wird, auf dem es sich entfalten soll.

Nach alledem kann dem Ansatz, die Forschungsfreiheit einem Verantwortungsvorbehalt zu unterstellen, im Ergebnis nicht gefolgt werden[445]. Das bedeutet aber nicht, dass den beunruhigenden Risiken, die (vor allem der biologischen) Forschung heute immanent sind, nicht wirksam begegnet werden könnte. So kann insbesondere die Präambel und die dort verankerte „Verantwortung vor Gott und den Menschen“ im Rahmen der Abwägung der Forschungsfreiheit mit kollidierenden Grundrechten oder anderen Verfassungswerten herangezogen werden[446]. Nach dieser Maßgabe ließe sich der Gesichtspunkt der Verantwortung auch für den Tierschutz dienstbar machen, wenn man davon ausgeht, dass sich „Verantwortung vor Gott“ auch als „Verantwortung für Gottes Schöpfung“ verstehen lässt, was sich jedenfalls nach der Aufnahme des Tierschutzes ins Grundgesetz gut begründen lässt[447].

---

441 So BVerwGE 22, 286, 289; *Gubelt*, in: v. Münch/Kunig, Art. 12, Rn. 9; *Manssen*, in: v. Mangoldt/Klein/Starck, Art. 12, Rn. 39.

442 *Höfling*, S. 150 ff.; *Jarass*, in: ders/Pieroth, Art. 12, Rn. 7; *Tettinger*, in: Sachs, Art. 12, Rn. 37.

443 *Losch/Radau*, NVwZ 2003, 390, 391, 396; *Wagner*, NVwZ 1998, 1235, 1238.

444 Insofern sind die oben (S. 91) wiedergegebenen Stimmen durchaus Ernst zu nehmen.

445 Dezidiert a. A. *Dickert*, S. 400 ff., 407, der davon ausgeht, dass der Schutzbereich der Forschungsfreiheit durch das Verantwortungsmoment ethisch limitiert sei, ausdrücklich auch im Hinblick auf Tierversuche, S. 409 f.

446 Vgl. auch *Wendt*, in: v. Münch/Kunig, Art. 5, Rn. 101a. *Losch/Radau* schlagen hingegen vor, der wissenschaftlichen Selbstregulierung Raum zu geben und Forschungsverantwortung durch die Einrichtung von (weiteren) Ethikkommissionen o. Ä. zu realisieren, NVwZ 2003, 390, 393 ff. Auch insofern stellt sich jedoch die Frage nach einem Grundrechtseingriff, siehe zu dieser Thematik *Gramm*, WissR 32 (1999), 209, 216 ff.

447 Siehe – allerdings schon vor Normierung der Staatszielbestimmung „Tierschutz“ – *Starck*, in: v. Mangoldt/Klein/Starck, Art. 5, Rn. 383; *Wiegand*, JöR 43 (1995), 31, 37 f.

9. Begrenzung auf die Fragestellung

Sehr restriktiv in der Interpretation der Forschungsfreiheit, das heißt weitgehend in ihrer Begrenzung, ist der Ansatz, die von Art. 5 III GG erfasste Freiheit auf die Fragestellung zu reduzieren, das heißt allein die geistige Tätigkeit, nicht aber auch die Durchführung praktischer Versuche als geschützt anzusehen.

a) Gefährlichkeit praktischer Versuche

Dieser Ansatz hat durchaus eine gewisse Tradition. Er wurde schon in Bezug auf Art. 142 WRV, der die Freiheit der Wissenschaft und ihrer Lehre garantierte, vertreten. Dieser schütze die „geistigen Tätigkeiten des Forschens und Lehrens“ sowie die „geistigen Inhalte dieser Tätigkeiten“[448]. Auch im Herrenchiemseer Entwurf zum Grundgesetz findet er sich wieder; dieser enthielt „zum Schutz des menschlichen Zusammenlebens“ für die „Benutzung wissenschaftlicher Erfindungen und technischer Einrichtungen“ einen Gesetzesvorbehalt, was demonstriert, dass schon damals die Überlegung einer geringeren Schutzwürdigkeit dieses Bereichs gegenüber der reinen Fragestellung bestand[449]. Wenn sich der Entwurf insofern auch nicht durchsetzen konnte, so wurde aber jedenfalls auch später im Hinblick auf Art. 5 III GG die Gefahr betont, die aus der Ausübung von Wissenschaft resultiere, und derzufolge das „Hantieren mit Materialien“ aus dem Schutzbereich der Forschungsfreiheit auszugliedern sei[450]. Aus neuerer Zeit seien in diesem Zusammenhang die Ansichten von *Kay Waechter*[451] und *Rainer Wahl*[452] hervorgehoben, die sich eingehend mit der Problematik der Begrenzung der Forschungsfreiheit auf die rein geistige Tätigkeit auseinandergesetzt haben.

So besteht die Ausgangsüberlegung von *Waechter* darin, dass die beiden fundamentalen Voraussetzungen für die Privilegierung des Art. 5 III GG in der heutigen Zeit nicht mehr bestünden[453]: zum einen der Fortschritt der Menschheit und die Steigerung der Lebensqualität durch die Gewinnung neuer Erkenntnisse, insbesondere auch Wissenschaft als in religiöser Hinsicht heilsbringende Kraft, zum anderen die Unkenntnis der großen Gefahren des wis-

---

448 *Smend*, VVDStRL 4 (1928), 44, 66.

449 *Matz*, in: v. Doemming/Füsslein/Matz, JöR 1 (1951), 89; vgl. auch *Waechter*, Der Staat 30 (1991), 19, 45.

450 *Köttgen*, in: Die Grundrechte II, S. 291, 296 f.

451 *Waechter*, Der Staat 30 (1991), 19, insbes. 34 ff.

452 *Wahl*, Freiburger Univ.-Bl. 1987, 19, insbes. 29 ff.

453 *Waechter*, a. a. O., S. 39 ff.

senschaftlichen Fortschritts für die Menschheit[454]. Gerade bei den Naturwissenschaften trete heute die Möglichkeit störender Auswirkungen auf die Gesellschaft offen zu Tage. Diese stark veränderte gesellschaftliche Einstellung müsse zu einer Einschränkung des Schutzbereichs der Forschungsfreiheit führen, indem „das Arbeiten mit gefährlichen technischen Mitteln“[455] bzw. „der forschende Umgang mit technischen Arbeitsmitteln“[456] ausgegliedert werde. Dieser Ansatz sei auch gerade deshalb bedeutsam, weil er auf eine längere Tradition zurückblicken könne[457]. Zwar leugnet *Waechter* nicht die Problematik seiner Position; er erkennt, dass die Falsifizierung gewisser Hypothesen oft nur durch praktische Belege möglich sei, Methode und Ergebnis sich mithin nicht trennen ließen[458].Trotzdem sieht er aber die Begrenzung des Schutzbereichs durch den Gedanken der Gefahrenabwehr gerechtfertigt. Zudem weist er darauf hin, dass lediglich die naturwissenschaftliche Forschung durch seine Position betroffen, die Geisteswissenschaft jedoch in vollem Umfang privilegiert sei, weil von ihr keine unmittelbaren Gefährdungen ausgingen[459], und auch in der Lehre technische Vorgänge keine sozial relevanten Störungen verursachen könnten[460]. Aber auch in Bezug auf die Naturwissenschaft gelte, dass diese als „hinsichtlich des Nutzens ihrer Ergebnisse unsichere und in ihrer Durchführung gefährliche Berufstätigkeit“ zwar nicht durch Art. 5 III GG zu privilegieren sei, dass aber immerhin einer Berufung auf Art. 12 I GG nichts im Wege stehe[461].

Schließlich versucht *Waechter* seine Auffassung dadurch zu untermauern, dass er auf die Funktion der Wissenschaftsfreiheit als *institutionelle Garantie* verweist. Wenn die Verfassung eine bestimmte Institution unter ihren Schutz stelle, dann müsse diese auch einen gewissen gesellschaftlichen Nutzen aufweisen. Die durch Wissenschaft verfolgte Wahrheitssuche sei aber „nicht mehr zwangsläufig ein gesellschaftlich unmittelbar wertvolles Gut“[462].

---

454 Hierfür bringt *Waechter*, a. a. O., S. 38 f., folgendes Zitat von *J. G. Fichte*: „Der wahre Fürst profitiert ebenso von ihr (scil. der Wissenschaft) wie die wahre Republik; beide haben von ihr nichts zu fürchten; aber vieles zu gewinnen.“

455 *Waechter*, a. a. O., S. 44.

456 *Waechter*, a. a. O., S. 49.

457 *Waechter*, a. a. O., S. 44 f., s. schon oben im Text.

458 *Waechter*, a. a. O., S. 25, 45.

459 *Waechter*, a. a. O., S. 46.

460 *Waechter*, a. a. O., S. 49.

461 *Waechter*, a. a. O., S. 45 f.

462 *Waechter*, a. a. O., S. 46 f.

Ähnlich sind die Gedanken von *Wahl*[463]. Ausgehend von der Überlegung, dass die Bestimmung grundrechtlicher Schutzbereiche generell zu undifferenziert erfolgt und Probleme nicht pauschal durch Abwägung gelöst werden sollten, plädiert er dafür, zwischen Schutzbereichs- und Schrankenprüfung einen mittleren Prüfungsschritt vorzunehmen, nämlich den des Gewährleistungsumfangs. Bei der Forschungsfreiheit liege der Kern der Gewährleistung in der Garantie der *Freiheit der Fragestellung*[464]. Diese sei weder in der jüngeren und älteren Vergangenheit selbstverständlich gewesen, noch sei sie es heute. Der Freiheit der Fragestellung, die die Wahl der Methode miteinschließe, sei die Durchführung von Versuchen gegenüberzustellen, „die immer unter Inanspruchnahme von Gegenständen und Rechtsgütern vor sich geht“. Für letztere gebe Art. 5 III GG dem Wissenschaftler kein Privileg; er müsse sich insofern an die Anforderungen der allgemeinen Rechtsordnung halten.

Im Hinblick auf Tierversuche stellt *Wahl* im Anschluss hieran klar[465], dass sie dann nicht verboten werden könnten, wenn sie zwingend auf die Fragestellung zurückwirkten. Dies soll jedoch nur dann der Fall sein, wenn sich die Fragestellung *unmittelbar* auf das Objekt bezieht, an dem auch der Versuch durchgeführt werden soll. Tierversuche mit einem anderen Erkenntnisinteresse seien hingegen vom Privileg der Wissenschaftsfreiheit nicht gedeckt (Bsp.: Wenn die Frage nach dem Verdauungsvorgang bei Ratten gestellt ist, wäre von Art. 5 III GG auch das entsprechende Experiment mit dem Tier abgedeckt. Dient das Experiment mit der Ratte hingegen dazu, die Wirkung von Arzneimitteln auf den Verdauungsvorgang des Menschen zu testen, wäre es nicht von Art. 5 III, sondern nur von Art. 12 I GG erfasst).

Hiernach wäre die Durchführung von Tierversuchen von der Forschungsfreiheit nicht bzw. (nach *Wahl*) nur dann erfasst, wenn der Versuch unmittelbar mit der Fragestellung zusammenhängt.

b) Kritische Stellungnahme

Auch diese Auffassung vermag nicht zu überzeugen. Wie bereits dargelegt[466], trifft es zwar zu, dass potentielle, aus freier Forschung resultierende Gefahren für andere Rechtsgüter zunehmend ins Bewusstsein gerückt und somit frühere

---

463 *Wahl*, Freiburger Univ.-Bl. 1987, 19, insbes. S. 29 ff.
464 *Wahl*, a. a. O., S. 33, Hervorheb. dort.
465 *Wahl*, a. a. O., S. 34.
466 S. 90 f.

Wissenschaftsgläubigkeit zurückgedrängt worden ist. Auch ist es richtig, dass der Tierschutz zu diesen bedrohten Rechtsgütern gehört. Hieraus jedoch die Konsequenz zu ziehen, nur die Fragestellung bzw. die geistige Tätigkeit sei von Art. 5 III GG privilegiert, ist zu weit gegriffen. Genauso unangebracht wie Wissenschaftsgläubigkeit ist Wissenschaftsfeindlichkeit, wie sie zum Teil bei *Waechter* zum Ausdruck kommt[467]. Es bedeutet eine Verkennung sowohl des gesellschaftlichen als auch des verfassungsrechtlichen Lebensbereichs „Forschung", Naturwissenschaft im Allgemeinen bzw. die Durchführung von (Tier-) Versuchen im Speziellen pauschal als gefährlich und deshalb nicht privilegierungswürdig anzusehen. Der gesellschaftliche Nutzen auch und gerade durch die Naturwissenschaft lässt sich nicht leugnen. Er ist in verschiedensten Bereichen und Facetten so präsent, dass sich entsprechende Belege erübrigen. Statt dessen sei hier nur auf die Ausführungen am Anfang dieser Abhandlung über die Notwendigkeit von Tierversuchen in der medizinischen Forschung verwiesen[468]. Im Hinblick auf die Ausführungen von *Wahl* verdient zwar die Überlegung Zustimmung, den grundrechtlichen Normbereich differenzierter zu bestimmen, um verfassungsrechtliche Interessenkollisionen nicht pauschal durch Abwägung lösen zu müssen[469]. Seinem Vorschlag, hierzu die Freiheit der Fragestellung von der Versuchsdurchführung zu trennen, kann aber aus den genannten Gründen nicht gefolgt werden. Nicht überzeugend ist auch die Einschränkung, solche Versuche noch dem Normbereich des Art. 5 III GG zu unterstellen, die unmittelbar das Objekt der Fragestellung betreffen. Verfassungsrechtlich entscheidend ist die Erkenntnisrelevanz des jeweiligen Experiments, also die Frage, ob der Versuch zur Beantwortung der Hypothese geeignet erscheint. Ob er *unmittelbar* zu ihrer Verifizierung oder Falsifizierung führt oder ob er *nur Rückschlüsse* auf andere wissenschaftliche Bereiche ermöglicht, ist dagegen nicht relevant[470].

10. Der Grundsatz der Menschenwürde

Eine weitere Möglichkeit, den Normbereich der Wissenschaftsfreiheit zu begrenzen, besteht darin, verantwortungslosen Umgang mit Tieren als Verletzung der Würde des jeweiligen Forschers oder Lehrers (Art. 1 I GG) aufzufassen. Vor dem Hintergrund der dogmatisch gebotenen Differenzierung zwischen grundrechts- bzw. (hier) verfassungsimmanenten Grenzen und verfassungsimmanen-

---

467 *Waechter*, Der Staat 30 (1991), 19, 47 („Vernichtung der Gesellschaft").

468 S. 3 ff.

469 Vgl. hierzu die Ausführungen oben S. 64 ff.

470 So auch *Trute*, S. 147 f.; ablehnend auch *Dickert*, S. 256; gegenüber dem Vorschlag von *Wahl* auch *Mädrich*, S. 71 f., allerdings wenig differenzierend.

ten Schranken[471] sei an dieser Stelle betont, dass die Menschenwürde bereits eine dem grundrechtlichen Schutzbereich immanente Grenze darstellt. Die Würde des Menschen ist der höchste (Verfassungs-) Rechtswert überhaupt. Sie ist unantastbar. Damit ist die Möglichkeit einer Abwägung mit etwaigen kollidierenden Interessen von vornherein ausgeschlossen, so dass jedes Grundrecht bereits tatbestandlich seine Grenzen in Art. 1 I GG findet[472].

a) Verantwortungsloser Umgang mit Tieren als Verletzung der Menschenwürde

Vor der Neufassung des Art. 20a GG wurde zum Teil[473] die Ansicht vertreten, ein ethisch ausgerichteter Tierschutz folge aus der Garantie der Menschenwürde in Art. 1 I GG. Bei der Interpretation dieser Vorschrift dürfe nicht der ethische Horizont der Verfassunggeber von 1949 maßgebend sein. Vielmehr müssten auch kulturelle Werte, die heute von einer ganz überwiegenden Mehrheit als hochrangig angesehen werden, Berücksichtigung finden (Gebot objektiver Verfassungsauslegung)[474]. Zwar sei zuzugeben, dass sich der Inhalt einer Verfassungsnorm nur innerhalb des durch den Text gezogenen Rahmens wandeln könne, doch stelle der Verfassungstext des Art. 1 I GG keine Grenze für eine Fortentwicklung des Inhalts der Menschenwürde dar. Ohne Zweifel habe die Menschheit im Laufe der letzten Jahre nicht nur zunehmend die Gefährdung der Natur erkannt, sondern auch neue ethische Einsichten gewonnen, die eine Verantwortung für die Natur und die Tiere im Besonderen ins Bewusstsein bringen. Dies sei bei der Bestimmung dessen, was die Würde des Menschen ausmacht, zu berücksichtigen[475]. Würde komme dem Menschen gerade aufgrund seiner Intelligenz, seiner Vernunft oder seines Einsichtsvermögens zu. Diese Fähigkeiten gäben ihm die Möglichkeit, verantwortlich zu handeln, indem der Mensch Vorstellungen von Humanität, Ge-

---

471 Siehe oben S. 63 ff.

472 BVerfG, NJW 1995, 3303, 3304; *Muckel*, S. 215 f. m. w. N. und *ders.*, in: FS für Schiedermair, S. 347, 356 f.

473 OVG Hamburg, NVwZ 1994, 592, 594 f.; *Caspar*, ZUR 1998, 177, 181; *ders.*, ZRP 1998, 441, 442; *ders.*, in: Caspar/Koch, S. 47, 54 f.; *Doehring*, in: Hardegg/Preiser, S. 137, 138, insbes. S. 158; *Erbel*, DVBl 1986, 1235, 1251, der den Verfassungsrang des Tierschutzes jedoch primär im in Art. 2 I GG verankerten Sittengesetz sieht, s. S. 1249; *v. Heydebrand u. d. Lasa/Gruber*, ZRP 1986, 115, 118; *Kunig*, in: v. Münch/Kunig, Art. 1, Rn. 16, jedoch nur insofern, als Art. 1 I GG „als Staatszielbestimmung ein Leitbild gibt"; unklar *Lorz/Metzger*, wonach Art. 1 I GG dazu dienen könnte, „gewisse äußerste Grenzen zu ziehen", Einführung, Rn. 91, s. auch Rn. 98; *Mädrich*, S. 97 ff.

474 *Doehring*, a. a. O., S. 138; *Mädrich*, S. 104 ff.

475 *Caspar*, in: ders./Koch, S. 47, 54 f.; *Mädrich*, S. 105 f.

rechtigkeit und Sittlichkeit entwickeln und nach ihrer Maßgabe handeln könne. Er besitze als einziges Wesen die Fähigkeit, über sein Handeln zu reflektieren, es nach bestimmten Wertvorstellungen auszurichten und zu steuern. Dies bedeute aber auch, dass der Mensch fähig sei, seiner Überlegenheit bzw. der Ausweitung seines eigenen Machtwillens Grenzen zu setzen und einen nicht auf seine eigenen Bedürfnisse bezogenen Wert anzuerkennen, wie den Schutz der Umwelt und insbesondere der Tiere[476]. Tue er dies nicht, bedeute das, dass der Mensch nicht mit der Verantwortung handele, zu der er seiner Natur nach in der Lage sei, sondern „wie ein Unmensch, also menschenunwürdig“[477]. Aus Art. 1 I GG folge daher die Berechtigung und Verpflichtung des Staates, zum Schutz der Menschenwürde die bewusste Verantwortung und Fürsorge des Menschen für das seiner Obhut anheim gestellte Tier als einen der Menschenwürde zugrunde liegenden Wert zu fördern und zu pflegen[478]. Somit könne aus Art. 1 I GG ein Verfassungsrang des Tierschutzes hergeleitet werden.

b) Kritische Stellungnahme

Es erscheint zweifelhaft, ob der Tierschutz ein Bestandteil der Menschenwürde ist, der Mensch also dadurch gegen Art. 1 I GG verstößt, dass er Tieren gegenüber verantwortungslos handelt, indem er ihnen Freiheit nimmt, Schmerzen zufügt usw. Des Weiteren ist fraglich, ob aus einem etwaigen Verstoß des *Menschen* gegen Art. 1 I GG auch ein Verfassungsrang des *Tierschutzes* folgt.

aa) Zur Bedeutung der Menschenwürdegarantie in Art. 1 I GG

Die Bedeutung von Art. 1 I GG, dem obersten Konstitutionsprinzip, ist seit jeher außerordentlich schwierig zu bestimmen, was schon darin begründet liegt, dass der Begriff „Würde“ eher in philosophischen Traditionen Gestalt gewonnen hat[479]. Im Groben lassen sich zwei Auffassungen unterscheiden. So lässt sich die Würde zum einen als Leistung der Identitätsbildung bzw. als Darstellungsleistung begreifen[480]. Dem Menschen kommt demnach Würde aufgrund seines eigenen selbstbestimmten Verhaltens zu. In diesem Zusammenhang wird z. B. auf

---

476 *v. Heydebrand u. d. Lasa/Gruber*, ZRP 1986, 115, 118; *Mädrich*, S. 94, 97 ff.; vgl. zu der Frage, was die Würde des Menschen ausmacht, auch *Spaemann*, in: Händel, S. 71, 75 ff.

477 *Erbel*, DVBl 1986, 1235, 1251.

478 *v. Heydebrand u. d. Lasa/Gruber*, ZRP 1986, 115, 118.

479 *Pieroth/Schlink*, Rn. 353.

480 *Luhmann*, S. 68 ff.; s. auch *Podlech*, in: AK, Art. 1 I, Rn. 11.

die „Fähigkeit zum geistig-seelischen Werterlebnis“[481] abgestellt. Es ist jedoch nicht ungefährlich, die Menschenwürde auf ein solches Fundament zu stellen. Dies zeigt sich bei jenen Fällen, wo der einzelne handlungs- und/oder willensunfähig, deshalb zur Leistung seiner Identitätsbildung nicht imstande ist und folglich kein Würdeträger wäre. Auch dem geistig Schwerstbehinderten, dem Komapatienten, dem nasciturus, selbst dem Verstorbenen darf aber die Würde nicht abgesprochen werden[482]. Vielmehr ist davon auszugehen, dass Art. 1 I GG den Wert als Mensch um seiner selbst willen schützt, also schon und ausschließlich deshalb, weil jeder in seinem Wert als Mensch einzigartig ist, ohne dass es auf weitere bestimmte Eigenschaften, Fähigkeiten oder Leistungen ankäme. Auch etymologisch gesehen kommt „Würde“ von „Wert“[483]. Deshalb erscheint die Garantie des Art. 1 I GG am ehesten fassbar als *„dem Menschen von Gott oder der Natur mitgegebener Wert, als Eigenwert, Wesenheit, ja Natur des Menschen schlechthin“*[484]. Motiviert durch die grauenhaften Verbrechen des Naziregimes hat der Verfassunggeber den Schutz der Menschenwürde an den Anfang des Grundgesetzes gestellt und damit deutlich gemacht, dass die Verfassung und damit die gesamte Rechtsordnung in erster Linie den Menschen im Blick haben müssen und nicht etwa Gemeinschaftsinteressen, zu denen auch der Tierschutz gehört.

Ein Eingriff in die Menschenwürde und damit auch eine Verletzung[485] von Art. 1 I GG wurde in Anlehnung an die philosophische Grundlegung des Prinzips der Menschenwürde von *Immanuel Kant* in seinem Werk „Metaphysik der Sitten“ und die von *Günter Dürig* entwickelte sog. Objektformel lange Zeit darin gesehen, dass der Mensch „zu einem Objekt oder zu einem bloßen Mittel gemacht wird“[486]. Das Bundesverfassungsgericht hat jedoch bald selbst erkannt, dass eine solche Formel wegen ihrer Unbestimmtheit kaum brauchbar ist und sie nur noch als Auslegungsrichtlinie betrachtet:

„Allgemeine Formeln wie die, der Mensch dürfe nicht zum bloßen Objekt der Staatsgewalt herabgewürdigt werden, können lediglich die Richtung andeuten, in der Fälle der Verletzung der Menschenwürde gefunden werden können. Der Mensch ist nicht selten

---

481 So etwa *v. Mangoldt/Klein*, Art. 1, III 3 c).

482 Nach BVerfGE 30, 173, 194 geht die Würde eines Menschen auch mit dem Tod nicht verloren.

483 Etymologisches Wörterbuch, Sichwort „Würde“; *Stein/Frank*, S. 227; vgl. hierzu auch *Pieroth/Schlink*, Rn. 353 ff.

484 So *Nipperdey*, in: Die Grundrechte, S. 1; vgl. auch *Turner*, ZRP 1986, 172, 174; kritisch zum „systemfunktionalen Konzept“ von *Luhmann*: *Geddert-Steinacher*, S. 118-120.

485 Siehe schon oben S. 101.

486 BVerfGE 27, 1, 6; BVerwG, NJW 1982, 664 f.; *Dürig*, in: M/D, Art. 1 I, Rn. 28.

bloßes Objekt nicht nur der Verhältnisse und der gesellschaftlichen Entwicklung, sondern auch des Rechts, insofern er ohne Rücksicht auf seine Interessen sich fügen muss. Eine Verletzung der Menschenwürde kann darin allein nicht gefunden werden[487]."

Hieran anschließend hat es dann den Begriff der Würdeverletzung konkretisiert und dabei zu Recht auf den sittlichen Eigenwert des Menschen abgestellt. Eine Verletzung der Würde eines Menschen liegt hiernach vor, wenn der Mensch

„einer Behandlung ausgesetzt wird, die seine Subjektqualität prinzipiell in Frage stellt. (...) Die Behandlung des Menschen (...) muss also, wenn sie die Menschenwürde berühren soll, Ausdruck der Verachtung des Wertes, der dem Menschen kraft seines Personseins zukommt, also in diesem Sinne eine ‚verächtliche Behandlung' sein[488]."

Ob eine solche, die Menschenwürde verletzende Behandlung vorliegt, kann im Einzelfall schwierig zu bestimmen sein. Unzweifelhafte Verletzungen sind zum Beispiel die Folter oder die Sklaverei, in Frage kommen aber auch etwa (nur) verbale Angriffe wie ein Schimpfwort, das das Menschsein des Beleidigten in Abrede stellt[489].

bb) Vernünftiges, verantwortungsvolles Handeln ist keine Voraussetzung des Art. 1 I GG

Nach Maßgabe dieser Ausführungen würde ein tierschutzwidriges Verhalten dann gegen Art. 1 I GG verstoßen, wenn es Ausdruck der Verachtung des Wertes ist, der dem Menschen kraft seines Menschseins zukommt. Missachtet also der Wissenschaftler seinen Wert als Mensch, wenn er Tieren Schmerzen oder Schäden zufügt, um Arzneimittel zu testen, Studenten Operationstechniken beizubringen usw.? Nach oben dargestellter Auffassung soll dies deshalb der Fall sein, weil ein fürsorglicher und verantwortungsbewusster Umgang mit Tieren, zu dem der Mensch aufgrund seines Verstandes oder seiner Einsichtsfähigkeit in der Lage ist, seinen Wert als Mensch ausmache.

Schon aus grundsätzlichen Erwägungen kann diese Ansicht nicht überzeugen. Verallgemeinert man den ihr zugrunde liegenden Gedanken, so besagt sie nichts anderes, als dass ein Handeln wider die Vernunft bzw. moralische Grundvorstellungen gegen die Menschenwürde verstoße. Die Zuerkennung

---

487 BVerfGE 30, 1, 25 f.

488 BVerfGE 30, 1, 26.

489 Vgl. hierzu etwa BGHZ 39, 124. Falsch wäre es hingegen, die Bedeutung von Art. 1 I GG auf diese Extremfälle zu beschränken, so aber *Spranger*, ZRP 2000, 285, 289.

von Würde, die jeder Mensch verdient, hängt jedoch nicht von der Voraussetzung ab, der Vernunft oder der Moral gemäß zu handeln. Würde kommt dem unvernünftig handelnden Sadisten, der Gefallen daran findet, Tiere oder Menschen zu quälen, genauso zu wie dem Friedensnobelpreisträger. Sie unterscheiden sich in ihrem gesellschaftlichen Ansehen, sie verdienen nicht die gleiche Ehrerbietung, doch ihr personaler Geltungswert, ihr Geltungswert *als Mensch* ist der gleiche. Als oberstes Konstitutionsprinzip genießt die Würde des Menschen absoluten Schutz[490], weil jeder Mensch in seinem Wesen einzigartig ist, ohne dass es auf weitere Voraussetzungen bzw. das Vorhandensein gewisser Fähigkeiten wie der Fähigkeit vernünftigen, verantwortungsvollen Handelns ankäme. Die herausragende Stellung und Bedeutung des Art. 1 I GG erklärt sich vor dem Hintergrund der Erfahrungen aus der Zeit des Nationalsozialismus, in der zwischen lebenswertem und lebensunwertem Leben unterschieden wurde. Dem will Art. 1 I GG mit aller Entschiedenheit entgegentreten. Dieser Intention entsprechend genießt der Mensch den absoluten Schutz des Art. 1 I GG allein durch seine Existenz[491].

Würde ein unreflektiertes Handeln des Menschen seine Würde verletzen, so müsste man jedenfalls erwägen, auch bei einer Vielzahl anderer menschlicher Verhaltensweisen einen Verstoß gegen Art. 1 I GG anzunehmen, wie etwa bei der Ausübung gefährlicher Sportarten. Grundsätzlich entspricht – und nicht widerspricht – es jedoch der individuellen Würde, *selbst* und *frei verantwortlich* darüber zu entscheiden, auf welche Weise der Einzelne seine Persönlichkeit entfalten möchte, wozu prinzipiell auch das Recht gehört, unvernünftig oder unwürdig zu handeln[492]. Diese Freiheit ist in Art. 2 I GG ausdrücklich als Grundrecht anerkannt und lässt sich nicht dadurch wieder in Frage stellen, dass in Art. 1 I GG ethische Wunschvorstellungen hineininterpretiert werden, die ohnehin einem starken gesellschaftlichen Wandel unterliegen. Zwar mag es eine Grenze autonomer Entscheidungen geben, bei deren Überschreitung

490 Der im Grundsatz auch nicht durch eine Verfassungsänderung eingeschränkt werden kann, Art. 79 III GG.

491 Ebenso VG Berlin, NVwZ-RR 1994, 506, 508; *Frankenberg*, KJ 1994, 421, 433; prägnant *Lerche*, in: Lukes/Scholz, S. 88, 105: „Individualität heißt hier Singularität: Der Mensch in seiner Unverwechselbarkeit, Unaustauschbarkeit".

492 Vgl. hierzu *Dürig*, in: M/D, Art. 1, Rn. 16; *Hässy*, BayVBl 2002, 202, 203; *Müller-Volbehr*, JuS 1997, 223, 225; *Oberfell*, ZRP 2001, 193, 195 f.; *Stern*, III/1, S. 30 f. mit unfangreichen Nachw. zu der in diesem Zusammenhang vergleichbaren Problematik der Behandlung von sog. Peep-Shows. Eine ebenfalls ganz ähnliche Problematik stellt das vor nicht allzu langer Zeit vieldiskutierte Sendeformat "Big Brother" dar; einen Verstoß gegen Art. 1 I GG nimmt diesbzgl. etwa *Hinrichs* an, NJW 2000, 2173; dagegen mit Recht etwa *Huster*, NJW 2000, 3477.

eine Verletzung der eigenen Würde anzunehmen ist[493]. Dies wird man jedoch im Hinblick auf einen verantwortungslosen Umgang mit Tieren nicht annehmen können. So lässt sich eine Würdeverletzung nicht etwa mit einem Hinweis auf die drohende Verrohung des Menschen begründen[494]. Es mag zwar psychologisch oder sozialempirisch begründbar sein, dass zwischen Tierquälerei und Gewaltbereitschaft gegenüber Menschen ein Zusammenhang besteht[495]. Dieser Gedanke lässt sich aber offensichtlich auf den Forscher, der medizinisch notwendige Tierversuche durchführt, oder den Hochschullehrer, der zu Ausbildungszwecken Tiere benutzt, nicht übertragen.

Vernünftiges, verantwortungsvolles Handeln (im Umgang mit Tieren) ist deshalb (verfassungs-) rechtlich kein Bestandteil der Menschenwürde[496]. Sofern argumentiert wurde, man müsse in Art. 1 I GG auch Werte verankern können, die von einem allgemeinen Konsens getragen werden[497], so ist dem entschieden entgegenzutreten. Die Menschenwürdegarantie als oberstes Konstitutionsprinzip verkäme hiernach zu einem Auffangtatbestand für gesellschaftliche Wunschvorstellungen. Sehr früh schon hat *Günter Dürig* davor gewarnt, Art. 1 I GG als „kleine Münze, etwa im Sinne (...) einer Abwehr von Geschmacklosigkeiten" zu benutzen, „genau so schlimm wie seine Nichtbeachtung wäre seine ‚Abnutzung'[498]."

Als Ergebnis ist somit festzuhalten, dass die Garantie der Menschenwürde weder von einem vernünftigen oder verantwortungsvollen Handeln im Allgemeinen noch im Umgang mit Tieren im Besonderen abhängt[499].

---

493 Ähnlich wohl auch *Stern*, III/1, S. 31: „Nur extreme Auswüchse autonomer Entscheidungen dürfen auch Anlass für staatliche Sanktionen geben." Dies übersieht *Huster*, a. a. O., S. 3478; ähnlich wie hier auch *Schelling*, der bei einer freiwillig getroffenen Entscheidung Art. 1 I GG heranziehen will, „wenn es um den Schutz vor irreparablen Manipulationen am Wesen der Menschheit selbst geht", NuR 2000, 188, 190.

494 Vgl. aber etwa *v. Loeper*, ZRP 1996, 143, 145 f.; *Lorz/Metzger*, Einführung, Rn. 91.

495 Vgl. wiederum *v. Loeper*, a. a. O., S. 146.

496 Vgl. auch *Kloepfer*, JZ 1986, 205, 208: „Art. 1 verbietet vielmehr grundsätzlich eine Gleichbehandlung von Mensch und Tier."; *Lerche*, in: Lukes/Scholz, S. 88, 108: „Ein unsoziales Verhalten darf nicht ohne weiteres zu einem menschenunwürdigen Verhalten gemacht werden."; *Stern*, III/1, S. 12 f.

497 So *Mädrich*, S. 97, s. auch S. 104 ff.; juristisch eher befremdlich wirkt auch die Argumentation von *Doehring*, in: Hardegg/Preiser, S. 137, 158: „Nach unserem Wertempfinden ist es des Menschen (...) unwürdig, Tiere zu quälen (...). Ich weiss, dass die Menschen so denken, und in einer Demokratie haben sich der Richter und auch das Verfassungsgericht danach zu richten."

498 *Dürig*, in: M/D, Art. 1, Rn. 16; vgl. auch *Dickert*, S. 235 f.; *Geddert-Steinacher*, S. 16 f.; *Wahl*, Freib. Univ.-Bl. 1987, 19, 28 f. (Menschenwürde als „Auffangproblemlöser").

499 So auch VG Berlin, NVwZ-RR 1994, 506, 508; *Cirsovius*, S. 75 f.; *Dickert*, S. 447 ff.;

cc) Ohnehin nur mittelbarer Tierschutz

Unabhängig davon, dass die Garantie der Menschenwürde nicht von einem ethisch verantwortlichen Umgang mit Tieren abhängt, ist die Herleitung eines begrenzungstauglichen Verfassungswertes „Tierschutz" aus Art. 1 I GG im Übrigen aus einem weiteren grundsätzlichen Aspekt zweifelhaft.

Selbst wenn man nämlich (zu Unrecht, s. o.) annähme, ein verantwortungsloser Umgang mit Tieren verstieße gegen die Menschenwürde, so wäre damit nur ein Verstoß *des Menschen* gegen Art. 1 I GG dargelegt, der verfassungsrechtlich staatliche Begrenzungen etwa der in Art. 5 III GG garantierten Freiheit von wissenschaftlicher Forschung und Lehre rechtfertigen würde. Der Schutz der Tiere würde dann aber nur mittelbar über die in Art. 1 I 2 GG ausdrücklich normierte Schutzverpflichtung aller staatlichen Gewalt gegenüber der Würde des Menschen gewährleistet. Es wäre nur dargelegt, dass die Art und Weise des Umgangs mit Tieren im Einzelfall Auswirkungen auf den individuellen *menschlichen* Wert haben kann. Dass der Umgang mit Tieren allgemein Auswirkungen auf grundrechtlich geschützte Rechte haben kann, ist auch unbestreitbar[500]. Hierdurch wird aber kein Verfassungsrang des *Tierschutzes selbst* begründet. Es ist inkonsequent, zum einen zu beklagen, dass bis vor einiger Zeit der Schutz der Tiere nur um des Menschen willen erfolgte, und zum anderen den Verfassungsrang des Tierschutzes dennoch über den Wert des Menschen zu begründen, der *seine eigene Würde* (und nicht die des Tieres) verletze, wenn er verantwortungslos mit ihnen umgeht. Vielmehr kam es auch schon vor der Normierung der Staatszielbestimmung Tierschutz in Art. 20a GG darauf an, auch verfassungsrechtlich einen ethischen Tierschutz, das heißt einen Schutz des Tieres um seiner selbst willen zu begründen.

Frankenberg, KJ 1994, 421, 433 f.; *Frotscher/Störmer*, Jura 1991, 316, 320 f.; *Hillmer*, S. 25 ff.; *Hobe*, WissR 31 (1998), 309, 325 f.; *Höfling*, in: Sachs, Art. 1, Rn. 29; *Huster*, ZRP 1993, 326, 328; *Kloepfer*, JZ 1986, 205, 208; *Kriele*, in: Händel, S. 113, 120, der im Hinblick auf die Herleitung eines Verfassungswertes „Tierschutz" aus Art. 1 I GG von „argumentativen Krücken" spricht; *Lübbe*, NuR 1994, 469, 470; *Müller-Volbehr*, JuS 1997, 223, 225; *Obergfell*, ZRP 2001, 193, 195 f.; *Schelling*, NuR 2000, 188, 190; *Spranger*, ZRP 2000, 285, 289; *Waechter*, Der Staat 30 (1991), 19, 30 f. mit Hinweis auf die Unbestimmtheit des Begriffs „Menschenwürde"; *Wahl*, Freib. Univ.-Bl. 1987, 19, 26 f. („sind Grundrechte *Menschen*rechte und nichts anderes", Hervorheb. dort); *Ziekow*, S. 20 f.

500 So kann sich etwa jeder im Rahmen der aktiven demokratischen Grundrechte der Meinungs- oder Versammlungsfreiheit (Art. 5 I bzw. 8 I GG) für Belange des Tierschutzes einsetzen.

11. Die allgemeine Rechtsordnung bzw. das Sittengesetz als jedem Grundrecht immanente Grenze

Schließlich wird noch eine weitere, *jedes* Grundrecht betreffende tatbestandliche Begrenzung diskutiert. Es wird angenommen, jedem Grundrecht sei von vornherein immanent, dass nicht die Rechte anderer in Anspruch genommen bzw. verletzt werden, dass nicht gegen die allgemeine Rechtsordnung bzw. die allgemeinen Gesetze und/oder dass schließlich nicht gegen das Sittengesetz verstoßen werde. In diesem Zusammenhang ist jedenfalls die Begrenzung durch die subjektiven Rechte anderer nicht (direkt) von Bedeutung. Es geht etwa um den Fall des Wissenschaftlers, der zu Forschungszwecken hierfür benötigte Materialien stiehlt[501]. Es wird in Frage gestellt, ob sich an seinem rechtswidrigen (strafbaren) Verhalten dadurch etwas ändert, dass die Forschungsfreiheit grundrechtlich geschützt ist, bzw. ob sich der Forscher insofern überhaupt auf Art. 5 III GG berufen könne oder ob seine rechtliche Situation nicht vielmehr genauso zu beurteilen sei wie die eines jeden anderen „schlichten Bürgers“[502], der (selbstverständlich) die Rechte anderer zu achten habe[503]. In Bezug auf den Tierschutz ist dieser Ansatz nicht (unmittelbar) von Bedeutung, weil Tiere nach geltendem Recht nicht Träger eigener Rechte sind.

Von erheblicher Bedeutung für den Tierschutz wäre es hingegen, wenn die Überlegung zuträfe, dass die Grenzen des grundrechtlichen Tatbestandes überschritten seien, wenn gegen die allgemeine Rechtsordnung bzw. die allgemeinen Gesetze und/oder das Sittengesetz verstoßen werde.

---

501 *Rüfner*, in: FG BVerfG, S. 453, 460; *Trute*, S. 152.

502 *Wahl*, Freib. Univ.-Bl. 1987, 19, 32.

503 Zu der Inanspruchnahme der Rechte anderer als immanente Grundrechtsgrenze schon *Bettermann*, S. 9 f.; *Dürig*, in: M/D, Art. 2 I, Rn. 73; des Weiteren etwa *Kriele*, JA 1984, 629, 633 ff.; *Muckel*, in: FS für Schiedermair, S. 347, 359 f.; *Murswiek*, DVBl 1994, 77, 80; *Rüfner*, in: FG BVerfG, S. 453, 459 f.; speziell für die Forschungsfreiheit *Lorenz*, in: FS für Lerche, S. 267, 270 ff.; *Trute*, S. 150 ff.; verfassungsgerichtliche Unterstützung erhält diese Ansicht durch den sog. *Nägeli*- oder Sprayer-Beschluss des BVerfG, in dem eine Kammer entschied, dass Art. 5 III GG einem Künstler nicht schlechthin gestatte, sich über die Eigentumsrechte anderer hinwegzusetzen. „Diese Gewährleistung hat das Grundgesetz mit keinem Vorbehalt versehen; ihre Reichweite erstreckt sich aber *von vornherein* nicht auf die eigenmächtige Inanspruchnahme oder Beeinträchtigung fremden Eigentums zum Zwecke der künstlerischen Entfaltung (sei es im Werk- oder Wirkbereich der Kunst)“, NJW 1984, 1293, 1294; Hervorheb. von mir.

a) Grundrechtliche Begrenzung durch die allgemeine Rechtsordnung

In der Rechtslehre wird zum Teil die Ansicht vertreten[504], dass die Ausübung grundrechtlich gewährleisteter Freiheiten nicht von der Einhaltung der allgemeinen Rechtsordnung bzw. der allgemeinen Gesetze entbinde. Vielmehr konkretisierten die allgemeinen Gesetze nur die jedem Grundrecht von vornherein innewohnenden Grenzen. Unter allgemeinen Gesetzen seien solche zu verstehen, die zu der Ausübung des jeweils einschlägigen Grundrechts keinen Bezug hätten, dieses vielmehr nur zufällig berührten und es daher auch nicht einschränkten. Werde hiernach gegen ein allgemeines Gesetz verstoßen, so befinde sich das jeweilige Subjekt außerhalb des Schutzbereichs eines Grundrechts[505]. Dies gelte jedenfalls solange, wie das einfache Gesetz Normen enthalte, „deren Befolgung nach den jeweils herrschenden sozialen und ethischen Anschauungen als unentbehrliche Voraussetzung für ein gedeihliches Miteinanderleben angesehen wird“[506], bzw. bei „hinreichend gewichtigen Gründen des Allgemeinwohls“[507]. Darauf, ob das entgegenstehende, gesetzlich geschützte Rechtsgut mit Verfassungsrang ausgestattet ist, komme es nicht an[508]. Die Beanspruchung eines fremden Rechtsbereichs falle deshalb nicht unter den grundrechtlichen Normbereich, weil dadurch in eine Sphäre übergegriffen werde, die die Rechtsordnung einem anderen zugeordnet hat. Die Rechtsordnung könne aber widerspruchsfrei dasselbe Rechtsgut nicht verschiedenen Rechtsträgern gleichzeitig zuordnen[509]. Zur Verdeutlichung werden zahlreiche Beispiele angeführt. So erlaube etwa Art. 5 III GG dem Künstler nicht, mitten auf der Straßenkreuzung ein Bild zu malen oder nachts Trompete zu blasen; vielmehr habe er die Vorschriften über den Straßenverkehr bzw. zum Schutz der Nachtruhe zu beachten. Genauso wenig gestatte die Vorschrift etwa dem Wissenschaftler die Rückgabe zur Anfertigung einer wissenschaftlichen Arbeit geliehener Bücher zu verweigern oder bei der Er-

---

504 *Bettermann*, S. 21 ff., insbes. S. 26 f.; *Häberle*, Wesensgehaltgarantie, S. 31 ff.; *Kriele*, JA 1984, 629, 636 ff.; *ders.*, in: Händel, S. 113, 116; *Lerche*, in: Lukes/Scholz, S. 88 ff., insbesondere S. 91 f.; *Pieroth/Schlink*, Rn. 626 („spezifische wissenschaftliche Betätigung erlaubten Verhaltens“); *Rüfner*, in: FG BVerfG, S. 453, 456 ff.; vgl. auch *Dürig*, in: M/D, Art. 2 I, Rn. 75; *Huster*, ZRP 1993, 326, 327 („ungeschriebene Eingriffsrechtfertigungen“).

505 *Bettermann*, S. 22; *Kriele*, a. a. O., S. 637; *Rüfner*, a. a. O., S. 458.

506 So *Kriele*, a. a. O., S. 638; siehe auch *Dürig*, a. a. O.

507 So *Lorenz*, in: FS für Lerche, S. 267, 279.

508 *Kriele*, a. a. O., S. 630 ff.; *Lerche*, in: Lukes/Scholz, S. 88, 92; a. A. insofern *Häberle*, Wesensgehaltgarantie, S. 32, wonach der Vorbehalt der allgemeinen Gesetze auf die Werte und Rangordnungen des Grundgesetzes verweise.

509 *Lorenz*, a. a. O., S. 270; s. auch *Muckel*, in: FS für Schiedermair, S. 347, 360.

richtung seines Forschungsinstituts die bauordnungsrechtlichen Vorschriften zu missachten usw.[510]. „Was rechtfertigt es denn", so fragt *Peter Lerche*[511], „das Forschungsprivileg als eine Art automatisches Einbruchswerkzeug zu verwenden?"

Speziell im Hinblick auf den Tierschutz wird dargelegt, dass das Tier unabhängig von der eigentumsrechtlichen Zuordnung nicht zur freien Disposition des Wissenschaftlers stehe. Im TierSchG sei im Verlauf eines gesellschaftlichen Bewusstseinswandels ein Bereich normiert worden, der „privater Herrschaft und Bestimmungsbefugnis" bzw. „individueller Beliebigkeit" entzogen sei[512]. Hiernach wäre der Schutzbereich der Wissenschaftsfreiheit nicht betroffen, wenn der Wissenschaftler Normen des TierSchG (vor allem §§ 7 ff.) überschreitet.

b) Grundrechtliche Begrenzung durch das Sittengesetz

Schließlich wird die Ansicht vertreten, auch das Sittengesetz stelle eine allen Grundrechten immanente Grenze dar[513]. Dies komme, wenn auch nur deklaratorisch, bereits in Art. 2 I GG zum Ausdruck. Neben seiner Bedeutung als Auffanggrundrecht könne Art. 2 I GG auch zur Interpretation der Schutzbereiche aller anderen Grundrechte herangezogen werden, denn aus ihm folgten „drei primitive Nichtstörungsschranken"[514]. Es könne nicht bestritten werden, dass es eine ungehemmte und damit willkürliche individuelle Freiheit nicht geben kann[515]. Zu diesen Nichtstörungsschranken gehöre das Sittengesetz. Die rechtlich relevante Kraft der Ethik gründe letztlich in der durch Art. 1 I GG geschützten Selbstbestimmung der Persönlichkeit. So gehöre es etwa trotz des schrankenlosen Art. 4 II GG nicht zur Freiheit der Religionsausübung, eine Sekte mit Nacktkultur zu bilden[516]. Der Bürger müsse auch sei-

---

510 Beispiele von *Kriele*, JA 1984, 629, 637 und *dems.*, in: Händel, S. 113, 114.

511 *Lerche*, in: in: Lukes/Scholz, S. 88, 93.

512 *Lorenz*, in: FS für Lerche, S. 267, 276, 277 f.; vgl. auch *Köttgen*, in: Die Grundrechte II, S. 291, 298, Fn. 22; für überlegenswert hält diesen Ansatz auch *Löwer*, in: GS für Kimminich, S. 54, 60.

513 *Bettermann*, S. 10 f.; *Dürig*, in: M/D, Art. 2 I, Rn. 74; *Häberle*, Wesensgehaltgarantie, u. a. S. 27 f. mit Fn. 157, S. 37 („alle Grundrechte begrenzenden, allgemeinen Grenze des Sittengesetzes"); *Papier*, NuR 1991, 162, 164; *Scholz*, in: M/D, Art. 5 III, Rn. 61, 185; *Turner*, ZRP 1986, 172, 173.

514 *Dürig*, in: M/D, Art. 2 I, Rn. 70. Obwohl *Dürig* hier und anderswo von „Schranken" spricht, wird doch insgesamt deutlich, dass er (Schutzbereichs-) Grenzen meint, s. insbes. Rn. 74.

515 *Dürig*, a. a. O., Rn. 72.

516 *Dürig*, a. a. O., Rn. 74.

nerseits ein Interesse daran haben, sich auf das Sittengesetz verwiesen zu sehen. Indem die Rechtsordnung das Sittengesetz zur Grenze der individuellen Freiheit erhebe, diene sie der eigenen Persönlichkeitsentfaltung. Dem Einzelnen würden hierdurch die in der Gemeinschaft lebendigen ethischen Wertvorstellungen vermittelt[517]. Einschränkend wird hierzu zum Teil vermerkt, dass die jeweilige sittliche Norm in einem Gesetz Anerkennung gefunden haben müsse[518].

Versteht man unter „Sittengesetz" die von der Gesellschaft allgemein anerkannten Werturteile bzw. „soziale Verhaltensnormen nach Maßstäben, die auch dem Normalbürger erreichbar sind und von ihm akzeptiert werden" [519], so wäre jedenfalls die grundsätzliche Notwendigkeit, Tieren nicht ohne vernünftigen Grund vermeidbare Leiden, Schmerzen oder Schäden zuzufügen, die zudem gesetzlich festgeschrieben ist (§ 1 TierSchG), hiervon erfasst.

c) Kritische Stellungnahme

Die Auffassung, wonach alle Grundrechte von vornherein unter einem gewissen „Nichtstörungsvorbehalt" stehen, wird, mit mehr oder weniger eigenständigen Nuancierungen, seit Inkrafttreten des Grundgesetzes vertreten, hat also durchaus eine lange Tradition[520]. Sie stößt jedoch auf Bedenken und Widersprüche, die im Folgenden zu erläutern sind.

aa) Absage an den Vorschlag des Herrenchiemseer Entwurfs

Die pauschale Annahme, Grundrechte stünden bereits tatbestandlich unter dem Vorbehalt der allgemeinen Rechtsordnung oder der allgemeinen Gesetze, ist im Hinblick auf die Entstehungsgeschichte des Grundgesetzes bedenklich. Im Herrenchiemseer Verfassungsentwurf wurde der Vorschlag gemacht (Art. 21 III des Entwurfs), „die Grundrechte (sind), soweit sich aus ihrem Inhalt nichts anderes ergibt, im Rahmen der allgemeinen Rechtsordnung zu verste-

---

517 *Häberle*, Wesensgehaltgarantie, S. 27 f.

518 *Kluge*, ZRP 1992, 141, 145 („bestimmte, Gesetz gewordene sittliche Standards"); s. hierzu auch *Kriele*, JA 1984, 629, 635 ff. und *dens.*, in: Händel, S. 113, 118 ff.

519 So *Kluge*, a. a. O., S. 145, in Anlehnung an *O. F. Bollnow*.

520 So meinte etwa das BVerwG ganz am Anfang seiner Rechtsprechung, es gehöre zum „Inbegriff aller Grundrechte, dass sie nicht in Anspruch genommen werden dürfen, wenn dadurch die für den Bestand der Gemeinschaft notwendigen Rechtsgüter gefährdet werden", BVerwGE 1, 48, 52; 1, 269, 270; 3, 21, 24; 5, 153, 159; kritisch hierzu schon *Bachof*, JZ 1957, 334, 337; ausführlich und kritisch zu diesen allgemeinen Grundrechtsbegrenzungstheorien auch *Müller*, S. 11 ff., 28 ff. und *v. Nieuwland*, S. 15 ff.

hen“. Diese Formulierung hat aber der Parlamentarische Rat als gefährlich erachtet und abgelehnt[521]. Diese klare und bewusste Entscheidung des Parlamentarischen Rates wird durch obige Ansicht ignoriert[522].

bb) Der Vorbehalt der allgemeinen Gesetze in Art. 5 II GG

In Art. 5 II GG ist ausdrücklich vom Vorbehalt der allgemeinen Gesetze die Rede. Da die Vorbehalte zahlreicher anderer Grundrechte(z. B. Art. 8 II, 10 II, 11 II GG) von außen an das jeweilige Grundrecht herangetragene Schranken darstellen, dessen jeweiligen Schutzbereich also zunächst einmal unberührt lassen, spricht viel dafür, dass das Grundgesetz den Vorbehalt der allgemeinen Gesetze sowie die in Art. 5 II GG des Weiteren genannten „gesetzlichen Bestimmungen zum Schutze der Jugend“ bzw. das „Recht der persönlichen Ehre“ ebenfalls als *Schranken* versteht[523]. Wenn aber somit die in Art. 5 II GG genannten Vorbehalte in die Schutzbereiche der in Abs. 1 normierten Freiheiten eingreifen, erscheint die Auffassung, die Grundrechte würden durch die allgemeinen Gesetze bereits tatbestandlich begrenzt, zweifelhaft, jedenfalls im Hinblick auf die Rechte des Art. 5 I GG. Zwar könnte man erwägen, Art. 5 II GG normiere den Vorbehalt der allgemeinen Gesetze lediglich deklaratorisch[524], verdeutliche also eine Grenze, die schon dem Schutzbereich (z. B.) der Meinungsfreiheit immanent sei. Dann stellt sich jedoch die Frage, warum das Grundgesetz dies ausschließlich im Hinblick auf die Rechte des Art. 5 I GG deklarieren sollte, wenn doch nach obiger Ansicht *jedes* Grundrecht durch die allgemeinen Gesetze begrenzt sein soll. Richtigerweise wird man wie folgt argumentieren müssen: Die Vorbehalte des Art. 5 II GG sind nur auf die in Abs. 1 aufgezählten Rechte anwendbar. Da die Vorbehalte anderer Grundrechte (eingreifende) Schranken darstellen, stellen auch die Vorbehalte des Art. 5 II GG in Bezug auf die Rechte des Abs. 1 Schranken dar. Dann trifft aber die Ansicht, die allgemeinen Gesetze begrenzten bereits den grundrechtlichen Schutzbereich, (jedenfalls im Hinblick auf die Rechte des Art. 5 I GG) nicht zu.

Der Hinweis auf die Schranken anderer Grundrechte leitet über zu einem weiteren Kritikpunkt.

---

521 *Matz*, in: v. Doemming/Füsslein/Matz, JöR 1 (1951), 177.
522 Siehe auch *Mayen*, S. 168.
523 Wie hier auch *Mayen*, S. 168; *Muckel*, in: FS für Schiedermair, S. 347, 359; *Müller*, S. 57, 61 ff.
524 So wohl *Rüfner*, in: FG BVerfG, S. 453, 457.

cc) Verbleibende Bedeutung des Schrankensystems?

Sieht man jedes Grundrecht schon tatbestandlich als durch die allgemeinen Gesetze bzw. die allgemeine Rechtsordnung begrenzt an, so stellt sich die Frage, welche Bedeutung dann noch dem differenzierten Schrankensystem des Grundgesetzes zukommt. Das Grundgesetz unterscheidet zwischen Grundrechten mit einfachem (z. B. Art. 2 II 3, 8 II GG), qualifiziertem (z. B. Art. 11 II GG) und solchen ohne Gesetzesvorbehalt (z. B. Art. 5 III GG). Manche berechtigen und verpflichten den Gesetzgeber ausdrücklich zur (inhaltlichen) Ausgestaltung (z. B. Art. 4 III 2, 14 I 2 GG). Diese Unterscheidung wird nicht (hinreichend) berücksichtigt, wenn Kollisionen einer grundrechtlich geschützten Freiheit mit entgegenstehenden Interessen oder Werten, die in „allgemeinen Gesetzen" ihren Niederschlag gefunden haben, für jedes Grundrecht bereits auf die Tatbestandsebene (vor-) verlagert werden. Insbesondere die Existenz qualifizierter Gesetzesvorbehalte macht deutlich, dass eben Freiheitsverkürzungen nicht schon durch jedes (allgemeine) Gesetz zulässig sein sollen, sondern nur durch ein solches, das bestimmten Zwecken dient.

dd) Die Bindung des Gesetzgebers an die Grundrechte gem. Art. 1 III GG

Gemäß Art. 1 III GG ist auch der Gesetzgeber an die Grundrechte „als unmittelbar geltendes Recht" gebunden. Mit dieser fundamentalen Aussage der Verfassung (s. auch Art. 20 III GG) gerät obige Ansicht in Widerspruch. Wenn nämlich jedes Grundrecht schon tatbestandlich seine Grenze in allgemeinen Gesetzen (bzw. der allgemeinen Rechtsordnung) fände, dann könnten die Grundrechte – so weit wie diese allgemeinen Gesetze reichen – keine Bindungswirkung entfalten, weil ihr Schutzbereich schon gar nicht eröffnet ist[525]. Dieser Widerspruch wird nun zum Teil dadurch zu beseitigen versucht, dass der Begriff der allgemeinen Gesetze insofern eingeschränkt verstanden wird, als er in Bezug zu dem jeweils betroffenen Grundrecht gesetzt wird. Nicht jedes Gesetz sei allgemein, auch nicht ein solches, das „dem Schutz eines schlechthin zu schützenden Rechtsguts dient"[526]. Es sollen vielmehr nur solche Gesetze erfasst sein, die den Schutzbereich des jeweiligen Grundrechts nicht[527] bzw. nur zufällig[528] berühren. Auf diese Weise ließe sich in der Tat ein Widerspruch zu Art. 1 III GG beseitigen; denn wenn der Schutzbereich

525 Zu Recht kritisch auch *Mayen*, S. 168.
526 BVerfGE 7, 198, 209; 62, 230, 244; 71, 162, 175.
527 *Rüfner*, in: FG BVerfG, S. 453, 458.
528 *Kriele*, JA 1984, 629, 637.

des jeweiligen Grundrechts nicht einschlägig ist, so wird der Gesetzgeber auch nicht durch Art. 1 III GG gebunden. Hiermit ist das Problem aber nicht gelöst. Es drängt sich die Frage auf, wann ein Gesetz *allgemein* ist und somit den Tatbestand begrenzt und wann ein Gesetz *speziell* ist und eine von außen an das Grundrecht herangetragene Schranke aufstellt[529]. Die Antwort, dass allgemeine Gesetze nur solche seien, die den Schutzbereich nicht oder nur zufällig berühren, erweist sich als Zirkelschluss. Für die Lösung des aufgeworfenen Problems, wie die Schutzbereiche zu bestimmen sind, ist nichts gewonnen, wenn das hierfür vermeintlich relevante Kriterium („allgemeines Gesetz") seinerseits durch den Schutzbereich definiert wird[530].

Zusammengefasst bedeutet dies: Die Auffassung, wonach jedes Grundrecht schon tatbestandlich seine Grenze in privat- oder auch öffentlich-rechtlichen Gesetzen findet[531], ist mit Art. 1 III GG nicht vereinbar. Hält man hingegen nur jene Gesetze für schutzbereichsbegrenzend, die den Schutzbereich des jeweils einschlägigen Grundrechts nicht oder nur zufällig berühren[532], so fehlt der (eigene) materiell-rechtliche Gehalt.

ee) Die Benutzung oder Inanspruchnahme eines verfassungsrechtlich einem Dritten zugeordneten Rechts

Bis hierhin sollte deutlich geworden sein, dass der grundrechtliche Schutzbereich nicht dadurch verlassen wird, dass gegen ein einfaches (allgemeines) Gesetz verstoßen wird, das Rechte eines anderen oder Belange der Allgemeinheit (z. B. Tierschutz) schützt. Schutzbereichsbegrenzende Elemente können nicht aus unterverfassungsrechtlichen Normen, sondern müssen stets aus der Verfassung selbst hergeleitet und begründet werden. Aber auch die Verletzung eines anderen *Grund*rechts stellt per se noch keine tatbestandliche Grenze grundrechtlicher Freiheitsausübung dar. Dies wird deutlich im bereits angesprochenen Verhältnis der Meinungsfreiheit zum Ehrenschutz eines Dritten. Eine Meinungsäußerung wird vom Schutzbereich des Art. 5 I 1 GG unabhängig davon erfasst, ob sie die durch zivil- und strafrechtliche Gesetze geschützte Ehre eines anderen verletzt. Dies folgt nicht nur daraus, dass das Recht der persönlichen Ehre in Art. 5 II GG erst als Schranke normiert ist,

529 Hierzu auch *Lübbe*, NuR 1994, 469 f.
530 So auch *Mayen*, S. 169.
531 Siehe insb. *Dürig*, in: M/D, Art. 2 I, Rn. 70 ff.; aber auch etwa *Lerche*, in: Lukes/Scholz, S. 88, 91, wonach Forschung nicht privilegiert sei im Verhältnis zur allgemeinen Rechtsordnung.
532 *Kriele*, JA 1984, 629, 637; *Rüfner*, in: FG BVerfG, S. 453, 458.

sondern ergibt sich vor allem daraus, dass das Grundrecht der Meinungsfreiheit weitgehend leer laufen würde, müsste sich jeder, bevor er sich äußert, überlegen, ob seine Äußerung möglicherweise den Wert- und Achtungsanspruch eines anderen beeinträchtigt; es liegt im Wesen der geistigen Auseinandersetzung, dass sie spontan und unreflektiert erfolgt[533]. Ebenso wenig verliert ein Gemälde dadurch seine Kunsteigenschaft, dass es (oder seine Verbreitung) die Ehre des Abgebildeten beeinträchtigt. Schließlich wird man entgegen *Martin Kriele*[534] einem Trompetenbläser nicht von vornherein die Berufung auf Art. 5 III GG verweigern können, wenn dieser seine musische Kunst regelmäßig um Mitternacht ausübt und dadurch die Gesundheit seiner Nachbarn (Art. 2 II 1 GG) verletzt. Die Verletzung eines anderen Rechts, sei es auch eines Grundrechts, bedeutet mithin noch keine Überschreitung des grundrechtlichen Schutzbereichs[535]. Auch das Bundesverfassungsgericht hielt – abweichend vom *Nägeli*- oder Sprayer-Beschluss[536] – in zahlreichen Entscheidungen[537] den jeweiligen Schutzbereich ungeachtet der Existenz kollidierender Rechte oder Belange für eröffnet.

In die richtige Richtung dürfte hingegen der Ansatz weisen, wonach der Schutzbereich dann verlassen ist, wenn ein Recht gleichsam körperlich benutzt oder in Anspruch genommen wird, das die (Verfassungs-) Rechtsordnung ausschließlich einem anderen zugeordnet hat, worüber ausschließlich ein anderer verfügen können soll. Nach dieser Maßgabe kann sich ein Künstler oder ein Forscher, der einem Dritten einen für seine Zwecke benötigten Gegenstand stiehlt, nicht auf Art. 5 III GG berufen. Im Hinblick auf das Eigentum an einer Sache trifft die (Verfassungs-) Rechtsordnung eine Zuteilungsentscheidung. Wenn demnach ausschließlich D befugt sein soll, über sein Eigentum (Art. 14 I GG) zu verfügen, dann kann der Normbereich des Art. 5 III GG dem K bzw. F nicht die Freiheit gewähren, Gegenstände, auf die sich das Eigentum des D bezieht, gegen dessen Willen in Anspruch zu nehmen; denn „die Rechtsordnung kann widerspruchsfrei dasselbe Rechtsgut

533 Vgl. auch *Muckel*, S. 221. Eine tatbestandliche Grenze erscheint erst bei solchen Äußerungen denk- und vertretbar, die ausschließlich darauf abzielen, einen anderen zu verunglimpfen (sog. Schmähungen), bzw. bewusst unwahr sind. Derartige Äußerungen sind für die geistige Auseinandersetzung irrelevant.

534 *Kriele*, JA 1984, 629, 637.

535 So auch *Lorenz*, in: FS für Lerche, S. 267, 271 f.; *Mayen*, S. 169 ff.; *Muckel*, in: FS für Schiedermair, S. 347, 359 f.

536 BVerfG, NJW 1984, 1293, 1294.

537 Siehe nur BVerfGE 75, 369, 377; 77, 240, 251; 85, 386, 395.

nicht verschiedenen Rechtsträgern gleichzeitig zuordnen"[538].

Hieran schließt sich jedoch die Frage an, im Hinblick auf welche Rechtspositionen eine solche Zuteilungsentscheidung getroffen wird. So erscheint es etwa fraglich, ob der Schutzbereich des Art. 5 III GG eröffnet ist, wenn nicht eine Sache, sondern der Körper oder das Leben eines Menschen (gegen dessen Willen) für Forschungs- oder künstlerische Zwecke herhalten muss, wie z. B. beim Mord auf der Schauspielbühne. Wird hier das Leben „nur" verletzt (Schutzbereich ist eröffnet) oder wird es benutzt bzw. in Anspruch genommen (Schutzbereich ist nicht eröffnet)[539]? Abgrenzungsfragen wie dieser muss allerdings im Rahmen der hier zugrunde liegenden Thematik nicht nachgegangen werden.

Den Gedanken, wonach der grundrechtliche Schutzbereich verlassen wird, wenn ein Recht oder (hier) Rechtsbereich in Anspruch genommen wird, der einem Dritten zugeordnet ist, meint *Lorenz*[540] auf den Tierschutz übertragen zu können. Dem kann jedoch nicht gefolgt werden. Weder die einfache (TierSchG) noch die verfassungsrechtliche (Art. 20a GG) Rechtsordnung trifft in Bezug auf den Tierschutz eine Zuteilungsentscheidung im soeben beschriebenen Sinne. So untersagt das TierSchG weder dem Forscher (in den §§ 7 ff.) noch z. B. dem Schächter (in § 4a II Nr. 2 TierSchG), Tiere zum jeweiligen Zweck in Anspruch zu nehmen. Es besagt lediglich, auf welche möglichst schonende Weise dies zu erfolgen habe.

ff) Die Begrenzung durch das Sittengesetz

Schließlich kann auch der Auffassung, grundrechtliche Schutzbereiche fänden im den Tierschutz umfassenden Sittengesetz eine immanente Grenze, nicht gefolgt werden. Zunächst fällt auf, dass in der Literatur[541], wenn überhaupt, nur sehr undeutlich danach differenziert wird, ob bei einem Verstoß gegen das Sittengesetz bereits der Schutzbereich nicht betroffen sei oder ob das Grundrecht (hier die Wissenschaftsfreiheit) erst auf der Schrankenebene zurücktreten soll. Diese Differenzierung ist aber notwendig und geboten[542]. Im

---

538 *Lorenz*, in: FS für Lerche, S. 267, 270; *Muckel*, S. 221 f.; *ders.*, in: FS für Schiedermair, S. 347, 360; insofern ist der Begriff „Forschungsprivileg", *Lorenz*, a. a. O., S. 268, mit Vorsicht zu genießen, s. auch *Lerche*, in: Lukes/Scholz, S. 88, 89.

539 Nach *Lorenz*, a. a. O., S. 274, besteht für die Rechtsgüter Leben, Körper und Freiheit die „stärkste individuelle Zuordnung", so dass der Schutzbereich nicht eröffnet sei.

540 *Lorenz*, a. a. O., S. 275 ff.

541 Siehe etwa *Kluge*, ZRP 1992, 141, 145 f.; *Papier*, NuR 1991, 162, 164.

542 Ausführlich oben S. 63 ff.

Übrigen führt dieser Ansatz jedenfalls im Hinblick auf die hier interessierende Thematik nicht weiter; denn die Annahme, Tierversuche verstießen gegen das Sittengesetz, ist (grundsätzlich) unzutreffend. Begreift man das Sittengesetz als den Inbegriff der von der Rechtsgemeinschaft allgemein anerkannten und mit der Erwartung allgemeiner Einhaltung verknüpften ethischen Normen[543] bzw. als „soziale Verhaltensnormen nach Maßstäben, die auch dem Normalbürger erreichbar sind und von ihm akzeptiert werden“[544], so geht es also jedenfalls nicht um das (abstrakt) richtige Verhalten[545], sondern um das, was die gesellschaftliche Mehrheit als richtig akzeptiert[546]. Nach dieser Maßgabe wird man aber erhebliche Bedenken haben müssen, wissenschaftliche Tierversuche unter das Sittengesetz zu subsumieren. Von einer allgemein anerkannten sittlichen Verurteilung der Tierversuche wird man eventuell im Hinblick auf solche zur Erprobung von Waffen, Kosmetika o. Ä. ausgehen können (vgl. auch § 7 IV und V TierSchG). Tierversuche aber, die der menschlichen Gesundheit bzw. Krankheitsbekämpfung dienen oder die zu Ausbildungszwecken erforderlich sind, werden gesellschaftlich eher befürwortet als abgelehnt. Es gibt keinen Konsens dahingehend, dass ein ethischer Tierschutz anzustreben sei, wenn er zum Nachteil für essentielle Bedürfnisse des Menschen gereicht. Schon die landwirtschaftliche Massentierhaltung, die die natürlichen Bedürfnisse der Tiere regelmäßig in hohem Maße missachtet, wird aus rein ökonomischen Gründen offensichtlich in der Gesellschaft befürwortet oder jedenfalls geduldet. Um so höher dürfte die Anerkennung wissenschaftlichen Versuchen gegenüber sein, die etwa Chancen zur Krebsbekämpfung bieten. Insgesamt wird man daher annehmen müssen, dass sich jedenfalls das Gros der Tierversuche innerhalb der von der Rechtsgemeinschaft anerkannten ethischen Normen hält und somit gerade keinen Verstoß gegen das Sittengesetz darstellt[547].

Schließlich sei noch darauf hingewiesen, dass moralische Wertvorstellungen oder Verhaltensnormen nahezu beliebig in alle Grundrechte hineininterpre-

---

543 In diesem Sinne das Bundesverfassungsgericht in seiner (wohl) einzigen Entscheidung, in der es sich näher mit dem Sittengesetz des Art. 2 I GG beschäftigte, BVerfGE 6, 389, 434 ff.

544 So *Kluge*, ZRP 1992, 141, 145, in Anlehnung an *O. F. Bollnow*.

545 Insofern ist die Durchführung von Tierversuchen in der Tat problematisch, s. die Ausführungen oben S. 13 ff.

546 Siehe auch *Hillmer*, S. 24.

547 Wie hier auch VGH Kassel, NJW 1994, 1608, 1609 f.; VG Berlin, NVwZ-RR 1994, 506, 508 f.; *Cirsovius*, S. 81 f.; *Frankenberg*, KJ 1994, 421, 435 f.; *Hillmer*, S. 24 f.; *Kloepfer*, JZ 205, 210.

tiert werden könnten, wenn man deren Schutzbereiche als durch das Sittengesetz begrenzt ansähe[548].

12. Ergebnis

Abgesehen von denkbaren, praktisch aber jedenfalls kaum bedeutsamen Fällen unterfallen Tierversuche dem Schutzbereich der Wissenschaftsfreiheit des Art. 5 III GG.

B. Der persönliche Schutzbereich

Im Folgenden wird dargelegt, *wer* sich auf die Freiheit der Wissenschaft berufen und damit einem tierschutzrechtlichen Gebot oder Verbot sein Grundrecht aus Art. 5 III 1 GG entgegenhalten kann.

I. Natürliche Personen

Nach dem Willen der Paulskirchenversammlung (§ 152 der – allerdings nicht in Kraft getretenen – FRV), während der Kaiserzeit sowie unter der Geltung der Weimarer Reichsverfassung (Art. 142) genoss unbestritten jedenfalls der Hochschullehrer den Schutz der Wissenschaftsfreiheit[549]. Wohl nicht (mehr) eindeutig zu klären ist die Frage, ob sich der Schutz zu dieser Zeit auch auf diesen beschränkte[550]. Bis heute prägt der Hochschullehrer (Professor bzw. Juniorprofessor im Sinne der §§ 43 ff. HRG) aufgrund seiner wissenschaftlichen Qualifikation die Hochschule als wissenschaftliche Einrichtung und genießt daher einen Sonderstatus[551]. Immer wieder ist in der Rechtsprechung insbesondere des Bundesverfassungsgerichts die besondere Stellung des Hochschullehrers „im materiellen Sinne" betont worden[552]. Er hat unmittelbar

---

548 Jedenfalls solange man nicht eine gesetzliche Konkretisierung verlangt, siehe *Dürig*, in: M/D, Art. 2 I, Rn. 69 ff.

549 Statt vieler *Denninger*, in: AK, Art. 5 III (Wiss.), Rn. 5 und 8; *Kühne*, S. 499.

550 Für eine Beschränkung des Schutzes ausschließlich auf die „universitär-professorale Kathederlehre" *Denninger*, a. a. O., Rn. 5, 27; *Knemeyer*, S. 17 f.; *Smend*, VVDStRL 4 (1928), 44, 57 ff.; *Schmidt*, S. 43 ff., insbes. S. 51 ff., 63, 65, 77; a. A. *Kühne*, S. 500 ff., 511 m. w. N. in Fn. 289, wonach die Wissenschaftsfreiheit der Paulskirchenverfassung sowohl den Privatdozenten als auch den Schullehrern zugedacht war, und *Staff*, DÖV 69, 627, 628 f.

551 Diesem Sonderstatus ist (auch) innerhalb der Selbstverwaltung der Hochschule Rechnung zu tragen, siehe BVerfGE 35, 79, 126 ff. zur hervorgehobenen Stellung der Hochschullehrer; der Gewährleistungs*umfang* des Grundrechts richtet sich also durchaus nach der wissenschaftlichen Qualifikation, vgl. auch *Denninger*, in: AK, Art. 5 III (Wiss.), Rn. 27; *Oppermann*, in: HdbStR VI, § 145, Rn. 55 ff.

552 Hierunter ist „der akademische Forscher und Lehrer zu verstehen, der aufgrund der Habilitation oder eines sonstigen Qualifikationsbeweises mit der selbstständigen Vertre-

kraft seines Amtes Teil an der Grundrechtsgarantie der Wissenschaftsfreiheit[553]. Während jedoch zum Teil auch noch in den ersten Jahren nach Inkrafttreten des Grundgesetzes *allein* dem Hochschullehrer Grundrechtsschutz zugesprochen wurde[554], ist heute nahezu unbestritten, dass das Grundrecht der Freiheit der Wissenschaft *jedem* zusteht, der wissenschaftlich tätig ist oder tätig werden will. Es ist weder von vornherein an eine bestimmte wissenschaftliche Qualifikation noch an die deutsche Staatsangehörigkeit gebunden („Jedermann-Grundrecht“)[555]. Vielmehr folgt der Inhaber der Wissenschaftsfreiheit aus dem Begriff der Wissenschaft im Sinne des Art. 5 III 1 GG, das heißt aus dem Begriff der wissenschaftlichen Forschung bzw. der wissenschaftlichen Lehre[556]. Nach Maßgabe obiger Definition des Wissenschaftsbegriffs[557] kann sich somit auf die Forschungsfreiheit jeder berufen, der eigenverantwortlich und planmäßig den Versuch unternimmt, die Wahrheit als selbstständiges Prinzip zu ermitteln; die Lehrfreiheit steht jedem zu, der eigenverantwortlich und planmäßig die Wahrheit kritisch-kommunikativ zu vermitteln sucht. Sowohl die Forschungs- als auch die Lehrfreiheit setzen also ein gewisses Maß an Eigenverantwortung bzw. Selbstständigkeit voraus. Wissenschaftlich handelt daher nur, wer nicht nach vorgegebenen Weisungen tätig wird.

Praktisch ist jedoch der Personenkreis, der sich typischerweise auf die Freiheit der Wissenschaft berufen kann, begrenzt. Das Begriffspaar „Forschung und Lehre“ ist mit spezieller Bedeutung der deutschen Universität zugeordnet[558], so dass auch die Träger dieses Grundrechts vor allem an den Universitäten zu finden sind. Neben den Professoren und Juniorprofessoren, deren herausragende Stellung bereits betont wurde, ist dies das weitere, in den §§ 42 ff. des neuen HRG[559] genannte wissenschaftliche Personal. Insbesondere sind dies die sonstigen Lehrbeauftragen, deren Selbstständigkeit im Hinblick auf die ihnen übertra-

---

tung eines wissenschaftlichen Faches in Forschung und Lehre betraut ist“, siehe BVerfGE 35, 79, 127; 47, 327, 388; 61, 210, 239 ff.

553 *Bethge*, in: Sachs, Art. 5, Rn. 207.

554 Vgl. OVG Lüneburg, OVGE 3, 138, 144; zust. *Ridder*, in: Die Grundrechte II, S. 243, 250, Fn. 25; vgl. auch *Fuß*, VVDStRL 23 (1966), 199, 226 und *Knemeyer*, S. 7 f., Fn. 4.

555 BVerfGE 15, 256, 263; 35, 79, 112; 88, 129, 136; *Bethge*, in: Sachs, Art. 5, Rn. 209; *Oppermann*, in: HdbStR VI, § 145, Rn. 34; tendenziell abw. *Scholz*, in: M/D, Art. 5 III, Rn. 105, der von einem „formalisierten Qualifikationsnachweis“ spricht und *Starck*, in: v. Mangoldt/Klein/Starck, Art. 5, Rn. 329, siehe aber auch Rn. 367.

556 Vgl. *Knemeyer*, S. 22; wie oben (S. 58) bereits herausgestellt, ist Wissenschaft der Oberbegriff für Forschung und Lehre.

557 S. 35.

558 *Knemeyer*, S. 10.

559 BGBl 1999 I, S. 18.

genen Lehraufgaben ausdrücklich per legem normiert ist (§ 55 S. 3), sowie die wissenschaftlichen Mitarbeiter im Sinne des § 53. Letztere erbringen wissenschaftliche Dienstleistungen zwar grundsätzlich unter der fachlichen Verantwortung und Betreuung eines Hochschullehrers, soweit sie diesem zugeordnet sind. Jedoch kann ihnen auch die selbstständige Wahrnehmung von Aufgaben in Forschung und Lehre übertragen werden (§ 53 I 4), so dass sie sich dann auch auf Art. 5 III GG berufen können[560]. Grundrechtsträger der Wissenschaftsfreiheit ist des Weiteren das im alten HRG[561] aufgezählte wissenschaftliche Personal, nämlich die wissenschaftlichen Assistenten (§ 47 a. F.), Oberassistenten und -ingenieure (§ 48a a. F.) sowie die Hochschuldozenten (§ 48c a. F.)[562]. Ihre Dienstverhältnisse laufen weiter und bleiben durch die neu eingerichtete Stelle des Juniorprofessors unberührt (§ 74 I HRG). Unter der Voraussetzung eigenverantwortlichen Handelns können sich auch Studenten auf die Forschungsfreiheit berufen, etwa bei der Anfertigung einer Dissertation oder Diplomarbeit[563]. Während wissenschaftliche Lehre nahezu ausschließlich an den Universitäten stattfindet[564], ist jedenfalls das Grundrecht der Forschungsfreiheit auch außerhalb des universitären Bereichs von erheblicher (praktischer) Bedeutung. Auch jeder Forscher an einem privat-wirtschaftlichen Unternehmen ist Träger der Forschungsfreiheit, sofern seine Tätigkeit ein gewisses Maß an Selbstständigkeit aufweist und nicht überwiegend bloß Weisungen vollzogen werden, denen sich der einzelne Forscher durch (arbeits-) vertragliche Abreden unterwirft[565].

Es ist bereits dargelegt worden, dass der Unterricht an Fachhochschulen (in der Regel) und an allgemein bildenden Schulen keine wissenschaftliche Lehre im Sinne des Art. 5 III GG darstellt und dementsprechend weder der Fachhochschullehrer noch der Schullehrer Grundrechtsträger der Lehrfreiheit ist[566].

---

560 Hierzu auch *Knemeyer*, S. 43 f.

561 Vor Inkrafttreten des Fünften HRGÄndG vom 16.2.2002, BGBl I, S. 693.

562 Vgl. hierzu auch *Denninger*, in: AK, Art. 5 III (Wiss.), Rn. 30; *Oppermann*, in: HdbStR VI, § 145, Rn. 38. Als Indiz für die Eigenverantwortlichkeit der Durchführung der Lehrveranstaltung mag es angesehen werden, wenn diese im Vorlesungsverzeichnis mit dem Namen des Assistenten oder Mitarbeiters selbst angekündigt wird.

563 BVerfGE 35, 79, 125; *Oppermann*, in: HdbStR VI, § 145, Rn. 34; *Starck*, in: v. Mangoldt/Klein/Starck, Art. 5, Rn. 367; nach *Stein*, JA 2002, 253, 255 f., soll sogar die Freiheit des Studiums von Art. 5 III GG umfasst sein.

564 Da das Grundrecht der Lehrfreiheit jedem zusteht, der Erkenntnisse wissenschaftlich fundiert vermittelt, genösse unter dieser Voraussetzung selbstverständlich auch jeder „Privatgelehrte“ den Schutz aus Art. 5 III GG.

565 Statt vieler *M. Blankenagel*, S. 51; *Dickert*, S. 355; *Hailbronner*, S. 263.

566 Siehe oben S. 43 ff. bzw. S. 51 ff.

II. Juristische Personen

Von hoher Bedeutung ist die Wissenschaftsfreiheit als Kollektivgrundrecht. Wissenschaft wird heute im Wesentlichen in Bundes- oder Landesforschungsanstalten (z. B. Deutsche Forschungsgemeinschaft, Max-Planck-Gesellschaft mit ihren Forschungsinstituten, Fraunhofer-Gesellschaft, Robert-Koch-Institut)[567], universitären oder außeruniversitären Einrichtungen, hier vor allem in der industriellen Forschung der Pharmakonzerne, Chemie- oder Biotechnologieunternehmen usw., betrieben[568]. Zwar können diese Gebilde als solche keine Forschung betreiben bzw. lehren, doch ist Art. 5 III GG seinem Wesen nach auch auf Personenvereinigungen anwendbar (s. Art. 19 III GG), sofern ihre Bildung und Betätigung Ausdruck der freien wissenschaftlichen Entfaltung der natürlichen Personen sind, deren Schutz es erforderlich erscheinen lässt, auch die juristische Person als Grundrechtsinhaber anzusehen[569]. Die Entfaltung der Wissenschaftsfreiheit der natürlichen Personen zeigt sich in der personellen, sachlichen und finanziellen Organisation von Forschung (und Lehre), etwa in der Bereitstellung der notwendigen Räumlichkeiten (z. B. Laboratorien), der gemeinsamen Nutzung von Büchern etc. Demnach ist die Freiheit der Wissenschaft ihrem Wesen nach jedenfalls auf juristische Personen des *privaten* Rechts anwendbar, also auf solche privatrechtlichen Vereinigungen oder Organisationen, die zu einer eigenständigen Willensbildung und eigenem Handeln in der Lage sind und die die Eigengesetzlichkeit des wissenschaftlichen Arbeitens respektieren[570]. Auch die private Hochschule ist hiernach aus Art. 5 III GG grundrechtsberechtigt[571].

Vom Grundsatz her zweifelhaft ist demgegenüber die Grundrechtsträgerschaft juristischer Personen des *öffentlichen* Rechts wie der Universität; denn Träger hoheitlicher Befugnisse sind prinzipiell Adressaten der Grundrechte (Art. 1 III GG), also grundrechtsverpflichtet, nicht aber zugleich auch grundrechtsberechtigt. Abweichend von diesem Grundsatz ist jedoch anerkannt, dass ausnahmsweise auch juristische Personen des öffentlichen Rechts dann Grundrechtsträger sein können, wenn sie sich durch eine gewisse Distanz zum Staat bzw. (spiegelbildlich) durch eine Ähnlichkeit mit dem potentiell in seiner grundrechtlichen Freiheit bedrohten Individuum auszeichnen („grund-

---

567 Hierzu *Thieme*, DÖV 1994, 150 ff.

568 *Schulze-Fielitz* spricht vor diesem Hintergrund von einem „relativen Bedeutungsverlust der universitären Wissenschaft“, HdbVerfR, § 27, Rn. 21.

569 BVerfGE 21, 362, 369; 61, 82, 101.

570 BVerfGE 10, 89, 99; *Pieroth/Schlink*, Rn. 142 ff.; *Starck*, in: v. Mangoldt/Klein/Starck, Art. 5, Rn. 370.

571 *Pieroth/Schlink*, Rn. 623.

rechtstypische Gefährdungslage“). Die Universität erfüllt ihrem Wesen nach nur sehr begrenzt staatliche Aufgaben bzw. hoheitliche Funktionen. Sie ist in erster Linie zentraler Standort von wissenschaftlicher Forschung und Lehre. Hierbei kann sie wie der einzelne Wissenschaftler durch staatliche Maßnahmen (z. B. im Hinblick auf die akademische Selbstverwaltung, die finanzielle Ausstattung) in ihrer Freiheit bedroht werden. Deshalb ist die Grundrechtsträgerschaft der Universität trotz ihrer öffentlich-rechtlichen Konstitution allgemein anerkannt[572], und Art. 5 III 1 GG wird in seiner Gesamtheit zu Recht auch als das „Grundrecht der deutschen Universität“ bezeichnet[573]. Auch die einzelnen Fakultäten sind als weitgehend verselbstständigte Glieder der (Gesamt-) Universität aus Art. 5 III GG legitimiert[574].

---

572 BVerfGE 15, 256, 261 f.; 31, 314, 322; 39, 302, 314; *M. Blankenagel*, S. 54 f.

573 Diese Bezeichnung geht zurück auf den Pädagogen und Philosophen *Friedrich Paulsen* (1846-1908); sie ist im Schrifttum immer wieder herangezogen worden, obwohl weder in den Reichsverfassungen von 1848/49 und 1919 noch im Grundgesetz ausdrücklich von der Universität die Rede ist; siehe aus dem älteren Schrifttum *Köttgen*, in: Die Grundrechte II, S. 291, 292; *Smend*, VVDStRL 4 (1928), 44, 73; aus der neueren Literatur etwa *Bethge*, in: Sachs, Art. 5, Rn. 210; *Oppermann*, in: HdbStR VI, § 145, Rn. 18. Neben den Universitäten sind trotz öffentlich-rechtlicher Konstitution die Kirchen und Religionsgemeinschaften sowie die Rundfunkanstalten (jedenfalls) im Hinblick auf Art. 4 I, II bzw. Art. 5 I 2 GG grundrechtsberechtigt.

574 BVerfGE 15, 256, 261 f.; 31, 314, 322; 39, 302, 314.

3. Teil:
Vorschriften des Tierschutzgesetzes als Eingriffsnormen und bloße Schutzbereichsregelungen

Wie im vorstehenden Teil aufgezeigt, unterfällt die Durchführung von Tierversuchen grundsätzlich der Wissenschaftsfreiheit. Zahlreiche Vorschriften des Tierschutzgesetzes, insbesondere die des Fünften und Sechsten Abschnittes, reglementieren jedoch diese Freiheit, indem sie den leitenden Grundgedanken des § 1 S. 1 TierSchG, wonach aus der Verantwortung des Menschen für das Tier als Mitgeschöpf dessen Leben und Wohlbefinden zu schützen ist, in Bezug auf Tierversuche konkretisieren. Im Folgenden soll zunächst untersucht werden, welche Normen einen *rechtfertigungsbedürftigen Eingriff* in die Freiheit der Wissenschaft darstellen. Diesen werden jene Bestimmungen gegenübergestellt, die die durch Art. 5 III GG gewährleistete Freiheit zwar ebenfalls in gewisser Form betreffen, hierbei aber *innerhalb der Schutzbereichsgrenze* bleiben. Nur solche Vorschriften des Tierschutzgesetzes, die vor der grundgesetzlichen Wissenschaftsfreiheit rechtfertigungsbedürftig sind, vermögen die Notwendigkeit der Einfügung der Staatszielbestimmung Tierschutz in das Grundgesetz zu begründen.

A. Zum Begriff des Grundrechtseingriffs

Auf der Basis grundsätzlich unbeschränkter Freiheit des Bürgers und prinzipiell begrenzter Staatsgewalt markiert der Grundrechtseingriff die Reduktion des Freiheitsbereichs durch den Staat. Dem Grundrechtseingriff kommt eine doppelte Funktion im Hinblick auf das Abwehrrecht zu. Zum einen löst er dessen Eingriffsabwehr aus, das heißt er zielt auf Unterlassung bzw. Folgenbeseitigung. Zum anderen gerät der Staat in die Legitimationspflicht, das heißt er muss seinen Eingriff rechtfertigen[575]. Unter welchen Voraussetzungen ein Grundrechtseingriff anzunehmen ist, lässt sich nicht eindeutig bestimmen. Einigkeit besteht nur darüber, dass der sog. klassische Eingriffsbegriff, der durch Rechtsförmigkeit, Unmittelbarkeit, Finalität und Imperativität gekennzeichnet ist, zu kurz greift[576]. Legte man diesen engen Eingriffsbegriff zugrunde, so würde die Sicherungs- und Legitimationswirkung der Grundrechte bei bestimmten staatlichen Einwirkungen von vornherein nicht ausgelöst werden[577]. Zudem haben neue staatliche Handlungsformen zu neuen

575 *Bethge*, VVDStRL 57 (1998), 7, 10 f.; s. auch *Kloepfer*, JZ 1986, 205, 211.
576 *Bethge*, VVDStRL 57 (1998), 7, 38 ff.; *Pieroth/Schlink*, Rn. 239.
577 Siehe etwa die Beispiele bei *Pieroth/Schlink*, Rn. 241.

Bedrohungen grundrechtlich geschützter Positionen geführt und die Erweiterung des Eingriffsbegriffs erforderlich gemacht. Aus der Perspektive des Grundrechtsträgers ist schließlich allein der Effekt der Grundrechtsbeeinträchtigung entscheidend und nicht die Eingriffsmodalität[578]. Die notwendige Erweiterung des Eingriffsbegriffs hat zur Folge, dass ein fest umrissener juristischer Terminus nicht existiert[579]. So lassen sich allenfalls Kriterien aufzählen, bei deren Vorliegen – sei es alternativ oder kumulativ – ein bestimmtes staatliches Verhalten rechtfertigungsbedürftig wird. Neben den vier Merkmalen, die bereits den klassischen Grundrechtseingriff beschreiben, sind dies etwa die Vorhersehbarkeit oder die Intensität der Freiheitsbeeinträchtigung[580]. In der Tat erscheint es notwendig, zwischen echten Freiheitsbeeinträchtigungen und bloßen Belästigungen zu unterscheiden[581]. Nicht jede der öffentlichen Gewalt zuzurechnende Einwirkung kann die Eingriffsabwehr und Eingriffsrechtfertigung der Freiheitsrechte auslösen. Doch sind auch insofern wieder Zweifel angebracht. So ist der Ausschluss von Bagatellfällen nur schwer zu konkretisieren und dogmatisch auch kaum begründbar. Das Abstellen auf die Intensität einer hoheitlichen Einwirkung erfolgt typischerweise eher im Rahmen der Verhältnismäßigkeitsprüfung. Auch geringfügige Grundrechtsbeeinträchtigungen sind verfassungswidrig, wenn sie durch kein öffentliches Interesse geboten sind[582].

Vor dem Hintergrund der Komplexität des Eingriffsbegriffs kann im Rahmen dieser Abhandlung diesbezüglich keine weitere Diskussion und Stellungnahme erfolgen. Im Weiteren wird ein Grundrechtseingriff angenommen, wenn ein der öffentlichen Gewalt zurechenbares Handeln dem Einzelnen ein Verhalten, das in den Schutzbereich eines Grundrechts fällt, unmöglich macht oder mehr als nur unerheblich erschwert[583]. Es muss sich um eine grundrechtstangierende Einwirkung mit verhaltenssteuerndem Effekt handeln[584]. Schließlich sei noch betont, dass die Eingriffsqualität einer Norm nicht gleichgesetzt werden darf mit dem Recht des Wissenschaftlers, gegen

578 *Weber-Dürler*, VVDStRL 57 (1998), 57, 76.

579 *Bethge*, VVDStRL 57 (1998), 7, 38.

580 Siehe hierzu *Weber-Dürler*, VVDStRL 57 (1998), 57, 85 ff.

581 Vgl. auch *Kloepfer*, in: FG BVerfG, S. 405, 409; *Pieroth/Schlink*, Rn. 245 ff. Diskutiert wurde in diesem Zusammenhang zum Beispiel, ob die staatliche Warnung vor für gefährlich gehaltenen Produkten (hierzu BVerwGE 87, 37, 39 ff.) oder Sekten (hierzu BVerwGE 82, 76, 79; *Muckel*, JA 1995, 343, 345 f.) einen rechtfertigungsbedürftigen Eingriff darstellt.

582 *Weber-Dürler*, VVDStRL 57 (1998), 57, 87.

583 Vgl. *Pieroth/Schlink*, Rn. 240.

584 *Bethge*, VVDStRL 57 (1998), 7, 40.

gleichgesetzt werden darf mit dem Recht des Wissenschaftlers, gegen die Norm gerichtlich vorzugehen[585].

B. Vorschriften mit Eingriffsqualität

Dementsprechend stellt eine Bestimmung des TierSchG dann einen rechtfertigungsbedürftigen Eingriff in Art. 5 III GG dar, wenn sie den eigenverantwortlichen planmäßigen Versuch der Wahrheitsermittlung bzw. -vermittlung unmöglich macht oder mehr als nur unerheblich erschwert, insbesondere die Freiheit der Versuchsdurchführung beschneidet.

I. Verbot bestimmter Versuchszwecke, § 7 II, IV und V TierSchG

Die grundrechtlich garantierte Forschungsfreiheit differenziert materiellrechtlich nicht nach bestimmten Forschungszwecken, sondern erfasst grundsätzlich jede Form der eigenverantwortlich und planmäßig durchgeführten Wahrheitssuche. Folglich stellt jede Vorschrift einen Eingriff in Art. 5 III GG dar, die Tierversuche nur zu bestimmten Zwecken für zulässig erklärt bzw. Tierversuche im Hinblick auf andere, hiervon abweichende Zwecke verbietet. Nach dieser Maßgabe stellen die in § 7 II, IV und V TierSchG getroffenen Regelungen Grundrechtseingriffe dar. Bereits § 7 II TierSchG schreibt abschließend vor, zu welchen (für hochwertig gehaltenen) Zwecken Versuche durchgeführt werden dürfen. Zu anderen als den genannten Zwecken sind Tierversuche mithin von vornherein untersagt. Versuche zur Entwicklung oder Erprobung von Waffen, Munition und dazugehörigem Gerät unterfallen nicht den in § 7 II Nr. 1-4 TierSchG für zulässig erklärten Versuchszwecken.

---

585 Auf dem von ihm zu beschreitenden Verwaltungsrechtsweg (s. § 40 I VwGO) kann sich der Wissenschaftler grundsätzlich nicht gegen eine Norm als solche wehren. Er muss vielmehr den jeweiligen behördlichen Vollzugsakt abwarten, also etwa die Ablehnung seines Genehmigungsantrages oder die auf § 8a V TierSchG gestützte repressive Untersagungsverfügung; denn erst dann kann er geltend machen, in seinen Rechten verletzt zu sein, vgl. § 42 II VwGO. Unmittelbar gegen eine ihm unliebsame Norm des TierSchG kann er grundsätzlich nur verfassungsrechtlich, das heißt durch Einlegung einer Verfassungsbeschwerde vorgehen, aber auch dies nur ausnahmsweise. Eine Verfassungsbeschwerde unmittelbar gegen eine Norm des TierSchG kommt dann in Betracht, wenn sich der Wissenschaftler bei Zuwiderhandlung gegen die Norm strafbar oder bußgeldpflichtig machen würde; insofern sind die in § 18 I Nr. 11 ff. TierSchG aufgeführten Verstöße bedeutsam. Jedoch wird einschränkend aus dem Grundsatz der Subsidiarität der Verfassungsbeschwerde (vgl. § 90 II BVerfGG) hergeleitet, dass der Beschwerdeführer auch dann versuchen muss, fachgerichtlichen Rechtsschutz zu erlangen, wenn kein fachgerichtlicher Rechtsweg unmittelbar gegen die Norm eröffnet ist; insofern kommt eine inzidente Normenkontrolle durch Feststellungsklage vor dem zuständigen Verwaltungsgericht in Betracht, vgl. BVerfGE 71, 305, 334 ff.; hierzu etwa *Detterbeck*, DÖV 1990, 558, 562 f.

Somit dient das in § 7 IV TierSchG noch einmal ausdrücklich normierte Verbot lediglich der Klarstellung. Demgegenüber weicht das in § 7 V 1 TierSchG ausgesprochene Verbot, Tierversuche zur Entwicklung von Tabakerzeugnissen, Waschmitteln und Kosmetika durchzuführen, von § 7 II Nr. 3 TierSchG ab, wonach Stoffe oder Produkte (also auch Tabakerzeugnisse, Waschmittel und Kosmetika) auf ihre Unbedenklichkeit für die Gesundheit von Mensch oder Tier geprüft werden dürfen. Jenem kommt daher eigenständiger Eingriffscharakter zu. Von der Ermächtigung in § 7 V 2 TierSchG, im Falle von Kosmetika Ausnahmen zu bestimmen, hat das Bundesministerium keinen Gebrauch gemacht[586].

II. Verbot aufgrund ethischer Unvertretbarkeit, § 7 III TierSchG

Der Normbereich der Wissenschaftsfreiheit ist von ethischen bzw. sittlichen Kriterien und Bindungen losgelöst[587]. Deshalb stellt § 7 III TierSchG (ggf. i. V. m. §§ 10 II 1, 8a V TierSchG) einen Grundrechtseingriff dar, wonach Versuche an Wirbeltieren nur durchgeführt werden dürfen, wenn eine Abwägung der zu erwartenden Belastungen mit dem Versuchszweck ergibt, dass sie ethisch vertretbar sind. Satz 2 schreibt konkretisierend vor, dass besonders belastende Versuche nur durchgeführt werden dürfen, wenn sie für essentielle Bedürfnisse von Mensch und Tier von hervorragender Bedeutung sind. Hiernach wird die von Art. 5 III GG geschützte Wahrheitssuche bzw. Erkenntnisvermittlung untersagt, wenn ein bestimmter Versuch ethisch nicht vertretbar ist (z. B. Versuche mit Menschenaffen, die von der amerikanischen Automobilindustrie durchgeführt und bei denen diese in Crash-Tests zerdrückt bzw. Abgasen in tödlichen Mengen ausgesetzt wurden[588]).

III. Die Regelungen in Bezug auf die Versuchsdurchführung in § 9 II 3 Nr. 4 lit. a und Nr. 5 TierSchG

Von großer Bedeutung ist die von Art. 5 III GG umfasste Freiheit des Forschers sowie des (wissenschaftlichen) Lehrers, das methodische Vorgehen zu bestimmen. Dies impliziert das Recht, Tierversuche mit oder ohne Betäubung durchzuführen, je nach dem, welche Vorgehensweise der Wissenschaftler zur Erkenntnissuche bzw. -vermittlung für geeignet(er) hält. Vor diesem Hintergrund stellt die in § 9 II 3 Nr. 4 lit. a TierSchG (ggf. i. V. m. § 10 II 1) getroffene Regelung einen Grundrechtseingriff dar. Hiernach darf kein Eingriff an

586 BT-Dr. 15/723, S. 76 f.
587 Siehe oben S. 94 ff., 116 ff.
588 Siehe *H. Stern*, S. 10 f.

einem nicht betäubten Wirbeltier durchgeführt werden, wenn dieser zu schweren Verletzungen führt. Dieses Verbot ist absolut, das heißt es gilt – anders als z. B. die in Nr. 4 lit. b getroffene Regelung – auch dann, wenn eine Betäubung mit dem Versuchszweck nicht vereinbar ist. Der wissenschaftliche Forscher bzw. Lehrer ist hiernach gezwungen, auf den Erkenntnisgewinn bzw. Lehreffekt zu verzichten, wenn der Versuchszweck eine Betäubung nicht zulässt und schwere Verletzungen beim Tier zu erwarten sind[589].

Die Freiheit des methodischen Vorgehens schließt des Weiteren das Recht ein, Tiere mehrfach zu verwenden, sofern der Versuchszweck dies erfordert. Nach dieser Maßgabe ist auch § 9 II 3 Nr. 5 TierSchG (ggf. i. V. m. § 10 II 1) rechtfertigungsbedürftig. Diese Vorschrift verbietet die nochmalige Verwendung eines Wirbeltieres, wenn an dem Tier zuvor bereits ein schwerer operativer Eingriff vorgenommen oder das Tier in einem mit erheblichen oder länger anhaltenden Schmerzen oder Leiden oder mit erheblichen Schäden verbundenen Eingriff verwendet worden ist. Nur unter gewissen engen Voraussetzungen ist eine Ausnahme hiervon vorgesehen. Auch hiernach ist der Wissenschaftler gegebenenfalls gezwungen, auf den Erkenntnisgewinn bzw. die Wissensvermittlung zu verzichten.

IV. Behördliche Anordnungen auf der Grundlage der §§ 8a V bzw. 16a TierSchG

Abgesehen von den soeben genannten gesetzlichen Eingriffsnormen stellt schließlich jede behördliche Anordnung einen Eingriff in die Freiheit der Wissenschaft dar, wenn sie die Durchführung von Tierversuchen untersagt bzw. mehr als nur unerheblich erschwert (z. B. durch eine belastende Auflage). Die hierfür erforderliche gesetzliche Ermächtigungsgrundlage findet sich in § 8a V bzw. § 16a 2 Nr. 4 TierSchG[590].

C. Vorschriften ohne Eingriffsqualität

Andere Vorschriften des Fünften und Sechsten Abschnitts des TierSchG, die Anordnungen in Bezug auf Tierversuche treffen, greifen demgegenüber nicht in den Schutzbereich der Wissenschaftsfreiheit ein.

---

589 Es sei an dieser Stelle noch einmal darauf hingewiesen, dass immerhin 98 % aller Versuche im Sinne des Fünften Abschnittes des TierSchG an zuvor betäubten Tieren vorgenommen werden, *Baumgartner*, in: Caspar/Koch, S. 9, 19; *Lorz/Metzger*, vor § 7, Rn. 23.

590 In NRW sind die Bezirksregierungen die zuständigen Behörden auf dem Gebiet des Tierversuchsrechts, § 2 Nr. 1 der Zuständigkeitsverordnung auf dem Gebiet des Tierschutzrechts vom 26.9.1989, GV.NRW, S. 508.

I. Beteiligung des Tierschutzbeauftragten, § 8b TierSchG

Keinen Eingriff in die Wissenschaftsfreiheit stellt zunächst die in § 8b TierSchG (ggf. i. V. m. § 10 II 1) im Einzelnen umschriebene Tätigkeit des Tierschutzbeauftragten dar. Jede Einrichtung, die Tierversuche an Wirbeltieren durchführt, ist verpflichtet, (mindestens) einen Tierschutzbeauftragten zu bestellen und dies der zuständigen Behörde anzuzeigen. Dieser wird im Interesse des Tierschutzes tätig, indem er auf die Einhaltung entsprechender Bestimmungen achtet und die mit der Tierhaltung bzw. Versuchsdurchführung befassten Personen berät. Des Weiteren nimmt er zu jedem Genehmigungsantrag Stellung und wirkt auf die Entwicklung und Anwendung alternativer Methoden hin (§ 8b III TierSchG). Der Tierschutzbeauftragte nimmt also eine Art „Mittlerfunktion" zwischen den versuchsdurchführenden Wissenschaftlern und deren Mitarbeitern sowie der Behörde wahr[591]. Hierbei ist er von seiner Einrichtung zu unterstützen (§ 8b V TierSchG). Entscheidend in diesem Zusammenhang ist jedoch, dass der Tierschutzbeauftragte *nicht* legitimiert ist, *verbindlich* auf den Prozess der Erkenntnisgewinnung bzw. Wissensvermittlung einzuwirken. Durch die Erfüllung seiner Aufgaben wird demnach die planmäßige und eigenverantwortliche Wahrheitssuche bzw. -vermittlung nicht beeinträchtigt. Art. 5 III GG schützt nicht davor, einen Versuch ohne jede kritische (aber eben nicht verbindliche) Einflussnahme durchführen zu können.

II. Beteiligung der Tierschutzkommission, § 15 I TierSchG

Ähnlich ist die Rechtslage im Hinblick auf die gem. § 15 I TierSchG bei der Entscheidung über die Genehmigung von Tierversuchen zu beteiligende Tierschutz- bzw. Ethikkommission. Diese unterstützt die nach Landesrecht zuständigen Behörden, indem sie zu Anträgen auf Genehmigung von Versuchsvorhaben Stellung nimmt. Zwar weicht die Behörde nur in äußerst seltenen Fällen von dem Vorschlag der Kommission ab. Dies ändert aber nichts daran, dass ihre Stellungnahme *unverbindlich* ist[592]. Da Art. 5 III GG den Wissenschaftler nicht vor kritischen Anregungen oder Vorschlägen schützt, greift auch die Beteiligung der Tierschutzkommission nicht in die Wissenschaftsfreiheit ein.

591 Näher zu dieser Institution *Dimigen*, in: Caspar/Koch, S. 171 ff.

592 *Kloepfer* hält hingegen die Einsetzung der Kommission für verfassungswidrig, JZ 1986, 205, 211; vgl. hierzu auch die Ausführungen von *Gramm*, WissR 32 (1999), 209, 216 ff.

III. Aufzeichnungspflicht gem. § 9a TierSchG

Gemäß § 9a TierSchG ist der wissenschaftliche Forscher bzw. Lehrer (s. § 10 II 1 TierSchG) verpflichtet, Aufzeichnungen der dort näher beschriebenen Art über Tierversuche zu machen. Diese sind drei Jahre lang aufzubewahren und der zuständigen Behörde auf Verlangen zur Einsichtnahme vorzulegen. Eine vergleichbare Meldepflicht besteht auch nach § 1 der Versuchstiermeldeverordnung[593]. Prüft man diese Normen im Hinblick darauf, ob sie einen Grundrechtseingriff darstellen, so ist zu berücksichtigen, dass jeder Wissenschaftler bereits vor der Versuchsdurchführung entsprechende Angaben zu machen hat. So muss bereits der Genehmigungsantrag nach § 8 II 3 bzw. die Versuchsanzeige gem. § 8a II TierSchG Angaben in Bezug auf das Vorhaben enthalten. Ob dieser Pflicht, die insbesondere bei den genehmigungspflichtigen Versuchen Angaben von einigem Umfang erfordert (s. die Darlegungs- und Nachweispflichten in § 8 II 2 TierSchG), Eingriffscharakter zukommt, wird noch zu erörtern sein[594]. Jedenfalls stellt aber demgegenüber die in § 9a TierSchG normierte Aufzeichnungspflicht keine eigenständige Freiheitsbeeinträchtigung dar, die die Erkenntnissuche bzw. -vermittlung erschweren könnte. Schließlich kommt auch der Pflicht, die Aufzeichnungen aufzubewahren und gegebenenfalls vorzulegen, keine wissenschaftliche Relevanz zu; denn auch hierdurch wird die eigenverantwortliche planmäßige Wahrheitssuche bzw. -vermittlung nicht erschwert oder behindert. Insgesamt stellen somit die in § 9a TierSchG aufgestellten Pflichten keinen Eingriff in die Wissenschaftsfreiheit dar.

IV. Die übrigen Regelungen in § 9 I und II TierSchG

Oben ist aufgezeigt worden, dass die in § 9 II 3 Nr. 4 lit. a und Nr. 5 TierSchG normierten Verpflichtungen Eingriffe in die Freiheit der Wissenschaft darstellen. Dies gilt jedoch nicht für die übrigen Anordnungen des § 9 I und II TierSchG.

1. Befugnis zur Versuchsdurchführung, § 9 I TierSchG

Zunächst bestimmt § 9 I TierSchG, *wer* zur Durchführung von Tierversuchen befugt ist. Dies sind gem. S. 1 grundsätzlich nur solche Personen, die die hierzu erforderlichen Fachkenntnisse haben. In den S. 2 und 3 wird dieser Grundsatz konkretisiert. So dürfen insbesondere Tierversuche mit operativen Eingriffen an Wirbeltieren nur von solchen Personen durchgeführt werden,

---

593 BGBl 1999 I, S. 2156.

594 Unten S. 131 ff.

die ein Hochschulstudium der Veterinärmedizin, Medizin oder der Biologie – Fachrichtung Zoologie – abgeschlossen haben, wobei letztere zusätzlich an einer Hochschule oder anderen wissenschaftlichen Einrichtung tätig sein müssen. Diese Regelung erscheint im Hinblick auf Art. 5 III GG insofern problematisch, als das Grundrecht der Wissenschaftsfreiheit *jedem* zusteht, „der wissenschaftlich tätig ist oder tätig werden will"[595]. Art. 5 III GG differenziert also gerade nicht nach bestimmten Personengruppen, garantiert die Wissenschaftsfreiheit insbesondere nicht nur Hochschullehrern. Zu berücksichtigen ist jedoch, dass § 9 I 4 TierSchG die zuständige Behörde dazu ermächtigt, *Ausnahmen* in Bezug auf die personelle Beschränkung zuzulassen, sofern der Nachweis der erforderlichen Fachkenntnisse auf andere Weise erbracht ist. Der (Tierschutz-) Gesetzgeber geht davon aus, dass Personen mit abgeschlossenem Hochschulstudium der Veterinärmedizin, Medizin und Biologie – Fachrichtung Zoologie – diese Fachkenntnis besitzen, spricht sie aber anderen Personen nicht ab. Alles in allem trifft § 9 I TierSchG daher nur die Regelung, dass die Durchführung von Tierversuchen lediglich solchen Personen obliegt, die die hierfür erforderlichen Fachkenntnisse haben (Grundsatz des S. 1). Dies ist aber mit Art. 5 III GG vereinbar, der ebenfalls einen gewissen Kenntnisstand voraussetzt[596]. Deshalb bleibt die in § 9 I TierSchG getroffene Regelung innerhalb des Schutzbereichs der Wissenschaftsfreiheit und stellt keinen Eingriff dar.

2. Art und Weise der Versuchsdurchführung, § 9 II TierSchG

In § 9 II 3 TierSchG werden Vorschriften in Bezug auf die Art und Weise (*„wie?"*) der Versuchsdurchführung aufgestellt. Hierbei fällt auf, dass die meisten der dort genannten Pflichten nur insoweit Gültigkeit beanspruchen, als der Versuchszweck nicht beeinträchtigt wird. So gilt etwa das unter Nr. 1 normierte Gebot, Versuche an sinnesphysiologisch niedriger entwickelten Tieren durchzuführen, nur für den Fall, dass dies mit dem jeweiligen Versuchszweck vereinbar ist. Auch von dem ebenfalls unter Nr. 1 aufgestellten Verbot, Versuche an solchen Tieren durchzuführen, die der Natur entnommen sind, kann abgewichen werden, wenn Versuche an anderen Tieren für den verfolgten Zweck nicht ausreichen. Ähnlich ist die Rechtslage bei den unter Nr. 2, 3, 4 lit. b und Nr. 7 getroffenen Regelungen. Jeweils gilt die im Interesse des Tierschutzes erfolgende Bestimmung nur für den Fall, dass der

595 BVerfGE 15, 256, 263; 35, 79, 112; 88, 129, 136; *Bethge*, in: Sachs, Art. 5, Rn. 209; *Oppermann*, in: HdbStR VI, § 145, Rn. 34.

596 Siehe hierzu oben S. 34.

Zweck des jeweiligen Versuchs dem nicht entgegensteht. Es wird – mit anderen Worten – klargestellt, dass die die Versuchsdurchführung betreffenden Pflichten unter dem Vorbehalt der Reichweite der Wissenschaftsfreiheit stehen. Von vornherein nicht wissenschaftsrelevant sind die in § 9 II 3 Nr. 6 und 8 TierSchG aufgestellten Gebote. Gem. Nr. 6 ist bei Versuchen zur Ermittlung der tödlichen Dosis oder Konzentration eines Stoffes das Tier zu töten, sobald erkennbar ist, dass es infolge der Wirkung des Stoffes stirbt. Wenn aber ohnehin (klar) erkennbar ist, dass ein Stoff bei einer bestimmten Konzentration oder Dosis tödlich wirkt, dann hat die Pflicht, das betroffene Tier zu töten, auf den Versuchszweck offensichtlich keinen Einfluss. Gleiches gilt für die unter Nr. 8 genannte Pflicht, nach Abschluss des Versuchs das Tier (der dort genannten Art) unverzüglich einem Tierarzt zur Untersuchung vorzustellen. Auch dieses Gebot hat auf die Freiheit des methodischen Vorgehens bzw. auf den Versuchszweck von vornherein keine Auswirkung. Insgesamt lässt sich somit feststellen, dass die in § 9 I und II TierSchG normierten (Tierschutz-) Pflichten des Wissenschaftlers – abgesehen von den unter Nr. 4 lit. a und Nr. 5 getroffenen Regelungen[597] – keinen Eingriff in Art. 5 III GG bedeuten.

D. Zweifelsfälle

I. Das Genehmigungsverfahren des § 8 TierSchG als Grundrechtseingriff

Den „Kern des Tierversuchsrechts“[598] stellt das Genehmigungsverfahren nach § 8 TierSchG dar, das grundsätzlich für jeden Versuch an Wirbeltieren (im Sinne des Fünften Abschnittes des TierSchG) gilt[599]. Ausnahmen hiervon sind in § 8 VII TierSchG vorgesehen. Auch im Hinblick auf dieses Genehmigungsverfahren stellt sich die Frage, ob es einen rechtfertigungsbedürftigen Eingriff in die grundrechtlich garantierte Forschungsfreiheit darstellt (und zwar unabhängig vom Ausgang des Verfahrens). Dies ist vom Bundesverfassungsgericht in einem in der Literatur zumeist heftig kritisierten Kammerbeschluss aus dem Jahre 1994[600] zwar nicht ausdrücklich, jedoch der Sache nach bestritten worden. Es ging um die Ausgestaltung des Genehmigungsverfahrens, konkret um das in § 7 III TierSchG normierte Erfordernis, wonach Versuche an Wirbeltieren nur durchgeführt werden dürfen, wenn die zu erwar-

597 Siehe oben S. 126 f.

598 *Lorz/Metzger*, § 8, Rn. 1.

599 Die Beschränkung auf Wirbeltiere resultiert daher, dass diese „infolge ihrer differenzierten Innervierung im Hinblick auf Schmerzerregung, -leitung und -empfindung im Vergleich zu anderen Tieren wesentlich stärker“ reagieren, *Lorz/Metzger*, § 4, Rn. 4.

600 BVerfG, NVwZ 1994, 894.

tenden Schmerzen, Leiden oder Schäden der Versuchstiere im Hinblick auf den Versuchszweck ethisch vertretbar sind. Da die Frage der Eingriffsqualität des Genehmigungsverfahrens von dessen Ausgestaltung abhängig ist, wird zunächst der Frage nachzugehen sein, ob die vom Bundesverfassungsgericht vorgenommene Auslegung insbesondere der §§ 7 II, III; 8 III Nr. 1 lit. a TierSchG überzeugt. Die Entscheidung verdient aber noch aus einem weiteren Grund besondere Beachtung. Sie ist die einzige ausdrückliche Stellungnahme des Bundesverfassungsgerichts zum Verhältnis des Tierschutzes zur Freiheit der wissenschaftlichen Forschung. Deshalb ist sie insgesamt für die Frage, ob die Normierung der Staatszielbestimmung Tierschutz notwendig war, von grundsätzlicher Bedeutung.

1. Die Ausgestaltung des Genehmigungsverfahrens

a) Der Kammerbeschluss des Bundesverfassungsgerichts vom 20.6.1994

Das Bundesverfassungsgericht hatte über einen Vorlagebeschluss des VG Berlin[601] zu entscheiden. Dieses hielt § 7 III TierSchG insofern für verfassungswidrig, als danach Versuche an Wirbeltieren, die für Zwecke medizinischer Forschung oder der Grundlagenforschung unerlässlich sind, nur durchgeführt werden dürfen, wenn sie ethisch vertretbar sind. Das Bundesverfassungsgericht befand den Vorlagebeschluss des VG Berlin aus zwei Gründen für unzulässig. Zum einen habe das VG nicht dargelegt, dass es – auch unter Zugrundelegung seiner Auslegung der §§ 7 III, 8 III Nr. 1 lit. a TierSchG – auf die Gültigkeit von § 7 III TierSchG ankomme. Es hätte nicht nur dann der Klage stattgeben können, wenn § 7 III TierSchG für verfassungswidrig und nichtig zu erklären wäre, sondern auch dann, wenn eine Beweisaufnahme zum Ergebnis geführt hätte, dass die Versuchsvorhaben ethisch vertretbar seien. Eine Vorlage sei aber nicht zulässig, wenn das Gericht sich auf diesem Weg eine Beweisaufnahme ersparen wolle. Zwar könne in Ausnahmefällen eine Vorlage auch schon vor einer an sich erforderlichen Beweisaufnahme zulässig sein; ein solcher Ausnahmefall sei vorliegend aber nicht gegeben[602]. Zum anderen bemängelte die Kammer, dass das VG die nahe liegende verfassungskonforme Auslegung der in Frage stehenden Norm (§ 7 III 1 TierSchG) durch eine entsprechende, die Bedeutung des Art. 5 III GG berücksichtigende Gestaltung des Genehmigungsverfahrens nicht erwogen habe. Vor einer Normenkontrolle nach Art. 100 I GG müsse das vorlegende Gericht aber zu der Möglichkeit einer verfassungskonformen Auslegung Stellung nehmen,

601 VG Berlin, NVwZ-RR 1994, 506.
602 BVerfG, NVwZ 1994, 894, 895 f.

insbesondere dann, wenn – wie vorliegend der Fall – offensichtlich mehrere Auslegungsmöglichkeiten in Betracht kämen. Wie die verfassungskonforme Auslegung auszusehen habe, gab die Kammer dem VG Berlin gleich mit auf den Weg. Maßgeblich für die Auslegung des § 7 III sei § 8 III Nr. 1 lit. a TierSchG. Diese Vorschrift aber könne bzw. müsse vor dem Hintergrund des Art. 5 III GG und entsprechend seinem Wortlaut dahin ausgelegt werden, dass die ethische Vertretbarkeit des Versuchs *nicht nachgewiesen, sondern bloß wissenschaftlich begründet dargelegt* werden müsse. Der Genehmigungsbehörde dürfe eine materielle Prüfungskompetenz nicht zugebilligt werden. Dies gelte sowohl für die Unerlässlichkeit des Versuchs nach § 7 II als auch für die ethische Vertretbarkeit nach § 7 III TierSchG. Halte der Wissenschaftler nach erfolgter Abwägung seinen Versuch für unerlässlich bzw. für ethisch vertretbar, könne die Behörde ihre Einschätzung nicht an die Stelle der Einschätzung des jeweiligen Wissenschaftlers setzen, sondern bloß eine „qualifizierte Plausibilitätskontrolle" vornehmen[603]. Für diese Auslegung spreche auch die Entstehungsgeschichte des hier maßgeblichen § 8 III Nr. 1 lit. a TierSchG, der die Belange des Tierschutzes einerseits und die der Wissenschaft andererseits zu einem angemessenen Ausgleich habe bringen sollen. Der Vermittlungsausschuss, bei dessen Beratungen das Gesetz schließlich die im Bundestag mehrheitlich angenommene Fassung erhalten hat, habe dem Begehren des Bundesrates, die Worte „wissenschaftlich begründet dargelegt ist, dass" zu streichen, um das Genehmigungsverfahren nicht zu einem formalen Prüfungsakt verkommen zu lassen, gerade nicht entsprochen[604]. Werde § 8 III Nr. 1 lit. a TierSchG vor dem Hintergrund seines Wortlauts und seiner Entstehungsgeschichte ernst genommen, ließe sich „schwerlich noch davon sprechen, die Wissenschaftsfreiheit stehe zur Disposition von Genehmigungsbehörde und Gericht"[605].

b) Kritische Stellungnahme

Die vom Bundesverfassungsgericht vorgenommene Auslegung des § 7 III TierSchG ist sehr zweifelhaft. Das einzige Argument, das klar für die Auffassung des Gerichts spricht, ist die ausdrückliche Unterscheidung zwischen „wissenschaftlich begründet darzulegen" (Nr. 1), „nachzuweisen" (Nr. 2) und „darzulegen" (Nr. 3) in § 8 II 2 TierSchG. Wenn das Gesetz dann in § 8 III

---

603 BVerfG, NVwZ 1994, 894, 895; vgl. auch VGH Kassel, NJW 1994, 1608 im Hinblick auf die Lehrfreiheit.

604 BVerfG, a. a. O.; vgl. hierzu auch die Ausführungen des VG Berlin, ZUR 1995, 201, 202 f., im Anschluss an das für unzulässig befundene Normenkontrollverfahren.

605 BVerfG, NVwZ 1994, 894, 895.

Nr. 1 verlangt, dass die ethische Vertretbarkeit nur wissenschaftlich begründet darzulegen sei, so lässt dies den Umkehrschluss zu, dass ein Nachweis gerade nicht erbracht werden soll. Dem stehen auf der anderen Seite jedoch erhebliche Bedenken gegenüber.

aa) Grammatikalische Auslegung

Zunächst ist, wie auch das Bundesverfassungsgericht hervorhebt, der Wortlaut der maßgeblichen Vorschrift(en) zu untersuchen. Hierbei reicht es aber nicht aus, allein auf § 8 III Nr. 1 lit. a TierSchG abzustellen, der eine wissenschaftlich begründete *Darlegung* genügen lässt, was ohne Zweifel gegen eine Prüfungskompetenz der Behörde spricht. Denn demgegenüber spricht der Wortlaut des § 7 II und III TierSchG sehr wohl für eine echte nachprüfbare Genehmigungsvoraussetzung. Nach § 7 II TierSchG dürfen Tierversuche nur durchgeführt werden, soweit sie zu einem der im Folgenden aufgezählten Zwecke unerlässlich *sind.* Versuche an Wirbeltieren dürfen gem. § 7 III TierSchG nur durchgeführt werden, wenn sie ethisch vertretbar *sind.* Der Wortlaut dieser Bestimmungen gibt also keinerlei Anlass zu der Interpretation, dass die Auffassung des Wissenschaftlers diesbezüglich nicht überprüfbar sei. Insgesamt führt daher eine grammatikalische Auslegung nicht weiter[606].

bb) Die Entstehungsgeschichte des § 8 III Nr. 1 lit. a TierSchG

Was die Entstehungsgeschichte des § 8 III Nr. 1 lit. a TierSchG betrifft, so wird sie vom Bundesverfassungsgericht zu einseitig interpretiert und für seine Position in Anspruch genommen. Richtig ist, dass die Bedeutung der Formulierung „wissenschaftlich begründet dargelegt ist, dass“ in § 8 III Nr. 1 TierSchG von Anfang bis Ende des Gesetzgebungsverfahrens nicht klar war. Sowohl im Bundestag als auch im Bundesrat bestanden Zweifel, ob bei dieser Fassung die Behörde ein eigenes materielles Prüfungsrecht habe. Die die Beschlüsse in dem jeweiligen Verfassungsorgan tragende Mehrheit ging jedoch von einem materiellen Prüfungsrecht der Behörde aus, was aus den jeweiligen Verhandlungen gut nachvollzogen werden kann. Schon in seiner ersten Stellungnahme zum Tierschutzänderungsgesetz äußerte der Bundesrat die Befürchtung, das Genehmigungsverfahren würde bei der von der Bundesregierung gewählten Formulierung „zu einem formalen Prüfungsakt“ werden und schlug die Streichung dieser Passage vor[607]. Auch in der Bundestagsdebatte über die Beschlussempfehlung des Vermittlungsausschusses wurde von den

606 So auch VG Berlin, ZUR 1995, 201, 202; *Hobe*, WissR 31 (1998), 309, 321.
607 BT-Dr. 10/3158, Anlage 2, Nr. 8 b).

Vertretern der Oppositionsparteien (SPD und B'90/Die Grünen) vor den Folgen einer bloßen wissenschaftlich begründeten Darlegung gewarnt. Bei dieser Formulierung habe die Behörde kein eigenes Prüfungsrecht[608]. Von den Vertretern der Mehrheitskoalition im Bundestag wurde diese Auffassung hingegen gerade nicht geteilt. So führte der Abg. *Langner* (CDU) aus: „Die Behörde überprüft alle vorgetragenen Tatsachen. (...) Zweifeln an der Richtigkeit vorgetragener Tatsachen ist nachzugehen. Wenn sie nicht ausgeräumt werden, ist die Genehmigung nicht zu erteilen“[609]. Der Abg. *Bredehorn* (FDP) formulierte: „Die Angaben können und müssen vor Erteilung der Genehmigung von der Behörde überprüft werden. Damit ist sichergestellt, dass das Genehmigungsverfahren seinen Zweck erfüllen kann“[610]. Diese Aussagen decken sich mit denen des Berichterstatters des Vermittlungsausschusses *Emmerlich* (SPD)[611]. Auf der Grundlage dieser Interpretation des § 8 III Nr. 1 lit. a TierSchG stimmte der Bundestag dem Gesetz am 19.6.1986 schließlich mehrheitlich zu. Eine vergleichbare Situation herrschte dann in der Sitzung des Bundesrates am 27.6.1986 vor, bei der das Gesetz nach streitiger Debatte verabschiedet wurde. Während namentlich Staatsminister *Clauss* dafür eintrat, dem Gesetz die Zustimmung zu verweigern („Jede behördliche Prüfung und Kontrolle im Genehmigungsverfahren wird damit unmöglich gemacht“) [612], betonten die Vertreter der unionsregierten Länder die Verbesserung des Tierschutzes auch und gerade im Hinblick auf Tierversuche[613]. Nach Maßgabe ihrer Interpretation stimmte dann auch der Bundesrat mehrheitlich dem Gesetz zu und bekräftigte in einer unmittelbar hiernach angenommenen Entschließung, dass er hierbei davon ausgehe, „dass im Vollzug des § 8 TierSchG an die wissenschaftlich begründete Darlegung der Genehmigungsvoraussetzungen strenge Anforderungen gestellt werden. (...) Sie (die Verwaltungsbehörde) hat sich vielmehr mit aller Gewissenhaftigkeit und unter He-

---

608 So ausdrücklich der Abg. *Sander* (SPD), stenogr. Berichte BT 10/222, S. 17206; der Sache nach auch der Abg. *Werner* (B'90/Die Grünen), ebenda, S. 17207 f.

609 Stenogr. Berichte BT 10/222, S. 17206.

610 Stenogr. Berichte BT 10/222, S. 17207.

611 Stenogr. Berichte BT 10/222, S. 17204 f.: „(...) muss die Verwaltungsbehörde ihrerseits feststellen, ob die Darlegungen des Antragstellers zutreffen und die (...) materiellen Voraussetzungen für die Genehmigung des Tierversuchs vorliegen“, S. 17205.

612 Stenogr. Berichte BR 1986, 566. Sitzung, S. 377 f.

613 So entgegnete etwa der Senator *Scholz*: „Sie (Herr *Clauss*) haben hier eine Interpretation der verabschiedeten Bestimmungen gegeben, die – ich sage es deutlich – falsch ist. (...) Diese Darlegung bedeutet doch nicht, wie Sie hier behaupten, dass keine Kontrolle mehr möglich ist“, stenogr. Berichte BR 1986, 566. Sitzung, S. 379. Der bayrische Staatsminister *Schmidhuber* ergänzte: „Sie (die Verwaltungsbehörde) hat sich vielmehr (...) den Grad von Überzeugung zu verschaffen, der (...) möglich ist“, ebenda, S. 380.

ranziehung der ihr zugänglichen Erkenntnisquellen zu überzeugen, dass die materiellen Voraussetzungen für den Tierversuch vorliegen“[614].

Vor diesem Hintergrund kann résumiert werden, dass die Bedeutung der Formulierung „wissenschaftlich begründet dargelegt ist, dass“ in § 8 III Nr. 1 lit. a TierSchG zwar im Gesetzgebungsverfahren umstritten war. Es führt aber kein Weg daran vorbei, dass die jeweilige Mehrheit, die das Gesetz im Bundestag beschlossen bzw. dem Gesetz im Bundesrat zugestimmt hat, von einem materiellen Prüfungsrecht der Behörde ausging[615].

cc) Mangelnde Kompetenz und Beurteilungsfähigkeit des Naturwissenschaftlers

Jedenfalls was die Bewertung der ethischen Vertretbarkeit eines Tierversuchs betrifft (§ 7 III TierSchG), muss die Kompetenz des Naturwissenschaftlers bestritten werden. Die ethische Bewertung eines Tierversuchs bestimmt sich nicht nach naturwissenschaftlichen Methoden, sondern unterliegt eigenen Gesetzen. Der Naturwissenschaftler ist in dieser Hinsicht aber nicht ausgebildet[616]. Des Weiteren darf davon ausgegangen werden, dass jeder Naturwissenschaftler seinen eigenen Versuch (selbstverständlich) als unerlässlich (§ 7 II TierSchG) bzw. ethisch vertretbar (§ 7 III TierSchG) beurteilen wird. Insofern lässt sich ohne Weiteres von einer Befangenheit des (selbst) betroffenen Wissenschaftlers ausgehen. Auch dies spricht dafür, die Frage nach der Unerlässlichkeit bzw. ethischen Vertretbarkeit des Tierversuchs der Beurteilungskompetenz des Forschers zu entziehen.

dd) Beteiligung des Tierschutzbeauftragten und der Ethikkommission

Dies gilt umso mehr, als das TierSchG jede Einrichtung, die Tierversuche (an Wirbeltieren) durchführt, verpflichtet, einen Tierschutzbeauftragten zu bestellen, der im Interesse des Tierschutzes beratend tätig wird und zu jedem Antrag auf Genehmigung eines Tierversuchs Stellung nimmt (s. § 8b III). Der Tierschutzbeauftragte muss ein abgeschlossenes Hochschulstudium der Veterinärmedizin, Medizin oder Biologie – Fachrichtung Zoologie – aufweisen, ist

614 BR-Dr. 286/86, während fünf SPD-regierte Länder noch am Tag zuvor (26.6.1986) den Antrag stellten, nicht zuzustimmen, u. a. weil die behördliche Nachprüfung bei der Genehmigung von Tierversuchen weitgehend ausgeschlossen sei, BR-Dr. 286/2/86.

615 So auch *Händel*, ZRP 1996, 137, 139; zurückhaltender *Hobe*, WissR 31 (1998), 309, 321 f., der darauf hinweist, „dass im Gesetzgebungsverfahren jedenfalls zumindest unterschiedliche Auffassungen (...) vorherrschten.“

616 Zu Recht kritisch diesbzgl. auch *Caspar*, ZUR 1995, 203, 205; *ders.*, in: Caspar/Koch, S. 47, 83; *Frankenberg*, KJ 1994, 421, 426.

also seinerseits (natur-) wissenschaftlich hinreichend qualifiziert. Des Weiteren schreibt das TierSchG „zur Unterstützung der zuständigen Behörden bei der Entscheidung über die Genehmigung von Tierversuchen“ die Beteiligung einer Kommission vor (§ 15 I 2). Diese muss sowohl aus Naturwissenschaftlern als auch aus solchen Mitgliedern bestehen, „die aus Vorschlagslisten der Tierschutzorganisationen ausgewählt worden sind“ (§ 15 I 3 und 4). Wenn aber schon ein Experte zu beteiligen bzw. ein Expertengremium, das bewusst pluralistisch zusammengesetzt ist, mitzuwirken verpflichtet ist, kann der jeweilige Forscher nicht allein verbindlich über die ethische Vertretbarkeit seines Versuchs bestimmen dürfen. Zwar sind die Stellungnahmen des Tierschutzbeauftragten bzw. der Kommission für die Genehmigungsbehörde nicht verbindlich; doch kann ihre Beteiligung innerhalb des Genehmigungsverfahrens sinnvollerweise nur als Richtschnur für die Entscheidung der Behörde verstanden werden. Auch dies spricht mithin klar für eine materielle Prüfungsbefugnis der Behörde[617].

ee) Weitergehende Prüfungskompetenz im Anzeigeverfahren

Ein weiteres Argument gegen die Auffassung des Bundesverfassungsgerichts liegt darin, dass hiernach die Behörde im Anzeigeverfahren eine weitergehende Prüfungskompetenz hätte als im Genehmigungsverfahren. Gemäß § 8a V TierSchG hat die zuständige Behörde das Recht, Tierversuche, die zuvor (nur) angezeigt worden sind, zu untersagen, wenn sie (u. a.) nicht unerlässlich im Sinne des § 7 II bzw. ethisch nicht vertretbar im Sinne des § 7 III TierSchG sind. Das impliziert aber, dass sie überprüfen darf. Wenn die Behörde jedoch berechtigt ist, solche Versuche auf ihre Unerlässlichkeit bzw. ethische Vertretbarkeit zu überprüfen, die nur der Anzeigepflicht unterliegen, dann muss sie erst recht legitimiert sein, bei den Versuchen, die einer Genehmigung bedürfen, an deren Durchführung das Gesetz also von vornherein strengere Anforderungen stellt, ihre Auffassung an die Stelle der Einschätzung des betroffenen Wissenschaftlers zu setzen.

ff) Beurteilungsspielraum des Bürgers als Fremdkörper im Rechtssystem

Als weiteres Argument gegen das Normverständnis der Kammer des Bundesverfassungsgerichts lässt sich anführen, dass die Annahme eines Beurteilungsspielraums des Bürgers dem geltenden Recht durchweg fremd ist. So-

617 So auch *Caspar*, in: ders./Koch, S. 47, 83; *Händel*, ZRP 1996, 137, 139 f.; *Hobe*, WissR 31 (1998), 309, 313 f. und 322; *Kluge*, ZRP 2004, 10, 12; *ders.*, NVwZ 1994, 869, 871; *Obergfell*, ZRP 2001, 193, 194; *Schelling*, NuR 2000, 188, 189.

wohl im Verwaltungsverfahren (§ 24 VwVfG) als auch im Verwaltungsgerichtsverfahren (§ 86 VwGO) gilt vielmehr der Untersuchungsgrundsatz, das heißt der jeweilige Sachverhalt ist von der Behörde bzw. dem Gericht von Amts wegen vollständig zu ermitteln. Wenn hiervon Ausnahmen zugelassen wurden, dann nur insofern, als der *Verwaltung* unter Berücksichtigung ihrer besonderen Sachnähe ein gerichtsfreier Beurteilungsspielraum zuerkannt worden ist[618]. Dass aber die Auffassung des (selbst betroffenen) *Bürgers* allein maßgeblich sein soll, ist bisher – soweit ersichtlich – nicht angenommen worden, jedenfalls nicht bei der Auslegung solcher Vorschriften, die gerade dem Ausgleich divergierender Interessen dienen[619].

gg) Teleologische Auslegung

Was die teleologische Auslegung der §§ 7 II, III und 8 III Nr. 1 lit. a TierSchG betrifft, so ist grundsätzlich davon auszugehen, dass die getroffenen Regelungen einen Kompromiss darstellen, wie überhaupt der gesamte Fünfte Abschnitt des TierSchG. Auf der einen Seite dienen sie dazu, Leben und Wohlbefinden des Tieres zu schützen (s. auch das Leitprinzip des § 1 TierSchG). Auf der anderen Seite sollen die Vorschriften der Forschungsfreiheit Rechnung tragen. Ein gerechter Interessenausgleich lässt sich jedoch mit der Auslegung, die das Bundesverfassungsgericht vorgenommen hat, nicht herstellen. Wären Behörde bzw. Gericht verpflichtet, die Einschätzung des Forschers in Bezug auf die Unerlässlichkeit bzw. ethische Vertretbarkeit seines eigenen Versuchs ungeprüft zu übernehmen, so geriete der Tierschutz vollkommen in den Hintergrund, während die Freiheit des Forschers nahezu unangetastet bliebe. Dem Tierschutz würde nur in dem Fall Rechnung getragen, dass der Forscher im Rahmen seiner Darlegung der Unerlässlichkeit bzw. ethischen Vertretbarkeit selbst zu der Erkenntnis gelangt, dass die Voraussetzungen im Hinblick auf seinen (eigenen) Versuch nicht vorliegen. Es darf unterstellt werden, dass dies praktisch nicht geschieht. Der Tierschutz wäre also ausgehöhlt[620]. Von einem gerechten Ausgleich zweier divergierender Interessen könnte keine Rede mehr sein. Nur wenn die staatliche Instanz

618 Und auch dies nur in bestimmten Situationen; vgl. hierzu auch *Caspar*, ZRP 1998, 441, 443 und vor allem *Hobe*, WissR 31 (1998), 309, 316 ff. mit entspr. Nachw.; ausführlich zu dem Problemkreis des gerichtsfreien Beurteilungsspielraums von administrativen Entscheidungen *Peine*, Rn. 72 ff.

619 Vgl. hierzu auch die Ausführungen auf S. 37 ff.

620 *Steike/Wolf* stellten vor diesem Hintergrund sogar die Rechtsqualität der Bestimmungen des Tierversuchsrechts in Frage und sahen in ihnen nunmehr bloß noch moralisch verpflichtende Normen, die nur noch „das Gewand einer juristischen Norm tragen", Der Tierschutzbeauftragte 1995, 241, 244.

ihr Überprüfungsrecht behält, kann zwischen beiden grundsätzlich schützenswerten Belangen vermittelt werden, indem zwischen dem Versuchszweck und den Leiden, Schmerzen oder Schäden des Tieres abgewogen wird.

hh) Résumé

Hiernach war die vom Bundesverfassungsgericht vorgenommene Auslegung der §§ 7 II, III, 8 III Nr. 1 lit. a TierSchG nicht überzeugend; mehr noch, sie ging am TierSchG vorbei und ist deshalb mit Recht als „contra legem" bezeichnet worden[621]. Sie wird auch nicht dadurch zulässig, dass sie – wie das Bundesverfassungsgericht angenommen hat[622] – verfassungsrechtlich (Art. 5 III GG) geboten sei. Auch eine verfassungskonforme Auslegung setzt voraus, dass die jeweilige Norm überhaupt einer Auslegung zugänglich ist. Das ist aber nicht der Fall, wenn der Wortlaut, die Entstehungsgeschichte, die Systematik und der Sinn und Zweck einer Vorschrift insgesamt eine klare Aussage ergeben. Diese darf dann nicht dadurch relativiert werden, dass der Norm mit Hinweis auf eine Bestimmung des Grundgesetzes ein anderer entgegengesetzter Bedeutungsgehalt gegeben wird. Ist die Aussage einer einfach-gesetzlichen Vorschrift eindeutig, mit der Regelung einer höherrangigen Verfassungsbestimmung jedoch nicht vereinbar, ist vielmehr konsequent von der Verfassungswidrigkeit der einfach-gesetzlichen Vorschrift auszugehen[623]. Dies ist auch in der Rechtsprechung des Bundesverfassungsgerichts selbst mehrfach betont worden[624].

Das Genehmigungsverfahren ist demnach so ausgestaltet, dass die zuständige Behörde die Unerlässlichkeit und ethische Vertretbarkeit des Versuchs überprüfen darf. Auch wenn dem kritisierten Beschluss des Bundesverfassungsgerichts keine unmittelbare Bindungswirkung nach § 31 I BVerfGG zukam[625], so mag es doch mit dieser Rechtsprechung zu tun gehabt haben, dass in den

621 *Hobe*, a. a. O., S. 323 und 331.

622 BVerfG, NVwZ 1994, 894 f.

623 *Caspar*, ZUR 1998, 177, 182; *Frankenberg*, KJ 1994, 421, 429; *Hesse*, Rn. 80, mit entspr. Nachw.; *Hobe*, WissR 31 (1998), 309, 323.

624 BVerfGE 72, 278, 295 m. w. N. Sehr zweifelhaft erscheinen vor diesem Hintergrund etwa BVerfGE 69, 315, 349 ff.; 85, 69, 74 f., wonach selbst die ganz eindeutige Anmeldefrist für Versammlungen unter freiem Himmel („spätestens 48 Stunden vor der Bekanntgabe", § 14 I VersG) verfassungskonform (Art. 8 GG) ausgelegt werden könne und müsse.

625 Dies aus zwei Gründen: zum einen weil es sich nur um eine *Kammer*entscheidung handelte, zum anderen weil es *keine Sachentscheidung* war, die Entscheidung also nur die (Un-) Zulässigkeit der Vorlage betraf; s. *Rennert*, in: Umbach/Clemens, § 31, Rn. 70 f. mit Nachw.

Jahren 1999 bis 2002 jährlich gerade einmal zwei bzw. drei (!) Versuchsanträge bundesweit abgelehnt wurden, weil die Behörde sie als ethisch nicht vertretbar ansah[626]. Jedenfalls aus Klarstellungsgründen erscheint es empfehlenswert, die Worte „wissenschaftlich begründet dargelegt ist, dass" in § 8 III Nr. 1 TierSchG wieder zu streichen[627].

2. Prüfung der Eingriffsqualität

Das Bundesverfassungsgericht vertrat die Auffassung, dass sich bei der von ihm vertretenen Auslegung der §§ 7 II und III TierSchG kaum noch davon sprechen lasse, „die Wissenschaftsfreiheit stehe zur Disposition von Genehmigungsbehörde und Gericht"[628]. Diese Formulierung dürfte verfassungsdogmatisch so zu verstehen sein, dass bei bloß wissenschaftlich begründeter Darlegung der Unerlässlichkeit sowie der ethischen Vertretbarkeit des Tierversuchs kein Grundrechtseingriff mehr vorläge. Auch dies erscheint jedoch zweifelhaft. Nach Maßgabe obiger Ausführungen zum Grundrechtseingriff[629] wird man jedenfalls die Verpflichtung, einen Genehmigungsantrag zu stellen (§ 8 II 1 TierSchG), noch nicht als Eingriff bewerten können. Die Antragstellung verlangt keinen Aufwand des Forschers und erschwert unter keinem denkbaren Gesichtspunkt die Versuchsdurchführung. Allerdings verlangt das TierSchG vom Forscher mehr als die bloße Antragstellung. Es verpflichtet zu äußerst umfangreichen Darlegungen bzw. Nachweisen (§ 8 II 2). Zusätzlich müssen die in § 8a II Nr. 1-5 TierSchG vorgeschriebenen Angaben enthalten sein. All dies ist für den Forscher insgesamt mühevoll und nimmt viel Zeit in Anspruch. Dies gilt insbesondere für die substantiierte Darlegung der Unerlässlichkeit und ethischen Vertretbarkeit des Tierversuchs. Der Antragsteller muss zunächst die tatsächlichen Grundlagen seiner Bewertung bezeichnen, dann diese Tatsachen würdigen und schließlich einem plausiblen nachvollziehbaren Ergebnis zuführen. Damit von einer wissenschaftlich begründeten Darlegung gesprochen werden kann, muss das Niveau dem anerkannter Arbeiten auf dem jeweiligen Fachgebiet entsprechen[630]. Hinzu kommt, dass die Behörde den Antrag immer noch mit der Begründung zurückweisen kann, die Angaben seien in tatsächlicher oder argumentativer Hinsicht nicht substantiiert genug. Der Forscher müsste dann seine Darlegungen noch einmal überarbeiten. Auch wenn die

---

626 BT-Dr. 14/5712, S. 60 bzw. BT-Dr. 15/723, S. 67. In diesen Fällen sind die zuständigen Behörden gem. § 15a TierSchG verpflichtet, den Bundesminister zu unterrichten.

627 *Händel*, ZRP 1996, 137, 142.

628 BVerfG, NVwZ 1994, 894, 895.

629 S. 123 f.

630 *Lorz/Metzger*, § 8, Rn. 10, 12.

entsprechenden Darlegungen bzw. Nachweise substantiiert genug sind, kann es trotz des 1998 neu eingefügten Rechtsinstituts der fingierten Genehmigung nach § 8 Va TierSchG, der das Genehmigungsverfahren beschleunigen soll, immer noch bis zu drei Monate dauern, bis der Forscher mit seinem Vorhaben beginnen kann. Das VG Berlin spricht im Anschluss an den Kammerbeschluss des Bundesverfassungsgerichts dann auch selbst mit Recht von einem „gelegentlich äußerst langwierigen Genehmigungsverfahren“[631].

Vor diesem Hintergrund wird man davon auszugehen haben, dass das umfangreiche Genehmigungsverfahren die Freiheit der Versuchsdurchführung mehr als nur unerheblich erschwert. Ihm kommt hiernach Eingriffsqualität zu[632]. Sofern vertreten worden ist, die Darlegungs- und Nachweispflichten des § 8 II TierSchG seien bloß Konkretisierungen der Forschungsfreiheit[633], so kann das kaum überzeugen.

Schließlich sei noch darauf hingewiesen, dass die Genehmigung bei Vorliegen der Voraussetzungen erteilt werden *muss*. Es würde einen nicht zu rechtfertigenden Eingriff in die Forschungsfreiheit darstellen, würde man der Behörde auch dann noch ein Versagungsermessen einräumen, wenn die Voraussetzungen für die Genehmigung vorliegen[634].

II. Das Anzeigeverfahren gemäß § 8a TierSchG als Grundrechtseingriff

Fraglich erscheint des Weiteren, ob die Anzeigepflicht des § 8a I 1 TierSchG mit den in Abs. 2 vorgeschriebenen Angaben einen Grundrechtseingriff darstellt. Sie ist sowohl im Hinblick auf die Forschungs- als auch die Lehrfreiheit bedenklich, denn sie trifft zum einen den Forscher, dessen Versuchsvorhaben ausnahmsweise nicht der Genehmigungspflicht nach § 8 TierSchG un-

---

631 VG Berlin, ZUR 1995, 201.

632 Wie hier auch *Heyde*, in: FS für Zeidler, S. 1429, 1441; *Kluge*, NVwZ 1994, 869, 870 f.; *Löwer*, in: GS für Kimminich, S. 54, 61; *Obergfell*, ZRP 2001, 193, 196; *Schelling*, NuR 2000, 188, 189. Vgl. in diesem Zusammenhang auch *Gramm*, WissR 32 (1999), 209, 216 m. w. N., im Hinblick auf die Ethikkommissionen bei den medizinischen Fakultäten und Ärztekammern.

633 So *Frankenfeld*, KJ 1994, 421, 431, wobei dieser insofern von der Annahme ausgeht, diese Pflichten träfen auch den wissenschaftlichen Lehrer. Für diesen gilt jedoch nur die Anzeigepflicht aus § 8a TierSchG mit den in Abs. 2 genannten Angaben. Die umfangreichen Darlegungs- und Nachweispflichten des § 8 II 2 TierSchG gelten für die Tierversuche zur Aus-, Fort- und Weiterbildung gerade nicht, s. § 10 II TierSchG.

634 Deshalb muss die Formulierung „Die Genehmigung darf nur erteilt werden, wenn...“ in § 8 III TierSchG so gelesen werden als stünde dort „Die Genehmigung ist zu erteilen, wenn...“; s. hierzu ausführlich *Papier*, NuR 1991, 162 ff.

terliegt (s. § 8 VII)[635], als auch den wissenschaftlichen Lehrer, der an einer Hochschule, also zur Aus- oder Fortbildung, Eingriffe an Tieren durchführt (§ 10 II verweist auf § 8a TierSchG). Jedoch tangiert die bloße Anzeigepflicht die Freiheit des Wissenschaftlers zweifellos weniger als die Genehmigungspflicht; denn bei jener entfallen die umfangreichen Darlegungs- und Nachweispflichten des § 8 II 2 TierSchG[636]. Die in § 8a II vorgeschriebenen Angaben nehmen deutlich weniger Mühe und Zeit in Anspruch. Hinzu kommt, dass keine Frist eingehalten werden muss, wenn die „sofortige Durchführung des Tierversuchs erforderlich ist“ (§ 8a I 2 TierSchG). Dies bedeutet, dass der Wissenschaftler gegebenenfalls selbst entscheiden kann, wann er den geplanten Versuch anzeigt und die vorgeschriebenen Angaben macht. Die Versuchsdurchführung wird hiernach also nicht erschwert. Im Ergebnis ist vor diesem Hintergrund die Eingriffsqualität des Anzeigeverfahrens zu verneinen[637].

E. Rechtfertigung der Eingriffsnormen des TierSchG

Einige Vorschriften des Tierversuchsrechts (§ 7 II-V, § 9 II 3 Nr. 4 lit. a und Nr. 5, das Genehmigungsverfahren nach § 8 TierSchG), insbesondere die Eingriffsermächtigungen der §§ 8a V und 16a 2 Nr. 4 TierSchG bzw. die auf ihrer Grundlage ergangenen behördlichen Verfügungen, existieren erkennbar unter der Voraussetzung, dass sie in den Normbereich der Wissenschaftsfreiheit einzugreifen berechtigt sind. Möglich war dies jedoch nur dann, wenn der Belang „Tierschutz“ schon vor Einfügung in Art. 20a GG in der Lage war, dem vorbehaltlosen Grundrecht des Art. 5 III GG gegenübergestellt zu werden und dieses zu beschränken. In diesem Fall käme der neuen Staatszielbestimmung Tierschutz nur noch deklaratorische Bedeutung zu. Dass auch die Freiheit der Wissenschaft Begrenzungen und Einschränkungen unterliegt, wurde bereits betont[638]. Es stellt sich jedoch die Frage, *wie* Eingriffe in die Wissenschaftsfreiheit zu rechtfertigen sind. Hierfür ist von entscheidender Bedeutung, dass das Grundrecht der Freiheit der Wissenschaft gem. Art. 5 III GG – wie manche andere

---

635 Zweifelhaft ist in diesem Zusammenhang, ob die Ausnahmevorschrift des § 8 VII Nr. 1 lit. b TierSchG, wonach solche Versuchsvorhaben keiner Genehmigung bedürfen, deren Durchführung in einer allgemeinen Verwaltungsvorschrift vorgesehen ist, überhaupt verfassungsgemäß ist, s. hierzu BVerwGE 77, 214, 219 f.; von Bedeutung ist, dass die jeweilige Verwaltungsvorschrift im Einklang mit § 7 II und III TierSchG steht, s. auch hierzu BVerwGE 77, 214, 221 f.

636 *Frankenberg* geht demgegenüber zu Unrecht davon aus, diese träfen auch den wissenschaftlichen Lehrer, KJ 1994, 421, 431.

637 A. A. *Obergfell*, ZRP 2001, 193, 196.

638 S. 63.

Grundrechte auch – ohne Gesetzes- oder Schrankenvorbehalt gewährleistet ist[639]. Auch die in Art. 5 III 2 GG normierte Treueklausel stellt keine Schranke der Lehrfreiheit dar[640]. Wie die Schranken vorbehaltloser Grundrechte zu bestimmen sind, war lange Zeit umstritten. Erwogen wurde insbesondere eine (unmittelbare oder mittelbare) Übertragung der Schrankentrias des Art. 2 I GG sowie – speziell für die Kunst- und Wissenschaftsfreiheit – eine Übertragung der Schranken des Art. 5 II GG[641]. Durchsetzen konnten sich diese Erwägungen jedoch nicht. Heute hat sich auf der Grundlage der ständigen Rechtsprechung des Bundesverfassungsgerichts eine herrschende Meinung gebildet, die jedenfalls im Prinzip kaum mehr bezweifelt wird. Hiernach sind

„*nur kollidierende Grundrechte Dritter und andere mit Verfassungsrang ausgestattete Rechtswerte* (...) mit Rücksicht auf die Einheit der Verfassung und die von ihr geschützte Wertordnung ausnahmsweise imstande, auch uneingeschränkte Grundrechte in einzelnen Beziehungen zu begrenzen. Dabei auftretende Konflikte lassen sich nur lösen, indem ermittelt wird, welche Verfassungsbestimmung für die konkret zu entscheidende Frage das höhere Gewicht hat“[642].

Diese Grundsätze hat das Bundesverfassungsgericht auch speziell für die Wissenschaftsfreiheit schon mehrfach bestätigt:

„Aus den gleichen Gründen wie bei der Kunstfreiheit gelten bei der Wissenschaftsfreiheit die in Art. 5 II und Art. 2 I GG genannten Schranken jedoch nicht, so dass auch etwaige *Einschränkungen der Wissenschaftsfreiheit nur aus der Verfassung selbst herzuleiten* sind. Die Konflikte zwischen der Gewährleistung der Wissenschaftsfreiheit und dem Schutz anderer verfassungsrechtlich garantierter Rechtsgüter müssen daher nach Maßgabe der grundgesetzlichen Wertordnung und unter Berücksichtigung der Einheit dieses Wertsystems durch Verfassungsauslegung gelöst werden. In diesem Spannungsverhältnis kommt der Wissenschaftsfreiheit gegenüber den mit ihr kollidierenden, gleichfalls verfassungsrechtlich geschützten Werten nicht schlechthin Vorrang zu“[643].

---

639 Eine Auflistung aller vorbehaltlosen Grundrechte findet sich bei *Sachs*, in Stern III/2, S. 516 ff.

640 Nach herrschender Ansicht hat sie nur deklaratorische Bedeutung und betont die Verpflichtung zur Loyalität gegenüber der freiheitlichen demokratischen Grundordnung, s. *Jarass*, in: ders./Pieroth, Art. 5, Rn. 106; *Wendt*, in: v. Münch/Kunig, Art. 5, Rn. 114.

641 Hierzu etwa *Kimminich*, WissR 18 (1985), 116, 124 f.; *Müller*, JZ 1970, 87, 88 f.; *v. Nieuwland*, S. 15 ff.

642 So BVerfGE 28, 243, 261; Hervorheb. von mir; s. des Weiteren E 30, 173, 193; 32, 98, 108; 83, 130, 139.

643 BVerfGE 47, 327, 369; 57, 70, 99; vgl. auch VGH Kassel, NJW 1994, 1608, 1609; BayVGH, DÖV 1985, 496, 497.

Nach Maßgabe dieser Ausführungen ist nunmehr zu prüfen, ob der Tierschutz schon vor der Änderung des Art. 20a GG ein Wert mit Verfassungsrang war bzw. ob er aus der Verfassung hergeleitet werden konnte.

4. Teil:
Verfassungsrang des Tierschutzes schon vor Änderung des Art. 20a GG

Die Frage, ob dem Tierschutz Verfassungsrang zukommt, ist seit der ausdrücklichen Normierung als Staatsziel in Art. 20a GG im Jahre 2002 geklärt. Ein über einen langen Zeitraum ausgetragener verfassungsrechtlicher Streit hat damit seine Erledigung gefunden. Es lässt sich jedoch nur dann von der Notwendigkeit der Staatszielbestimmung „Tierschutz" sprechen, wenn diesem nicht schon vorher Verfassungsrang zukam. Im Rahmen der dieser Arbeit zugrunde liegenden Thematik ist diese Frage daher zu untersuchen. Ergab sich ein Verfassungsrang des Tierschutzes schon vorher aus dem Grundgesetz, so käme der Einfügung in Art. 20a GG lediglich deklaratorische Bedeutung zu.

A. Keine (Grund-) Rechte der Tiere nach geltendem Recht

Zum Teil ist erwogen worden, Tieren selbst Rechte zuzuerkennen[644]. Dieser Gedanke erscheint auf Anhieb ungewohnt, vielleicht sogar absurd. Bei näherem Hinsehen wird es aber durchaus schwierig, hieb- und stichfeste Argumente hiergegen zu finden.

Zunächst einmal besteht aber kein Zweifel daran, dass die Ausstattung der Tiere mit eigener Rechtsfähigkeit jedenfalls ein Tätigwerden des Gesetzgebers voraussetzt, sich also nicht schon aus dem geltenden Recht ergibt[645]. Zwar ist zuzugeben, dass auch rein objektiv formulierte Schutznormen die stillschweigende Anerkennung subjektiver Rechte enthalten können[646], so dass insofern auch die Herleitung von Tierrechten aus den objektiven Normen des TierSchG denkbar wäre. Doch wäre die Zuerkennung von Tierrechten zweifellos eine revolutionäre Umgestaltung des geltenden Rechtssystems. Es ist nicht anzunehmen, dass sie vom Willen des Tierschutz-Gesetzgebers gedeckt war und schon im geltenden TierSchG angelegt ist.

Eine andere Frage ist, ob Tieren nicht nach entsprechender Gesetzesänderung Rechtsfähigkeit zuerkannt werden *könnte*. Hierbei handelt es sich dann jedoch

644 Gesetzentwurf von B'90/Die Grünen, BT-Dr. 13/8249, S. 5; *v. Loeper/Reyer*, ZRP 1984, 205, 208 f.; *v. Loeper*, in: Händel, S. 144, 156 ff.; *Meyer-Abich*, in: Händel, S. 22 ff. unter Betonung des Gleichheitsprinzips; ausführlich hierzu auch *Krawietz*, in: GS für Kaulbach, S. 147, 153 f.; 180 ff.; *Lersner*, NVwZ 1988, 988 ff.

645 Statt vieler *Dreier/Starck*, in: Händel, S. 103, 104; *Frankenberg*, KJ 1994, 421, 432 f.

646 So mit Recht *Erbel*, DVBl 1986, 1235, 1252, der beispielhaft auf Art. 6 I GG verweist.

um eine rechtspolitische Frage[647], der an dieser Stelle nicht im Einzelnen nachgegangen werden kann. Die Forderung nach Rechten für Tiere, so befremdlich sie auch wirkt, sollte man nicht vorschnell als indiskutabel ablehnen. So wäre es nicht ausreichend, die Zuerkennung von Tierrechten deshalb zu verneinen, weil die Anerkennung von Rechten mit der Auferlegung von Pflichten verbunden sei, die Tiere nun einmal nicht wahrnehmen könnten[648]. Zwar bedarf es keiner Erläuterung, dass Tiere nicht zu einem bestimmten Verhalten verpflichtet werden können, doch ist schon die These, dass Rechtsträger auch Pflichtenträger sein müssten, leicht widerlegbar. Man denke nur an die Stellung des nasciturus im bürgerlichen Recht, den das Gesetz an manchen Stellen abweichend vom Grundsatz des § 1 BGB als rechtsfähig behandelt[649], ohne dies an eine Pflichtenbindung zu koppeln. Also müssten auch Tiere nicht zwingend Träger von Pflichten sein, wenn man ihnen Rechtsfähigkeit zuerkennen will. Auch der naheliegende Einwand, das gesamte Rechtssystem sei ausschließlich auf den Menschen zugeschnitten, verliert bei näherer Betrachtung etwas von seiner Überzeugungskraft, verdeutlicht doch die durch das Recht verliehene Existenz juristischer Personen, dass auch Gebilde ohne eine biologische, greifbare Realität (z. B. das Land Nordrhein-Westfalen) Rechte besitzen können, die durch den/die jeweiligen Vertreter geltend gemacht werden. Wenn dann aber das „Menschsein" keine zwingende Voraussetzung für die Zuerkennung von Rechtsfähigkeit ist, dann ist es nicht ausgeschlossen, dass auch Tiere als (immerhin) klar individualisierbare, lebende Wesen Rechte besitzen, die dann ebenfalls von bestimmten gesetzlichen Vertretern (Tierschutzorganisationen oder -verbänden) geltend gemacht werden könnten[650]. Auch haben Tiere ohne Zweifel eigene Interessen, auch wenn sie diese nicht – oder jedenfalls nicht verständlich – artikulieren können. Es mag sein, dass sich Tiere ihrer Interessen nicht (hinreichend) bewusst sind. Aber dies gilt auch für Säuglinge oder Geisteskranke; trotzdem erkennt ihnen die Rechtsordnung selbstverständlich eigene Rechte zu.

647 Der Gedanke, Tieren Rechtsfähigkeit zuzuerkennen, ist nicht neu. Entsprechende Überlegungen lassen sich (mindestens) bis ins 19. Jahrhundert zurückverfolgen, s. *Erbel*, DVBl 1986, 1235, 1252, sind also keineswegs Ausdruck aktuellen tierschützerischen Übereifers.

648 So aber *Krawietz*, in: GS für Kaulbach, S. 147, 181; *Obergfell*, ZRP 2001, 193, 195.

649 Insbesondere ist der nasciturus gem. § 1923 II BGB erbfähig; er hat auch einen eigenen Ersatzanspruch bei Tötung einer Person, die ihm gegenüber unterhaltspflichtig geworden wäre, § 844 II 2 BGB bzw. § 10 II 2 StVG.

650 Vgl. *Erbel*, DVBl 1986, 1235, 1254; *Meyer-Abich*, in: Händel, S. 22, 23 f.; vgl. zu dieser Thematik *Joerden/Busch* (Hrsg.), Tiere ohne Rechte?, mit zahlreichen Beiträgen.

Auf der anderen Seite kann aber die Notwendigkeit der Zuerkennung eigener Rechte nicht ganz einleuchten. Für einen effektiven Tierschutz ausreichend und jedenfalls praktisch wesentlich leichter durchsetzbar dürfte es sein, die Interessen der Tiere durch Tierschutzorganisationen oder -verbände als Sachwalter tierischer Interessen in Form einer gesetzlichen Prozessstandschaft geltend machen und durchsetzen zu lassen. Diese Art der Interessenvertretung wäre jedenfalls im geltenden Rechtssystem schon angelegt.

B. Unergiebigkeit der Rechtsprechung des Bundesverfassungsgerichts

Die Rechtsprechung des Bundesverfassungsgerichts führt bei der Beantwortung der Frage, ob dem Tierschutz schon vor seiner ausdrücklichen Normierung als Staatsziel Verfassungsrang zukam, nicht weiter.

In einer Entscheidung aus dem Jahre 1978[651] erklärte es eine Vorschrift des TierSchG wegen Verstoßes gegen Art. 12 I i. V. m. Art. 3 I GG für verfassungswidrig. § 8 II 1 TierSchG a. F. sah vor, dass Biologen – anders als Mediziner oder Veterinärmediziner – nur an Hochschulen oder *staatlichen* wissenschaftlichen Einrichtungen Tierversuche durchführen dürfen. Der Senat stellte fest, dass dieses Verbot für Biologen an nichtstaatlichen wissenschaftlichen Einrichtungen nur unter dem Gesichtspunkt eines besseren Tierschutzes seine Rechtfertigung finden könnte, was jedoch nicht der Fall sei[652]. Diese Argumentation wurde zum Teil[653] als Beleg dafür angesehen, dass Belange des Tierschutzes auch das vorbehaltlose Grundrecht des Art. 5 III GG einzuschränken vermochten. Das Verbot für den betroffenen Biologen habe nicht nur in seine Rechte aus Art. 12 I i. V. m. Art. 3 I GG eingegriffen, sondern – da er unzweifelhaft forschend tätig war – auch in die Forschungsfreiheit gem. Art. 5 III GG. Folglich wäre nach Ansicht des Bundesverfassungsgerichts auch ein Eingriff in die vorbehaltlos gewährleistete Forschungsfreiheit gerechtfertigt gewesen, wenn nur die strittige Norm des TierSchG zu einem effektiveren Tierschutz geführt hätte. Diese Schlussfolgerung liest jedoch in den Beschluss etwas hinein, was dieser nie zum Ausdruck bringen wollte. Das Gericht nimmt die Prüfung des in Frage stehenden § 8 II 1 TierSchG a. F. ausschließlich anhand der Art. 12 I und 3 I GG vor. Unmittelbar nach jener Aussage, wonach das Verbot nur unter dem Gesichtspunkt eines besseren Tierschutzes gerechtfertigt sein könne, folgt der Satz: „Andere öffentliche Interessen, die den Eingriff *in die Berufsfreiheit* legitimieren könnten, sind nicht

---

651 BVerfGE 48, 376.
652 BVerfGE 48, 376, 389 f.
653 *Brandhuber*, NJW 1991, 725, 727; *Kriele*, in: Händel, S. 113, 117 f.

ersichtlich“[654]. Das spricht eindeutig dafür, dass das Bundesverfassungsgericht zum Verhältnis des Tierschutzes zur Forschungsfreiheit keine Stellung beziehen wollte und mögliche Schlussfolgerungen aus entsprechenden Aussagen nicht bedacht hat[655].

Der Beschluss des Bundesverfassungsgerichts aus dem Jahre 1994[656] ist – in anderem Zusammenhang – bereits ausführlich dargelegt und kritisiert worden[657]. Da die Kammer – freilich zu Unrecht – davon ausging, dass das Genehmigungsverfahren nach § 8 I, II TierSchG keinen Eingriff in die Forschungsfreiheit darstelle, kam es auf einen Verfassungsrang des Tierschutzes nicht an[658].

Dass das Bundesverfassungsgericht die Frage, ob dem Tierschutz schon vor Einfügung in Art. 20a GG Verfassungsrang zukam, offen gelassen hat, kommt unmissverständlich in einem Beschluss aus dem Jahre 2000[659] zum Ausdruck, mit dem die Annahme einer Verfassungsbeschwerde einer Studentin abgelehnt wurde (s. § 93a BVerfGG), die sich unter Berufung auf ihr Grundrecht der Gewissensfreiheit (Art. 4 I GG) weigerte, Tierversuche durchzuführen. Die Kammer stellte in ihrer Entscheidung fest[660]:

> „Dass sich das Bundesverfassungsgericht bei einer Entscheidung über die Verfassungsbeschwerde mit der Frage befassen müsste, welcher Rang dem Tierschutz zukommt, ist nicht zu erkennen. Denn auch aus einer etwaigen verfassungsrechtlichen Verankerung dieses Schutzgutes würden sich weiterreichende Konsequenzen (...) schwerlich ergeben können.“

Das Gericht gibt also klar zu verstehen („*etwaigen* verfassungsrechtlichen Verankerung“), dass es die Frage, ob dem Tierschutz Verfassungsrang zukommt, bisher offen gelassen hat[661].

---

654 BVerfGE 48, 376, 390; Hervorheb. von mir.
655 Vgl. auch *Erbel*, DVBl 1986, 1235, 1248 f.; *Kloepfer*, JZ 1986, 205, 209, Fn. 55.
656 BVerfG, NVwZ 1994, 894.
657 Oben S. 132 ff.
658 *Händel*, ZRP 1996, 137, 138, und *Hillmer*, S. 20 f., deuten den Beschluss des BVerfG so, dass es einem Verfassungsrang des Tierschutzes eine Absage erteilt habe.
659 BVerfG, NVwZ 2000, 909.
660 BVerfG, NVwZ 2000, 909, 910.
661 Wie hier auch *Cirsovius*, S. 100 ff., der ebenfalls feststellt, dass das BVerfG der Frage, ob dem Tierschutz schon vor Änderung des Art. 20a GG Verfassungsrang zukam, erkennbar auswich; s. auch *Hässy*, BayVBl 2002, 202, 204.

C. Ansätze zur Begründung eines Verfassungswertes „Tierschutz"

Zum Teil sind schon vor der Einfügung des Tierschutzes in Art. 20a GG Versuche unternommen worden, diesen verfassungsrechtlich zu verankern.

I. Aus der Gesetzgebungskompetenz des Art. 74 I Nr. 20 GG

Prüft man den Verfassungsrang eines bestimmten Gemeinschaftswertes, so liegt es nahe, zunächst an die Bestimmung des Grundgesetzes anzuknüpfen, die diesen Belang ausdrücklich erwähnt. Art. 74 I Nr. 20 GG erstreckt die konkurrierende Gesetzgebung auf den Tierschutz. Fraglich erscheint nun, ob es sich bei dieser Vorschrift lediglich um eine Kompetenznorm handelt, die festlegt, dass der Bund abweichend vom Grundsatz des Art. 70 I und bei Vorliegen der Voraussetzungen des Art. 72 II GG Gesetzgebungsbefugnis besitzt, oder ob dem Tierschutz darüber hinaus ein materieller Gehalt zukommt.

1. Zum materiell-rechtlichen Gehalt von Kompetenznormen im Allgemeinen

Ein solches positives Kompetenzverständnis wird zum Teil[662] generell angenommen. Die Bedeutung von Kompetenzzuweisungen im Grundgesetz beschränke sich nicht auf die bloße Zuteilung von Handlungs- oder Befugnissphären. Vielmehr hätten die Kompetenznormen auch einen materiell-rechtlichen Inhalt, so dass sie Grundrechtsbeschränkungen legitimieren könnten. Die theoretische Grundlage dieser Annahme liegt in der Vorstellung von der „Einheit der Verfassung". Es bestehe, so wird argumentiert, keine materielle Zweiteilung der Verfassung in einen Grundrechts- und einen organisatorischen Teil, sondern ein unlösbarer Zusammenhang von Grundrechten und Kompetenzbestimmungen. Der Bund bekomme daher in den Art. 73 ff. GG nicht nur Aufgaben, sondern auch die zur Durchführung dieser Aufgaben erforderliche Gewalt zugewiesen[663]. Kompetenznormen könnten daher als „andere mit Verfassungsrang ausgestattete Rechtswerte" im Sinne der Rechtsprechung des Bundesverfassungsgerichts anzusehen sein und grundrechtlichen Freiheiten Schranken ziehen. Bei Kollisionen zwischen Kompetenzsätzen und Grundrechten müssten diese wechselseitig miteinander abgestimmt werden[664]. Namentlich *Albert Bleckmann*[665] meint den Kompetenztiteln sogar

662 *Ehmke*, VVDStRL 20 (1963), 89 ff.; *Graf v. Pestalozza*, Der Staat 11 (1972), 161 ff., *v. Pollern*, JuS 1977, 644, 648; *Stettner*, S. 327 ff.; weitere Nachw. bei *Selk*, JuS 1990, 895, 896, Fn. 18.

663 So *Ehmke*, VVDStRL 20 (1963), 89 f.

664 *Stettner*, S. 10 bzw. 333.

665 *Bleckmann*, DÖV 1983, 129, 130.

konkrete Aussagen über das Verhältnis der dort geregelten Materie zu kollidierenden Grundrechten entnehmen zu können. So sei nach Art. 74 I Nr. 16 GG die Verhinderung des Missbrauchs wirtschaftlicher Machtstellung „dem Bund offensichtlich selbst dann erlaubt, wenn ein Eingriff in Art. 12 und 14 GG vorliegt und nach den allgemeinen Regeln ein solcher Eingriff verfassungswidrig wäre". Im Hinblick auf das Spannungsverhältnis zwischen der in Art. 74 I Nr. 11a GG erwähnten Erzeugung und Nutzung der Kernenergie zu friedlichen Zwecken und Art. 2 II GG stellt er fest, dass die Entscheidung der Verfassung zugunsten der friedlichen Kernenergienutzung gefallen und eine Berufung auf das Grundrecht auf Leben und körperliche Unversehrtheit daher prinzipiell nicht möglich sei.

Da auch der Tierschutz im Gesetzgebungskompetenzkatalog Erwähnung findet (Art. 74 I Nr. 20 GG), wäre er hiernach ein Wert mit Verfassungsrang, der vorbehaltlosen Grundrechten entgegengehalten werden könnte.

Diese Auffassung kann sich jedenfalls zum Teil auch auf die Rechtsprechung des Bundesverfassungsgerichts berufen, die in einigen Entscheidungen Kompetenztitel zur Beschränkung auch vorbehaltloser Grundrechte herangezogen hat. So hat es sich schon im Apothekenurteil für die Notwendigkeit einer Beschränkung auch der Berufswahl auf Art. 74 I Nr. 19 GG berufen, der zeige, dass das Grundgesetz Zulassungsregelungen nicht schlechthin habe ausschließen wollen[666]. Insbesondere auch in den Entscheidungen zur Wehrpflicht und ihrem Verhältnis zu Art. 4 III GG kommt zum Ausdruck, dass das Bundesverfassungsgericht in den in Art. 73 ff. GG aufgeführten Titeln nicht nur Zuständigkeitsregelungen sieht. So hat es in den Art. 12a, 73 Nr. 1, 87a und 115b GG eine verfassungsrechtliche Grundentscheidung für eine wirksame militärische Landesverteidigung gesehen, die das Grundrecht auf Kriegsdienstverweigerung beschränken könne[667]. Ausdrücklich hat es in seinem Beschluss über die Verfassungsmäßigkeit der Errichtung des Kernkraftwerkes Mülheim-Kärlich festgestellt[668]:

666 BVerfGE 7, 377, 401.

667 BVerfGE 69, 1, 21; vgl. auch BVerfGE 28, 243, 261; 48, 127, 159 f.; in BVerfGE 77, 170, 221 hat es auch auf Art. 24 II GG abgestellt, allerdings in einem anderen Zusammenhang, abl. hierzu *Waechter*, Der Staat 30 (1991), 19, 26 f.; zust., soweit der Verfassungswert auf Art. 12a und 87a GG gestützt ist, *v. Kirchbach*, S. 133.

668 BVerfGE 53, 30, 56.

„(...) ändert aber nichts daran, dass auch aus Kompetenzvorschriften der Verfassung eine grundsätzliche Anerkennung und Billigung des darin behandelten Gegenstandes durch die Verfassung selbst folgt und dass dessen Verfassungsmäßigkeit nicht aufgrund anderer Verfassungsbestimmungen grundsätzlich in Frage gestellt werden könnte.“

Doch lassen sich diese Beispiele nicht dahingehend verallgemeinern, dass das Bundesverfassungsgericht den Kompetenztiteln generell materiell-rechtliche Wirkung im Sinne der Positivierung eines Verfassungswertes zuerkannt hätte. So hat es etwa auch entschieden, dass Art. 87 II GG nur als Kompetenznorm und nicht etwa als Indiz für eine verfassungsrechtliche Garantie der Sozialversicherung zu verstehen sei[669]. Auch wurde dem Arbeitsvermittlungsmonopol trotz der verfassungsrechtlichen Verankerung in Art. 74 I Nr. 12 GG kein Beschränkungsgehalt hinsichtlich der Freiheit der Berufswahl beigemessen[670].

2. Materiell-rechtlicher Gehalt nur unter einschränkenden Voraussetzungen

Die wohl überwiegende Auffassung in der Rechtslehre steht der Annahme eines solchen materiellen Kompetenzverständnisses zwar grundsätzlich ablehnend gegenüber. Jedoch könne die Auslegung der Einzelbestimmungen ausnahmsweise ergeben, dass ein materiell-rechtlicher Gehalt im Sinne einer grundrechtsbeschränkenden Wirkung anzunehmen sei.

a) Die Entstehungsgeschichte der Kompetenznorm über den Tierschutz

Dies könne insofern der Fall sein, als die jeweilige Bestimmung nachträglich in das Grundgesetz eingefügt worden sei, zumal wenn dies im Gleichklang mit dem kompetenzausfüllenden Gesetz geschehe, und damit auch eine prinzipielle Aussage über den Wert des jeweiligen Gegenstandes bzw. seine grundrechtsbeschränkende Wirkung verbunden sei[671].

Unter diesem Gesichtspunkt ist zum Teil[672] ein Verfassungsrang des Tierschutzes aus der entsprechenden, im Jahre 1971 in Art. 74 I Nr. 20 GG einge-

---

669 BVerfGE 39, 302, 315.

670 BVerfGE 21, 245, 248 ff., 251; vgl. etwa auch *Selk*, JuS 1990, 895.

671 *Degenhart*, in: Sachs, Art. 70, Rn. 60, der aber dennoch einen verfassungsrechtlichen Rang des Tierschutzes aus Art. 74 I Nr. 20 GG ablehnt, Rn. 59; ausführlich hierzu *Sachs*, in: Stern III/2, S. 582 ff.

672 OVG Hamburg, NVwZ 1994, 592, 594; *Gucht*, JR 1974, 15, 17; *Heyde*, in: FS für Zeidler, S. 1429, 1441 f.; *v. Heydebrand u. d. Lasa/Gruber*, ZRP 1986, 115, 118; *Kluge*, ZRP 1992, 141, 144 und NVwZ 1994, 869, 872; *v. Loeper*, in: Caspar/Koch, S. 21, 22; *v. Loeper/Reyer*, ZRP 1984, 205, 211; *Maisack*, NVwZ 1997, 761, 763; wohl auch *Stober*, S. 25.

fügten Kompetenzmaterie herzuleiten versucht worden. Der Gesetzentwurf für das TierSchG in der ursprünglichen Fassung aus dem Jahre 1972 sei zunächst allein daran gescheitert, dass man die Zuständigkeit des Bundesgesetzgebers bezweifelte, so dass man meinte, die entsprechende Kompetenz dem Bund erst einmal verleihen zu müssen. Demzufolge habe die Bundesregierung einen entsprechenden Entwurf zur Änderung des Grundgesetzes vorgelegt, in dessen Begründung es geheißen habe, dass der Begriff des nunmehr in eine Kompetenznorm aufzunehmenden Tierschutzes *auch die Versuche an lebenden Tieren umfasse*[673]. Etwaige Bedenken im Hinblick auf die Einschränkbarkeit des vorbehaltlosen Grundrechts der Wissenschaftsfreiheit hätten dabei nie bestanden. Dies erkläre sich auch daraus, dass die Tierversuchsbeschränkungen und -regelungen aus dem Reichstierschutzgesetz von 1933[674] bis dahin noch fortgalten (s. Art. 123 I GG) bzw. jedenfalls unbeanstandet geblieben sind. Der verfassungsändernde Gesetzgeber von 1971 habe auch nie die Absicht gehabt, dies im Grundsatz zu ändern und Versuche an Tieren nunmehr im Hinblick auf Art. 5 III GG für frei durchführbar zu erklären. Vielmehr zeige die Entstehungsgeschichte der Kompetenznorm, dass der Verfassunggeber eine verfassungsrechtliche Grundentscheidung für einen ethisch ausgerichteten Tierschutz getroffen habe[675].

Deshalb müsse vor dem Hintergrund dieser historischen Auslegung des Art. 74 I Nr. 20 GG von einer materiellen Wirkung des Belangs „Tierschutz" insofern ausgegangen werden, als er Art. 5 III GG einzuschränken vermag.

b) Materiell-rechtliche Wirkung bei ansonsten unmöglicher Kompetenzausübung

Des Weiteren wird von einem nicht unerheblichen Teil der Rechtslehre einer Kompetenznorm dann beschränkende Wirkung bescheinigt, wenn in ihr ein Rechtsinstitut bezeichnet ist, „dem die Grundrechtseinschränkung notwendig immanent ist"[676]. Gemeint ist hiermit eine solche Kompetenz, die zwangsläufig nicht anders ausgeübt werden kann, als durch die Einschränkung eines Grundrechts. Diese Auffassung beruht auf der Überlegung, dass man aus der Erwähnung einer bestimmten Materie im Kompetenzkatalog zumindest

673 *v. Heydebrand u. d. Lasa/Gruber*, a. a. O.; *Kluge*, ZRP 1992, 141, 144; vgl. hierzu etwa die Rede des Abg. *Schmude* (SPD), stenogr. Berichte BT 6/103, S. 6018 f.

674 RGBl I, 987.

675 OVG Hamburg, NVwZ 1994, 592, 594 m. w. N.

676 *Pieroth*, AöR 114 (1989), 422, 440 ff., 445; so auch *Hillmer*, S. 23; *Kloepfer*, JZ 1986, 205, 207; *Menzel* , DÖV 1983, 805, 806; *Muckel*, S. 265; *Papier*, NuR 1991, 162, 164; *Schelling*, NuR 2000, 188, 192; *Wülfing*, S. 128 ff.

schließen könne, dass die Verfassung die gesetzliche Regelung dieser Materie im Grundsatz billigt. Wenn nun die entsprechende gesetzliche Ausgestaltung nur durch Grundrechtseinschränkung möglich ist, so sei dies hinzunehmen, weil man sonst annehmen müsste, die Verfassung ermächtige den Gesetzgeber zur Regelung verfassungswidriger Bereiche. Im Hinblick auf den Kompetenztitel „Tierschutz“ wird die Ansicht vertreten[677], dass es sich bei der Beschränkung von Tierexperimenten um den Hauptanwendungsfall des Tierschutzes handele, Tierversuche daher notwendig zu einer Beschränkung des Grundrechts der Wissenschaftsfreiheit führen müssten und sich deshalb aus Art. 74 I Nr. 20 GG ein Verfassungsrang des Tierschutzes ergebe.

c) Materiell-rechtliche Wirkung nur bei konstitutiven Kompetenzbestimmungen

Eine weitere, namentlich von *Christian Graf v. Pestalozza*[678] vertretene vermittelnde Lösung geht schließlich dahin, eine materiell-rechtliche grundrechtsbeschränkende Wirkung von Kompetenzbestimmungen dann anzunehmen, wenn ihnen konstitutive und nicht nur deklaratorische Wirkung zukommt. Konstitutive Kompetenzbestimmungen (z. B. das Währungswesen in Art. 73 Nr. 4 GG) seien solche mit einmaligem Sachgebiet, während deklaratorische Kompetenzvorschriften (wie etwa über die Freizügigkeit in Art. 73 Nr. 3 GG) nur auf andere Verfassungsnormen verwiesen (hier Art. 11 GG). Der Tierschutz ist in Art. 74 I Nr. 20 GG einmalig erwähnt, wäre hiernach eine konstitutive Kompetenzbestimmung und demnach grundrechtsbeschränkungstauglich.

3. Kritische Stellungnahme

a) Grundsätzliche Erwägungen zum materiellen Gehalt von Kompetenznormen

Die Kompetenzbestimmungen der Art. 73 ff. GG dienen unbestritten in erster Linie der Verteilung der Gesetzgebungsbefugnisse zwischen dem Bund und den Ländern. Gemäß Art. 70 I GG sind grundsätzlich die Länder gesetzgebungsbefugt, der Bund besitzt nur die ihm zugewiesenen Gesetzgebungskompetenzen (s. auch Art. 30 GG als lex generalis). Den in den Art. 73 ff. GG genannten Materien aber darüber hinaus Verfassungsrang in dem Sinne zuzuerkennen, dass sie vorbehaltlos gewährleistete Grundrechte zu beschränken vermögen, stößt auf folgende grundsätzliche Bedenken:

---

677 *Pieroth*, AöR 114 (1989), 422, 447.
678 *Graf v. Pestalozza*, Der Staat 11 (1972), 161, 169 ff.

aa) Nichtberücksichtigung der Bedeutung des Art. 1 III GG

Zum einen besteht die Gefahr, dass unter Zugrundelegung des Prinzips der Einheit der Verfassung bestehende grundgesetzliche Wertigkeiten verschoben werden. Im Gegensatz zur Weimarer Verfassung gelten unter dem Grundgesetz Gesetze nur im Rahmen der Grundrechte. Deshalb ist eben nicht davon auszugehen, dass Kompetenznormen und kollidierende Grundrechte mit Rücksicht auf die Einheit der Verfassung „im Konfliktfall unter möglichst geringer Beeinträchtigung ihrer jeweiligen Geltungsbereiche aufeinander hin interpretiert werden müssen“[679]. Eine solche Sichtweise würde in der Tat dazu führen, dass die Grundrechte zu reinen Abwägungsgesichtspunkten würden, wovor die ehemaligen Verfassungsrichter *Mahrenholz* und *Böckenförde* zu Recht gewarnt haben[680]. Auszugehen ist vielmehr von dem in Art. 1 III GG klar zum Ausdruck kommenden Grundsatz, dass der Gesetzgeber bei der legislativen Umsetzung der Kompetenztitel an die Grundrechte gebunden ist. Es besteht also gerade keine Gleichwertigkeit von Grundrechten und den Materien, für die der Bund gem. den Art. 73 ff. GG Gesetzgebungskompetenz besitzt, sondern eine *Vorrangstellung der Grundrechte.* Die Einheit der Verfassung besagt lediglich, „dass die Verfassung nicht ein Konglomerat zufällig aneinander gereihter Rechtssätze ist, sondern von einer Konzeption, von einer Idee getragen ist, die es unternimmt, ein geschlossenes Ganzes der Ordnung des Staats- und Gemeinschaftslebens zu sein[681].“ Ihre Bedeutung beschränkt sich darauf, dass bereits bestehende Kollisionslagen zwischen Verfassungsgütern auszugleichen sind und keinem der geschützten Werte hierbei ein prinzipieller Vorrang zukommt. Sie dient jedoch nicht dazu, eine (noch gar nicht vorhandene) Kollisionslage zu schaffen bzw. zu bestimmen, wie diese aufzulösen ist[682].

bb) Widerspruch zum Schrankensystem des Grundrechtsteils

Zum anderen würde die Annahme grundrechtsbeschränkender Wirkung von Kompetenzvorschriften zu einem kaum auflösbaren Widerspruch zum Schrankensystem des Grundrechtsteils führen. Ganz gleich, ob man in ihm nun ein „subtiles System von sehr differenzierten (...) Vorbehalten“[683] oder

---

679 So aber *Graf v. Pestalozza*, Der Staat 11 (1972), 161, 182; zust. *Stettner*, S. 333.

680 Sondervotum zu BVerfGE 69, 1, ab S. 57, 64.

681 *Stern* I, S. 132.

682 Vgl. auch *Muckel*, S. 264 f.

683 *v. Nieuwland*, S. 2; ähnlich *Kloepfer*, JZ 1986, 205, 209: „ganz differenzierte Schrankenarchitektur“.

ein „Schrankenwirrwarr“[684] sieht, der Verfassungsinterpret hat jedenfalls zur Kenntnis zu nehmen, dass die Verfassung zwischen Grundrechten mit einfachem, qualifiziertem und solchen ohne Gesetzesvorbehalt unterscheidet. Während der Gesetzgeber nun im Grundsatz unproblematisch bei der einfachgesetzlichen Umsetzung der jeweiligen Kompetenzmaterie jene Grundrechte einschränken darf, die ihm dies ausdrücklich gestatten, ist bei vorbehaltlos gewährleisteten Grundrechten wie der hier in Rede stehenden Freiheit der Wissenschaft gem. Art. 5 III GG das Tätigwerden des Gesetzgebers nur zum Schutz kollidierender Grundrechte Dritter oder anderer Werte mit Verfassungsrang möglich[685]. Die Einschränkung vorbehaltloser Grundrechte durch kollidierendes Verfassungsrecht ist also dogmatisch nur als *Ausnahmefall* vorgesehen[686], und dieses Anliegen wird man bei der Verfassungsinterpretation ernst zu nehmen haben, will man die Grenze zu jenen Grundrechten, deren Einschränkbarkeit ausdrücklich vorgesehen ist, nicht verwischen. Kompetenzbestimmungen zu ihrer Beschränkung heranzuziehen, hieße nun aber, sie gleichsam durch die Hintertür doch wieder einem einfachen Gesetzesvorbehalt zu unterstellen[687]. Verfassungsdogmatisch wäre dieses Vorgehen aus zweierlei Gründen bedenklich: Zum einen existiert eine solche Vielzahl von Kompetenzmaterien in den Art. 73 ff. GG, dass die Einschränkung vorbehaltloser Grundrechte dadurch praktisch zum Regelfall würde, zum anderen würden Grundrechtsbeschränkungen an einer Stelle im Grundgesetz normiert, die hierfür offensichtlich nicht vorgesehen ist; (formelle) Grundrechtsschranken ergeben sich direkt in Verbindung mit der Grundrechtsgewährleistung oder gar nicht[688].

cc) Andersbehandlung der Kompetenzmaterien der Länder

Zusätzlich ergäbe sich bei Anerkennung einer grundrechtsbeschränkenden Wirkung von Kompetenzvorschriften eine weitere Ungereimtheit, die logisch nicht erklärbar ist, nämlich das Abstellen nur auf die Kompetenz des *Bundes*. Es müsste die Frage beantwortet werden, warum die unter föderativen Gesichtspunkten getroffenen Entscheidungen über die Zuordnung einer Kompe-

684 *Bettermann*, S. 3.
685 Siehe oben S. 142 f.
686 Vom BVerfG seit E 28, 243, 261 mehrfach betont; selbstverständlich ist bei jedem Eingriff insbesondere der Grundsatz der Verhältnismäßigkeit zu beachten.
687 *Dreier*, DVBl 1980, 471, 473; *Dreier/Starck*, in: Händel, S. 103, 104 f.
688 Vgl. etwa auch *Frankenberg*, KJ 1994, 421, 437; *Hillmer*, S. 21; *Kloepfer*, JZ 1986, 205, 207; *Wahl*, Freib. Univ.-Bl. 1987, 19, 25. Bedingt durch die Inkorporation der Art. 136-139, 141 WRV über Art. 140 GG gilt dies allerdings nicht für die Religionsfreiheit, die durch Art. 136 I WRV beschränkt wird, siehe schon oben S. 26.

tenz an den Bund, die nicht selten nur auf historischen Zufälligkeiten beruht, den ausschlaggebenden Aspekt für die doch auf einer ganz anderen Ebene befindliche Problematik ausmachen sollen, welchen im Grundgesetz genannten Werten Verfassungsrang zukommt bzw. welchen Schranken vorbehaltlose Grundrechte unterliegen[689]. Man wird jedenfalls nicht annehmen können, dass die in den Art. 73 ff. GG erwähnten Bereiche von höherer Bedeutung sind als jene, für die die Länder zuständig sind[690]. Dann müsste man aber konsequenterweise annehmen, dass auch die im Grundgesetz nicht genannten Bereiche, für deren Regelung die Länder zuständig sind (Art. 30 GG), Verfassungsrang hätten und Grundrechte einzuschränken in der Lage seien, denn für eine Andersbehandlung dieser Bereiche gäbe es keinen überzeugenden Grund. Die Folge wäre die Einführung eines allgemeinen Ordnungsvorbehalts im Sinne des Polizei- und Ordnungsrechts bzw. (noch allgemeiner) die Unterstellung der vorbehaltlos gewährleisteten Grundrechte unter einen allgemeinen Gesetzesvorbehalt[691]. Der hohe verfassungsrechtliche Wert des Art. 1 III GG, der die Vorrangstellung der Grundrechte zum Ausdruck bringt, wäre endgültig nur noch ein rein theoretischer Wunschgedanke.

dd) Umgehung des Art. 79 GG

Schließlich würde die Annahme eines Verfassungsranges des Tierschutzes aus Art. 74 I Nr. 20 GG eine Umgehung des hierfür vorgesehenen Verfahrens bedeuten. Es steht dem verfassungsändernden Gesetzgeber frei, jederzeit durch eine Verfassungsänderung nach Maßgabe des Art. 79 GG den Verfassungsrang eines bestimmten Bereiches zu dokumentieren, wie er es etwa in den Jahren 1994 bzw. 2002 für die Staatszielbestimmungen Umwelt- bzw. Tierschutz getan hat. Wenn die Aufnahme des Tierschutzes ins Grundgesetz zuvor jedoch zum wiederholten Male an der erforderlichen Zweidrittelmehrheit gescheitert ist (bis zum Jahre 2002), so kann man diese rechtspolitische Entscheidung bedauern, aber nicht durch die Attestierung eines Verfassungsranges gleichsam durch die Hintertür konterkarieren. Eine solche Vorgehensweise wäre sowohl im Hinblick auf das Demokratieprinzip (Ausübung der Staatsgewalt nur in dem dafür vorgesehenen Verfahren) als auch das Rechtsstaatsprinzip (Erkennbarkeit der Bedeutung und Wirkung von Normen) bedenklich[692].

---

689 So auch *Heyde*, in: FS für Zeidler, S. 1429, 1441; *v. Nieuwland*, S. 127; *Selk*, JuS 1990, 895, 898; *Stern*, in: ders. III/2, S. 684.

690 So auch *Alexy*, S. 118; *Hillmer*, S. 21.

691 *Cirsovius*, S. 78 f.; *Frotscher/Störmer*, Jura 1991, 316, 321; *Selk*, JuS 1990, 895, 898.

692 Vgl. auch *Frankenberg*, KJ 1994, 421, 437.

ee) Zwischenergebnis

Als Zwischenergebnis kann konstatiert werden, dass es auf starke grundsätzliche Bedenken stößt, den Kompetenztiteln – abgesehen von der bloß formalen Zuständigkeitsverteilung – materielle Bedeutung im Sinne grundrechtsbeschränkender Wirkung beizumessen. Man wird sogar schon bezweifeln müssen, dass – wie das Bundesverfassungsgericht meint – die ausdrückliche Benennung einer Kompetenzmaterie im Grundgesetz die grundsätzliche Anerkennung und Billigung des behandelten Gegenstandes impliziert[693]. Falls hiermit eine positive Wertentscheidung gemeint sein soll, so stößt dies insofern auf Bedenken, als die Kompetenzzuweisung dem Bund auch die Möglichkeit geben kann, den jeweiligen Bereich zu beschränken bzw. sogar ganz abzuschaffen, was demonstriert, dass die Verfassung ihn *gerade nicht* positiv bewerten oder *gutheißen muss*. Das Bundesverfassungsgericht hat beispielsweise selbst entschieden[694], dass aus Art. 73 Nr. 5 GG („Freizügigkeit des Warenverkehrs") auch die Befugnis folgt, (Film-) Einfuhr*verbote* zu erlassen. Das zeigt aber, dass die Verfassung durch Auflistung einer bestimmten Materie in den Kompetenzvorschriften nicht zugleich eine positive Wertaussage (hier zugunsten einer möglichst freizügigen Ausgestaltung des Warenverkehrs) macht[695]. Man wird daher grundsätzlich in den Kompetenzmaterien nur insofern eine materielle Wertentscheidung sehen können, als in den bezeichneten Bereichen gesetzgeberisches Handeln des Bundes erlaubt bzw. verfassungslegitim ist, das heißt *der Verfassung nicht widerspricht*[696]. Welchen Beschränkungen der Gesetzgeber unterworfen ist, ergibt sich zum einen aus den Grundrechten, zum anderen aus den konkret aus der Verfassung zu ermittelnden kollidierenden Verfassungsgütern. Unter welchen Voraussetzungen (sonstige) Verfassungswerte als Schranke vorbehaltloser Freiheitsgrundrechte herangezogen werden können, ist freilich noch nicht hinreichend diskutiert[697].

---

693 So im Mülheim-Kärlich-Beschluss, BVerfGE 53, 30, 56.

694 BVerfGE 33, 52.

695 Zu Recht daher auch die Überlegung von *Selk*, JuS 1990, 895, 897, der fragt, ob sich aus Art. 74 I Nr. 11a GG nicht auch das Recht des Bundes herleiten ließe, die Erzeugung und Nutzung der Kernenergie zu friedlichen Zwecken zu verbieten. Ein weiteres Beispiel wäre etwa „das Waffen- und das Sprengstoffrecht" (Art. 74 I Nr. 4a GG): Sollte man diesem Kompetenztitel etwa die verfassungsrechtliche Anerkennung und Billigung von Waffen und Sprengstoff entnehmen können?

696 *Mahrenholz/Böckenförde*, Sondervotum BVerfGE 69, 1, 57, 60; s. auch *Frankenberg*, KJ 1994, 421, 436; *Kloepfer*, JZ 1986, 205, 207; *Rozek*, in: v. Mangoldt/Klein/Starck, Art. 70, Rn. 52; diese auf den ersten Blick rein formale Aussage lässt aber durchaus Rückschlüsse normativer Art zu; hierzu sogleich im Text.

697 Siehe hierzu *Bamberger*, insbes. S. 123 ff.

b) Zu den vermittelnden Auffassungen

Diese grundsätzlichen Bedenken vermag zunächst der vermittelnde Ansatz von *Graf von Pestalozza* nicht zu beseitigen. Die von ihm getroffene Unterscheidung zwischen deklaratorischen und konstitutiven Kompetenzvorschriften[698] hilft für die hier zu behandelnde Problematik nicht weiter.

aa) Ermittlung des *objektiven* Willens einer Norm als Auslegungsziel

Wenn zum Teil ein Verfassungsrang des Tierschutzes mit dem Willen des verfassungsändernden Gesetzgebers begründet worden ist, wonach durch die Einfügung der Materie „Tierschutz" in Art. 74 I Nr. 20 GG dem Bund nur formell die nötige Kompetenz verliehen, nicht aber die bestehende Einschränkbarkeit der Wissenschaftsfreiheit im Hinblick auf Tierversuche geändert werden sollte[699], so muss dem entgegnet werden, dass die intendierte Wirkung einer Norm kein (ausreichender) Beweis für ihren Rechtsrang ist[700]. Die historische Auslegung einer Norm, die nach ihrer Entstehungsgeschichte bzw. nach dem Willen des Normgebers fragt, ist nur eine von mehreren Auslegungsmöglichkeiten. Das Bundesverfassungsgericht hat mehrfach mit Recht darauf hingewiesen, dass es bei der Verfassungsinterpretation[701] nicht entscheidend auf den subjektiven Willen des Normgebers ankomme, sondern dass der *objektive Wille der Norm* zu ermitteln sei, „so wie er sich aus dem Wortlaut der Gesetzesbestimmung und dem Sinnzusammenhang ergibt"[702]. Der subjektive Wille des verfassungsändernden Gesetzgebers kann also nur dann eine für die Interpretation der Norm entscheidende Bedeutung haben, wenn er in der Norm selbst hinreichend zum Ausdruck kommt. Dass in der Vorschrift des Art. 74 I Nr. 20 GG die Einschränkbarkeit der Wissenschaftsfreiheit objektiv zum Ausdruck kommt, wird man aber kaum annehmen können. Sie findet sich innerhalb eines umfangreichen Katalogs von Zuständigkeitsregelungen und weist keinen systematischen Bezug zu Art. 5 III GG auf[703].

---

698 Siehe oben S. 153.

699 Siehe oben S. 151 f. mit Fn. 672.

700 So zu Recht *Erbel*, DVBl 1986, 1235, 1249, Fn. 185.

701 Gleiches gilt im Übrigen für die Interpretation einer einfach-gesetzlichen Norm.

702 BVerfGE 1, 299, 312; seitdem st. Rspr., vgl. etwa BVerfGE 8, 274, 307; 10, 234, 244; 71, 81, 106; 79, 106, 121.

703 Im Gegensatz dazu wird man etwa aus der „Ermächtigungsnorm" (so *Mahrenholz/ Böckenförde*, BVerfGE 69, 1, 59) des Art. 12a GG aufgrund seiner Stellung innerhalb des Abschnittes über die Grundrechte eine Beschränkung des Art. 4 III GG überzeugender herleiten können. Für die in dieser Entscheidung (S. 21) ebenfalls herangezogenen Vorschriften der Art. 73 Nr. 1, 87a und 115b GG gilt dies freilich nicht.

bb) Möglichkeit gesetzgeberischen Handelns

Überzeugender ist hingegen die Annahme, den Kompetenzvorschriften dann grundrechtsbeschränkende Wirkung einzugestehen, wenn ansonsten ein kompetenzgemäßes Handeln des Gesetzgebers nicht möglich wäre. Diese Ansicht beruht auf der zutreffenden Überlegung, dass in den durch das Grundgesetz bezeichneten Bereichen ein gesetzgeberisches Handeln des Bundes verfassungslegitim ist und daher jedenfalls möglich sein muss. Die Verfassung muss so interpretiert werden, dass jede ihrer Anordnungen auch realisierbar ist. Sie muss als einheitliche Ordnung mit dem Ziel ausgelegt werden, Widersprüche zwischen ihren einzelnen Regelungen zu vermeiden[704]. Exemplarisch hierfür seien die Art. 105 I, 106 I GG genannt. Wenn nämlich der Bund nach diesen Vorschriften Finanzmonopole errichten darf, dann impliziert das einen Eingriff in die Freiheit der Berufswahl, für dessen Rechtfertigung er sich nicht auf Art. 12 I 2 GG stützen kann. Zwar ist entgegen dem Wortlaut der Norm seit langem anerkannt, dass auch die Freiheit der Berufswahl beschränkbar ist[705]; dies jedoch nur „zur Abwehr nachweisbarer oder höchstwahrscheinlich schwerer Gefahren für ein überragend wichtiges Gemeinschaftsgut“[706]. Dies wird man aber bei der Errichtung von Finanzmonopolen, die vorwiegend die Erzielung von Einnahmen bezweckt, nicht annehmen können. Will man demnach in den Art. 105 I, 106 I GG nicht verfassungswidriges (weil gegen Art. 12 I GG verstoßendes) Verfassungsrecht sehen, wird man annehmen müssen, dass entgegen der Schrankenregelung des Art. 12 I GG Finanzmonopole zulässig und vom Grundgesetz gebilligt sind[707]. Attestiert man unter dieser genannten Voraussetzung einer Kompetenzmaterie grundrechtsbegrenzende Wirkung, wäre damit schließlich noch keinesfalls die Kollision mit dem jeweiligen Grundrecht zugunsten der Kompetenzmaterie entschieden[708], sondern nur festgestellt, dass beide Werte im Sinne praktischer Konkordanz einander zugeordnet werden können. Zwar begegnet auch diese Lösung den oben genannten grundsätzlichen Bedenken. Doch spricht für sie das (richtig verstandene) Prinzip der Einheit der Verfassung.

704 BVerfGE 33, 23, 27.

705 St. Rspr. des BVerfG seit E 7, 377, 401.

706 BVerfGE 7, 377, 408; 11, 168, 183; 25, 1, 11.

707 Vgl. hierzu *Wülfing*, S. 118 f.; gegenwärtig existiert nur noch das Branntweinmonopol, *Pieroth*, in: Jarass/Pieroth, Art. 105, Rn. 24.

708 So aber anscheinend *Bleckmann*, DÖV 1983, 129, ff.; zu Recht die Kritik von *Menzel*, DÖV 1983, 805, 807.

Bezogen auf die Kompetenzmaterie „Tierschutz“ könnte man insofern annehmen[709], dass die einfach-gesetzliche Ausgestaltung des Kompetenztitels „Tierschutz“ sinnvoll nur durch Einschränkung der Freiheit der Wissenschaft regelbar ist. Es ist auch unbestreitbar, dass die Beschränkung von Tierversuchen ein wichtiger Bestandteil des Tierschutzes ist. Dennoch wird man im Hinblick auf den Kompetenztitel „Tierschutz“ nicht von einer notwendigen Grundrechtsbeschränkung ausgehen können. Er ist weit gefasst und lässt sich auch ohne Eingriff in die Wissenschaftsfreiheit einfach-gesetzlich umsetzen, indem es der Gesetzgeber etwa bei Vorschriften über die Haltung und Aufzucht von Tieren belässt[710]. Von einer notwendigen Beschränkung der Wissenschaftsfreiheit könnte man noch nicht einmal dann ausgehen, wenn die Regelungsmaterie nicht „Tierschutz“, sondern „Tierversuche“ hieße; denn der Gesetzgeber könnte Tierversuche in diesem Fall ausnahms- und bedingungslos für zulässig erklären.

c) Ergebnis

Den Kompetenzmaterien kommt materielle – im Sinne von grundrechtsbeschränkende – Wirkung nur insofern zu, als die Verfassung die gesetzliche Regelung des jeweiligen Bereichs als legitimes Anliegen billigt und daher dem Gesetzgeber ein Ausüben seiner Kompetenz zumindest möglich sein muss. Nur insofern lässt sich das Prinzip der Einheit der Verfassung fruchtbar machen. Da die Materie „Tierschutz“ einfach-gesetzlich umgesetzt werden kann, ohne in Art. 5 III GG einzugreifen, kann aber jedenfalls aus Art. 74 I Nr. 20 GG ein genereller Verfassungsrang nicht hergeleitet werden[711].

II. Aus dem Menschenbild des Grundgesetzes

Oben[712] ist bereits dargelegt worden, dass der Tierschutz kein Bestandteil der Menschenwürde ist und insofern die Freiheit der Wissenschaft nicht begrenzt. Hiermit eng verknüpft sind jene Auffassungen, wonach ein ethisch ausgerich-

709 Siehe *Pieroth*, AöR 114 (1989), 422, 447.

710 So auch *Dickert*, S. 446; *Frankenberg*, KJ 1994, 421, 437 f.; *Hillmer*, S. 23; *Kloepfer*, JZ 1986, 205, 206 f.; *Mädrich*, S. 87 ff.; *Muckel*, S. 266; *Papier*, NuR 1991, 162, 164; *Schelling*, NuR 2000, 188, 192; *Selk*, JuS 1990, 895, 899; *Ziekow*, S. 19 f.

711 Ablehnend im Hinblick auf den Tierschutz auch VGH Kassel, NJW 1994, 1608, 1609; *Doehring*, in: Hardegg/Preiser, S. 137, 148; *Dreier/Starck*, in: Händel, S. 103, 104 f.; *Erbel*, DVBl 1986, 1235, 1249; *v. Kirchbach*, S. 139 f.; *Lübbe*, NuR 1994, 469, 470 f.; *Müller-Volbehr*, JuS 1997, 223, 225; *Wahl*, Freib. Univ.-Bl. 1987, 19, 25; umfassende weit. Nachw. jener Stimmen, die sich allgemein gegen ein positives Kompetenzverständnis aussprechen, finden sich bei *Selk*, JuS 1990, 895, 897 in Fn. 30.

712 S. 102 ff.

teter Tierschutz aus dem Menschenbild des Grundgesetzes i. V. m. der Garantie der Menschenwürde[713] bzw. ausschließlich aus dem Menschenbild des Grundgesetzes[714] herzuleiten sei.

1. Verantwortung vor der Schöpfung

Dem Grundgesetz liege ein bestimmtes Menschenbild zugrunde, nämlich das der gemeinschaftsgebundenen oder -bezogenen Person. Es gehe demnach vom Bild des zwar freien, aber auch verantwortlich handelnden Menschen aus. Freiheit ohne Verantwortung sei nicht denkbar, weil dies auf Dauer die Grundlagen der Freiheit selbst vernichten würde. Verantwortung trage der Mensch aber nicht nur in Bezug auf sich selbst und seine Mitmenschen, sondern auch im Verhältnis zu seiner Umwelt kraft seiner engen natürlichen Verbindung zu ihr. Diese Verantwortung dürfe und müsse der Staat in Gestalt von Grundrechtsschranken geltend machen[715]. Besonders anschaulich komme dieses Menschenbild in der Präambel zum Ausdruck, nach der sich das deutsche Volk „im Bewusstsein seiner Verantwortung vor Gott und den Menschen“ das Grundgesetz gegeben habe. „Verantwortung vor Gott“ heiße aber auch Verantwortung vor seiner Schöpfung, mithin der gesamten Natur. Auch Art. 20a GG betone die Verantwortung für die natürlichen Lebensgrundlagen und erfasse somit einen Teilaspekt des mittelbaren Tierschutzes. Vor diesem Hintergrund seien Beschränkungen von wissenschaftlichen Tierversuchen zulässige Beschränkungen der freien wissenschaftlichen Forschung[716].

2. Kritische Stellungnahme

Es ist richtig, dass dem Grundgesetz ein bestimmtes Menschenbild zugrunde liegt, nämlich das des gemeinschaftsbezogenen und -gebundenen Individuums. Schon früh hat sich das Bundesverfassungsgericht in einer viel zitierten Wen-

---

713 *Brandhuber*, NJW 1991, 725, 728; *Dreier/Starck*, in: Händel, S. 103, 106 f., die sich hierfür auf die Rspr. des BVerfG berufen, wonach das TierSchG „auf der Grundkonzeption eines ethisch ausgerichteten Tierschutzes im Sinne einer Mitverantwortung des Menschen für das seiner Obhut anheimgegebene Lebewesen“ beruhe (BVerfGE 36, 47, 56 f.; 48, 376, 389); *v. Loeper*, ZRP 1991, 224, 226; ausführlich *Mädrich*, S. 97 ff. („das Menschenbild des Grundgesetzes, wie es in Art. 1 I GG seinen Ausdruck findet“, S. 110); *Selk*, NStZ 1991, 444 f.

714 *Starck*, in: v. Mangoldt/Klein/Starck, Art. 5, Rn. 383, ebenfalls mit Berufung auf die Rspr. des BVerfG.

715 *Dreier/Starck*, in: Händel, S. 103, 106 f.; *Starck*, in: v. Mangoldt/Klein/Starck, Art. 5, Rn. 383.

716 *Starck*, a. a. O.; ausführlich zur Herleitung des ethischen Tierschutzes aus der Präambel des Grundgesetzes *Cirsovius*, S. 86 ff.; vgl. in Bezug auf den Normbereich der Forschungsfreiheit auch schon oben S. 93 f.

dung wie folgt geäußert[717]:

„Das Menschenbild des Grundgesetzes ist nicht das eines isolierten souveränen Individuums; das Grundgesetz hat vielmehr die Spannung Individuum – Gemeinschaft im Sinne der Gemeinschaftsbezogenheit und Gemeinschaftsgebundenheit der Person entschieden, ohne dabei deren Eigenwert anzutasten."

Hiernach liegt dem Grundgesetz also eine Doppelstellung des Menschen zugrunde. Während die herausgehobene Stellung als Individualperson in Art. 1 I GG und in den einzelnen Freiheitsverbürgungen der Grundrechte zum Ausdruck kommt, zeigt sich seine Stellung als Sozialperson besonders in den Schranken der Grundrechte und all jenen Bestimmungen, die auf den Menschen als Glied der (Gesamt-) Gemeinschaft hinweisen, wie Art. 6 I und II, 9 I, 14 II, 18 oder 21 I GG[718].

Bevor man nun aber den Versuch unternimmt, die Verpflichtung zum Schutz der Tiere in dieses Menschenbild hineinzuinterpretieren, ist zunächst einmal der Frage nachzugehen, ob es überhaupt in der Lage ist, vorbehaltlose Grundrechte zu beschränken. Dass dem Menschenbild des Grundgesetzes, anders als (grundsätzlich) den Kompetenzvorschriften materiell-rechtliche Bedeutung zukommt, bedarf keiner näheren Erörterung. Dennoch erscheint eine grundrechtsbeschränkende Wirkung sehr zweifelhaft, weil es an einer auch nur annähernd fassbaren verfassungsrechtlichen Grundlage fehlt. Die an dieser Stelle auftauchende Frage nach der *Bestimmtheit* eines mit Verfassungsrang ausgestatteten und daher vorbehaltlose Grundrechte einschränkenden Rechtswertes muss in diesem Rahmen nicht detailliert durchleuchtet und beantwortet werden[719]. Einigkeit besteht jedenfalls darüber, dass hierbei größte Vorsicht und Zurückhaltung geboten ist, will man nicht die differenzierte Schrankensystematik des Grundrechtsteils unterlaufen[720]. Wenn der Verfassunggeber bewusst bestimmte Grundrechte ohne Vorbehalt gewährleistet hat, dann dürfen diese nicht mit Hinweis auf einen abstrakten konturenlosen Wert beschränkt werden, der sich leicht mit so manchem Belang (wie etwa dem Tierschutz) in Verbindung bringen ließe. Folglich würde die Einschränkbarkeit vorbehaltloser Grundrechte zum Regelfall. Geboten ist vielmehr ein Rückgriff auf eine solche ver-

717 BVerfGE 4, 7, 15 f.; seitdem mehrfach wiederholt, siehe etwa BVerfGE 30, 1, 20; 33, 303, 334.
718 Siehe hierzu auch *Hesse*, Rn. 116; *Stern*, III/1, S. 31 ff.
719 Anschaulich hierzu etwa *Schnapp*, JuS 1978, 729, 733 ff.
720 BVerfGE 28, 243, 261 („*ausnahmsweise* imstande, auch uneinschränkbare Grundrechte (...) zu begrenzen", Hervorheb. von mir); s. auch *Hesse*, Rn. 309.

fassungsrechtliche Grundentscheidung, die einen *eigenen normativen Gehalt* aufweist[721].

Dies entspricht auch der Vorgabe des Bundesverfassungsgerichts, das bereits in der Mephisto-Entscheidung im Hinblick auf die ebenfalls vorbehaltlos gewährleistete Kunstfreiheit (Art. 5 III GG) festgestellt hat[722]:

„Da die Kunstfreiheit keinen Vorbehalt für den einfachen Gesetzgeber enthält, darf sie weder durch die allgemeine Rechtsordnung noch durch eine unbestimmte Klausel relativiert werden, welche ohne verfassungsrechtlichen Ansatzpunkt und ohne ausreichende rechtsstaatliche Sicherung auf eine Gefährdung der für den Bestand der staatlichen Gemeinschaft notwendigen Güter abhebt".

Diesen Standpunkt hat das Bundesverfassungsgericht in neueren Entscheidungen bekräftigt; es sei geboten, „anhand einzelner Grundgesetzbestimmungen die konkret verfassungsrechtlich geschützten Rechtsgüter festzustellen"[723]. Das bedeutet, dass die pauschale Berufung auf wichtige Gemeinwohlinteressen o. Ä. nicht ausreicht, solange diese nicht im Text des Grundgesetzes hinreichend deutlich zum Ausdruck kommen[724].

---

721 So zutreffend *Mahrenholz/Böckenförde* in ihrem Sondervotum zu BVerfGE 69, 1 auf S. 57 ff., 60 ff.; s. insbes. S. 64 („kann nahezu jede Grundrechtsbeschränkung im Wege der Verfassungsinterpretation legitimiert werden" oder „es (scil. das Grundrecht) wird zum bloßen Abwägungsgesichtspunkt"); so auch *Müller*, S. 17 („ist das Ganze der Verfassung als solches nicht von normativer Qualität").

722 BVerfGE 30, 173, 193.

723 BVerfGE 77, 240, 255; 81, 278, 293.

724 Zweifelhaft ist es dementsprechend etwa, der von Art. 4 I GG umfassten Eidesverweigerung das Wohl oder die Schutzwürdigkeit des Gemeinwesens entgegenzusetzen, so aber *v. Schlabrendorff*, Sondervotum zu BVerfGE 33, 23, ab S. 35. Ebenfalls problematisch ist es, dem vorbehaltlos gewährleisteten Grundrecht auf Asyl gem. Art. 16 II 2 GG a. F. die Sicherheit des Staates und seiner Bevölkerung entgegenzuhalten, so aber BVerwGE 49, 202, 209; vgl. auch *Erichsen*, VVDStRL 35 (1977), 171, 192 f. Man wird sich schon die Mühe machen müssen, die konkret betroffene Verfassungsnorm zu benennen. Schon eher zulässig erscheint es, auf den „Bestand der Bundesrepublik Deutschland und ihrer freiheitlichen demokratischen Grundordnung" als beschränkendes Verfassungsprinzip abzustellen, wie es das BVerfG getan hat (etwa in E 33, 52, 71; zust. auch *v. Kirchbach*, S. 137; s. auch *Scholz*, in: M/D, Art. 5 III, Rn. 58); denn dieser Wert, der der Konkretisierung im Einzelfall bedürfte (grundlegend BVerfGE 2, 1, 12 f.), findet sich immerhin an mehreren Stellen ausdrücklich oder jedenfalls der Sache nach im Grundgesetz wieder: Art. 11 II, 18, 21 II, 91 I; Art. 9 II meint nach h. A. mit „verfassungsmäßige Ordnung" ebenfalls die freiheitliche demokratische Grundordnung, vgl. *Löwer*, in: v. Münch/Kunig, Art. 9, Rn. 41.

Nach Maßgabe dieser Ausführungen wird man jedenfalls im Menschenbild des Grundgesetzes keinen beschränkenden Wert sehen können. Es beinhaltet lediglich eine *Beschreibung* der sozialen und auch im Grundgesetz zum Ausdruck kommenden Wirklichkeit, dass jeder Mensch in Gemeinschaft mit anderen lebt und daher seine Freiheiten unabdingbar enden müssen, wo die des anderen beginnen. Deshalb liefert das Bild des Menschen als Individual- und Sozialperson lediglich eine Begründung dafür, *dass* vorbehaltlose Grundrechte überhaupt beschränkbar sein müssen, ist jedoch nicht präzise genug, um selbst einen beschränkenden Verfassungswert darzustellen. Aufgrund seiner umfassenden Bedeutung lässt es sich schon rein begrifflich nicht auf einzelne Normen des Grundgesetzes stützen und weist demnach keinen eigenen normativen Gehalt auf, sondern ergibt sich eben aus einer Gesamtschau der Verfassung, wenn es auch durch einzelne Bestimmungen besonders geprägt wird[725].

III. Aus dem Grundrecht auf Leben und körperliche Unversehrtheit

Vereinzelt ist ein Verfassungsrang des Tierschutzes aus Art. 2 II 1 GG herzuleiten versucht worden.

1. Tierschutz als Menschenschutz

So wird argumentiert[726], die Pflicht des Gesetzgebers zum Umweltschutz habe sich schon vor der Normierung der Staatszielbestimmung Umweltschutz im Jahre 1994 aus Art. 2 II 1 GG ergeben, weil Schutz der Umwelt Schutz der körperlichen Unversehrtheit und des Lebens des Menschen bedeute. Dementsprechend ergab sich aus Art. 2 II 1 GG auch die Pflicht zum Tierschutz; denn der Schutz der Tiere bedeute (gleichzeitig) den Schutz des Menschen. Ließe man Tierquälerei zu, könne ein Gewöhnungseffekt entstehen, durch den der Mensch auch gegen menschliches Leid unempfindlich werde[727]. Da Tiere dem Menschen in ihrer Leidensfähigkeit ähnlich sind, müsse die Hemmung, ihnen Schmerzen zuzufügen, eingefordert werden bzw. erhalten bleiben. Zwar solle nicht behauptet werden, Tiere seien eigentlich nur um des

725 Siehe zur Beschränkbarkeit vorbehaltloser Grundrechte durch das Menschenbild des Grundgesetzes *Sachs*, in: Stern III/2, S. 542 („ keine selbstständige begrenzende Bedeutung"); *Huster*, NJW 2000, 3477 f., der zu Recht kritisiert, dass das Menschenbild des Grundgesetzes oft fälschlicherweise als Begrenzung umstrittener individueller Lebensgestaltung gebraucht wird; s. im Hinblick auf den Tierschutz auch *Hillmer*, S. 27 f.; *Müller-Volbehr*, JuS 1997, 223, 225 f.

726 *Lübbe*, NuR 1994, 469, 471 f.; vgl. auch *v. Loeper*, ZRP 1996, 143, 145 f.

727 Ähnlich auch LG Köln, NuR 1991, 42 („erster Schritt der Verletzung der Menschlichkeit").

Menschen willen zu schützen, doch habe die ethische Überzeugung der Notwendigkeit und Gebotenheit des Tierschutzes dennoch einen „anthropozentrischen Kern", und für das Tier mache es ohnehin keinen Unterschied, ob es in seinem oder im Interesse des Menschen geschützt werde[728].

Ein Verfassungsrang des Tierschutzes über Art. 2 II 1 GG ist des Weiteren insofern erwogen worden, als zahlreiche Menschen durch das Wissen über die Qualen der Tiere und die Grausamkeit vieler Versuche in ihrer Gesundheit beeinträchtigt seien[729].

2. Kritische Stellungnahme

Diese Erwägungen vermögen nicht zu überzeugen.

Zunächst erscheint schon die Annahme, der Mensch müsse vor durch Tierquälerei hervorgerufenen Angriffen anderer Menschen geschützt werden, sehr weit hergeholt. Es mag sein, dass viele Tierquäler auch ein gestörtes Verhältnis zu Menschen haben. Dies wird man aber nicht ernsthaft im Hinblick auf Wissenschaftler, die zu medizinischen oder anderen Zwecken Tierversuche durchführen, behaupten können. Des Weiteren kann Gewaltbereitschaft auch zahlreiche andere Ursachen haben, die der Staat dann ebenfalls bekämpfen müsste, wenn er sie überhaupt bekämpfen kann[730]. Hinzu kommt, dass zwar auch und insbesondere im Hinblick auf Art. 2 II 1 GG anerkannt ist, dass aus Grundrechten auch Schutzansprüche gegenüber dem Staat folgen; denn unter bestimmten Voraussetzungen müssen Grundrechtsverletzungen vorbeugend verhindert werden können. Bei der Erfüllung seiner Schutzpflichten kommt dem Staat jedoch ein erheblicher (Gestaltungs-) Spielraum zu[731].

Sofern argumentiert wurde, das Wissen um grausame Tierversuche könne den Menschen in seiner Gesundheit beeinträchtigen, so ist schon die These an sich kaum nachvollziehbar. Tierversuche werden seit langer Zeit praktiziert, ohne dass deswegen (von nicht auszuschließenden Einzelfällen abgesehen) pathologische Zustände bei Menschen bekannt geworden wären.

---

728 *Lübbe*, a. a. O., S. 472. In diesem Zusammenhang sei auf zwei von *v. Loeper*, a. a. O., S. 146, in Bezug genommene Studien verwiesen, die den Zusammenhang zwischen Tierquälerei und der Gewaltbereitschaft gegenüber Menschen nachwiesen.

729 *Kriele*, in: Händel, S. 113, 120.

730 Siehe auch *Cirsovius*, S. 83 f.; *Hillmer*, S. 37; *Kluge*, ZRP 1992, 141, 144.

731 BVerfGE 39, 1, 44, 51; 49, 89, 142 f.; *Pieroth/Schlink*, Rn. 88 ff.

Im Übrigen wäre auch hier[732] ein Verfassungsrang des Tierschutzes nur mittelbar begründet. Ein solcher Ansatz ist von vornherein unbefriedigend, weil er die heute völlig zu Recht unbestrittene Vorstellung, dass Tiere um ihrer selbst willen zu schützen sind, nicht berücksichtigt. Der Tierschutz hat gerade keinen „anthropozentrischen Kern", sondern betrifft den Menschen seinerseits lediglich mittelbar (und nicht umgekehrt). Auch der Einwand *Lübbes*[733], für das Tier mache es keinen Unterschied, ob es in eigenem oder im Interesse des Menschen geschützt werde, ist zweifelhaft. Wenn Tiere nur um des Menschen willen geschützt werden, besteht die Gefahr, dass der Tierschutz gerade dort leerläuft, wo menschliche Interessen in besonderem Maße tangiert sind[734].

IV. Aus der Staatszielbestimmung des Art. 20a GG a. F.

Möglicherweise ergab sich ein Verfassungsrang des Tierschutzes aber aus der 1994 ins Grundgesetz (Art. 20a) eingefügten Staatszielbestimmung „Umweltschutz" bzw. der Verpflichtung zum Schutz der natürlichen Lebensgrundlagen[735]. In der Entstehungsgeschichte des Art. 20a GG a. F.[736] war umstritten, ob die Vorschrift *anthropozentrisch* oder (auch) *ökozentrisch* ausgerichtet ist, das heißt ob sie den Umweltschutz ausschließlich um des Menschen willen vorschreibt oder auch die Umwelt oder Natur als solche zu schützen beabsichtigt. Jedenfalls für die Verankerung des Tierschutzes in Art. 20a GG a. F. war diese Streitfrage auch erheblich. Wie bereits betont[737], kam es darauf an, einen *ethischen* Tierschutz zu begründen. Ein solcher konnte sich aus Art. 20a GG a. F. von vornherein nur ergeben, wenn die Vorschrift (auch) ökozentrisch zu verstehen war.

---

732 Vgl. hierzu oben S. 107.

733 *Lübbe*, NuR 1994, 469, 472.

734 Und um diese Fälle geht es gerade: Versuche zu wissenschaftlichen Zwecken, landwirtschaftliche Nutztierhaltung, Schächten usw.

735 Beide Begriffe können synonym verwendet werden. Der Begriff „Umwelt" wurde vermieden, weil er als zu unbestimmt angesehen wurde, s. *Murswiek*, in: Sachs, Art. 20a, Rn. 27; *Schink*, DÖV 1997, 221, 223. Dass der Begriff der „natürlichen Lebensgrundlagen" in dieser Hinsicht Vorteile bringt, darf allerdings bezweifelt werden. Jedenfalls aus rechtsvergleichender Sicht wäre ein „Schutz der Umwelt" vorzuziehen gewesen, *Kloepfer*, DVBl 1996, 73, 76.

736 Ausführlich hierzu *Henneke*, NuR 1995, 325 ff.; *Meyer-Teschendorf*, ZRP 1994, 73 ff., insbes. S. 75; zusammenfassend *Murswiek*, in: Sachs, Art. 20a, Rn. 5 ff.

737 S. 107 und oben auf dieser Seite.

1. Ökozentrische Ausrichtung der Vorschrift

Zum Teil wurde die Verankerung des Tierschutzes in Art. 20a GG mit der ökozentrischen Ausrichtung der Bestimmung begründet, das heißt mit dem Schutz der natürlichen Lebensgrundlagen um ihrer selbst willen[738]. Dieser könne vom Normgeber nur so gemeint sein, dass er auch den Schutz des Lebens selbst, einschließlich der (artgerechten) Lebensentfaltung mit einschließe. Aufgrund „allseitiger Vernetzung und wechselseitiger Abhängigkeit" der ökologischen Zusammenhänge bestehe eine „praktische Kongruenz" von Natur als dem Oberbegriff von Leben und den Lebensgrundlagen[739]. Zwar könne man die Frage stellen, ob außermenschliches Leben nicht schon dadurch hinreichend geschützt sei, dass bloß Tier- (oder auch Pflanzen-) Arten erhalten bleiben. Der verfassungsändernde Gesetzgeber habe jedoch Natur und Leben als Schöpfung und damit als eigenwertig begriffen. Die Schöpfungsverantwortung sei zur damaligen Zeit von verschiedenen Seiten, Regierungsparteien und auch der Opposition, betont worden. Sowohl das TierSchG hebe die Verantwortung des Menschen für jedes einzelne Tier hervor (§ 1 S. 1 TierSchG) als auch diverse Länderverfassungen[740]. Vor diesem Hintergrund sei Art. 20a GG so zu verstehen, dass er umfassend auch den Schutz des individuellen Tieres abdecke. Die Vorschrift wirke folglich als „eine Art ökologische Grundrechtsschranke" bei Art. 5 III GG. Sie legitimiere die Tierversuchsbeschränkungen, indem sie klarstelle, dass der Schutz außermenschlichen Lebens Verfassungsrang genieße[741]. Bei ausschließlich anthropozentrischem Umweltschutz könnten Teile der Natur, die als Lebensgrundlage für den Menschen unerheblich oder sogar schädlich seien, aus dem Schutz herausfallen. So könne insbesondere das Verbot der Verursachung unnötiger Leiden für Tiere ohne dogmatische Verrenkungen anthropozentrisch nicht begründet werden[742]. Einschränkend wird allerdings angemerkt, dass sich im Konflikt-

---

738 *Kuhlmann*, NuR 1995, 1, 3 ff., 9; *Waechter*, NuR 1996, 321, ausdrücklich auf S. 327; s. auch *Tödtmann/Zillmann*, ZRP 1993, 324, 325. Die damaligen Regierungsparteien CDU/CSU und FDP bekräftigten in ihrem Entschließungsantrag vom 30.6.1994, „dass die Staatszielbestimmung Umweltschutz auch den Tierschutz prinzipiell mit umfasst", BT-Dr. 12/8211; ebenso noch im Entschließungsantrag der CDU/CSU-Fraktion vom 12.4.2000, BT-Dr. 14/3197.

739 *Kuhlmann*, NuR 1995, 1, 3.

740 *Kuhlmann*, a. a. O., S. 3 f.

741 *Kuhlmann*, a. a. O., S. 9; *Tödtmann/Zillmann*, ZRP 1993, 324, 325.

742 *Waechter*, NuR 1996, 321, 324; dem Schutz des Art. 20a GG unterstellt *Waechter* ausdrücklich auch die Haus- oder landwirtschaftlichen Nutztiere; diese seien ohne Zweifel natürliche Lebensgrundlage des Menschen, s. S. 323 f.; s. auch *Schink*, DÖV 1997, 221, 224.

fall der „stärker in Art. 20a GG angelegte anthropozentrische Umweltschutz" gegen den „mitweltlichen Umweltschutz" durchsetze[743].

2. Kritische Stellungnahme

a) Anthropozentrische oder ökozentrische Ausrichtung?

Eine Interpretation des Art. 20a GG a. F. ließ jedenfalls keine eindeutige Entscheidung zugunsten eines ausschließlich anthropozentrischen Tierschutzes zu, das heißt die Möglichkeit, ihn auch ökozentrisch oder mitweltlich zu interpretieren, war nicht ausgeschlossen.

Für eine anthropozentrische Ausrichtung spricht der Wortlaut der Norm. Die Formulierung „auch in Verantwortung für die künftigen Generationen" legt eine anthropozentrische Interpretation nahe. Sie lässt sich nur so verstehen, dass erst recht in Verantwortung für die jetzige, gegenwärtige Generation die natürlichen Lebensgrundlagen zu erhalten sind. Spricht man aber von Generationen, sind offensichtlich die Generationen der Menschen gemeint, „nicht die der Rehe und Tannen"[744]. Wenn demgegenüber behauptet worden ist, das Wort „auch" deute darauf hin, dass der Umweltschutz auch um der Natur selbst willen zu erfolgen habe[745], so kann dies nicht überzeugen. Denn dann fehlte der Bezug zur lebenden menschlichen Generation, und dass die Umwelt jedenfalls ihretwegen geschützt werden muss, erscheint unbestreitbar[746].

Gegen eine anthropozentrische Ausrichtung spricht hingegen die historische Auslegung der Norm. Der verfassungsändernde Gesetzgeber hat sich nach entsprechenden Verhandlungen bewusst gegen die Formulierung „natürliche Lebensgrundlagen *des Menschen*" entschieden. Die Vertreter der CDU/CSU verzichteten auf diesen eindeutig anthropozentrischen Ansatz, während die Vertreter der SPD im Gegenzug von der Forderung eines „besonderen Schutzes" für die natürlichen Lebensgrundlagen Abstand nahmen[747].

Die Entscheidung, welche Ansicht vorzugswürdig ist, kann an dieser Stelle dahinstehen. Es reicht die Feststellung, dass die Staatszielbestimmung des

743 *Waechter*, NuR 1996, 321, 324.
744 *Meyer-Teschendorf*, ZRP 1994, 73, 77.
745 So *Vogel*, DVBl 1994, 497, 500; zust. *Henneke*, NuR 1995, 325, 329.
746 Wie hier auch *Kloepfer*, DVBl 1996, 73, 77; vgl. auch *Brohm*, JZ 1994, 213, 219; *Scholz*, in: M/D, Art. 20a, Rn. 39; *Uhle*, DÖV 1993, 947, 953, die zur Begründung einer anthropozentrischen Ausrichtung ebenfalls auf den Passus „auch in Verantwortung für die künftigen Generationen" verweisen.
747 Siehe den Bericht der Gemeinsamen Verfassungskommission, BT-Dr. 12/6000, S. 66; *Henneke*, NuR 1995, 325, 327; *Murswiek*, in: Sachs, Art. 20a, Rn. 10.

Art. 20a GG a. F. auch ökozentrisch verstanden werden konnte[748].

b) Ethischer Tierschutz bei ökozentrischer Ausrichtung?

Hieran anschließend stellt sich jedoch die Frage, ob die natürlichen Lebensgrundlagen das artgerechte, schmerzfreie Leben jedes einzelnen Tieres umfassen. Der Begriff der natürlichen Lebensgrundlagen lässt sich definieren als „naturhierarchisch untergeordneter Bereich, dem instrumentelle Funktion für den Bestand und die Entfaltung von Leben zukommt“[749], bzw. einfacher als „diejenigen Güter, ohne die das Leben nicht über längere Zeiträume fortbestehen könnte“[750]. Art. 20a GG intendiert demnach den Schutz der sog. Umweltmedien, also den Schutz der Gewässer, der Luft und der Landschaften, insbesondere der Wälder und Felder, Graslandschaften, Sumpfgebiete usw. Hierzu gehören aufgrund des gesamt-ökologischen Gleichgewichts neben den dort vorkommenden Pflanzen- *auch die Tierarten*[751]. Der ökologische Schutzauftrag bezieht sich mithin auch auf Flora und Fauna[752].

Nach Maßgabe dieser Umschreibung(en) des intendierten Schutzguts wird man aber erhebliche Zweifel haben müssen, dass die Norm den ethischen Tierschutz mit einschließt, also den Schutz des einzelnen Tieres vor nicht artgerechter Haltung, Leid-, Schmerz- oder Schadenszufügung sowie Tötung. Der Schutz des einzelnen Tierlebens ist keinesfalls gleichzusetzen mit dem Schutz der natürlichen Grundlagen des tierischen Lebens, denn diese werden durch die Existenz oder Nichtexistenz eines einzelnen Tieres nicht beeinträchtigt. Der Begriff „(Lebens-) *Grundlagen*“ impliziert, dass es nicht auf

748 Da nun auch der ethische Tierschutz in Art. 20a GG verankert ist, hat die Ansicht, wonach die Umwelt um ihrer selbst willen zu schützen sei, Unterstützung erfahren.

749 *Kuhlmann*, NuR 1995, 1, 3.

750 *Kloepfer*, DVBl 1996, 73, 76; *Uhle*, DÖV 1993, 947, 953.

751 Und zwar nicht nur bei öko-, sondern auch bei anthropozentrischem Verständnis der Vorschrift; dies deshalb, weil Art. 20a GG durch die Bezugnahme auf die künftigen Generationen den Schutz der Umwelt ausdrücklich auch für die weite Zukunft vorschreibt, also für die nächsten Jahrzehnte und Jahrhunderte. Anders wäre Umweltschutz auch gar nicht möglich, denn nur langfristig gedacht macht er Sinn. Da aber über die ökologischen Zusammenhänge wenig Gesichertes bekannt ist, müssen dauerhafte, irreversible Eingriffe in die Natur grundsätzlich vermieden werden. Das bedeutet, dass auch um des Menschen willen die Tier*arten* erhalten bleiben müssen, vgl. auch *Murswiek*, in: Sachs, Art. 20a, Rn. 26.

752 Vgl. nur *Hillmer*, S. 32; *Kloepfer/Rossi*, JZ 1998, 369, 370; *Obergfell*, NJW 2002, 2296, 2297; *Scholz*, in: M/D, Art. 20a, Rn. 37. Des Weiteren ist zu Recht betont worden, dass nicht nur die unberührten Landschaften erfasst sind, sondern auch die vom Menschen gestaltete Natur, *Kloepfer*, DVBl 1996, 73, 76; *Scholz*, in: M/D, Art. 20a, Rn. 36; *Waechter*, NuR 1996, 321, 323.

die Interessen eines einzelnen Tieres ankommt, sondern nur auf den Bestand der jeweiligen Art. Nur insofern gewährt Art. 20a GG einen begrenzten Schutz freilebender Tiere[753]. Wenn zum Beispiel ein Jäger ein Reh schießt, ist zwar das Leben des einzelnen Rehs, nicht aber dessen natürliche Lebensgrundlage (z. B. dichte Wälder) betroffen. Art. 20a GG beinhaltet nur eine *Bestandsschutzpflicht für jede tierische Lebensart.* Im Hinblick auf die hier interessierenden Versuchstiere erscheint die Herleitung einer Verpflichtung zu verantwortungsvollem Umgang aus Art. 20a GG a. F. aus einem weiteren Grund nicht überzeugend. Bei zu Forschungs- oder Lehrzwecken verwendeten Tieren geht es von vornherein nicht um ihre *natürlichen* Lebensgrundlagen; denn sie werden ausschließlich zum Zweck ihrer wissenschaftlichen Verwendung gezüchtet (s. § 9 II 3 Nr. 7 TierSchG)[754].

Wenn *Kuhlmann* behauptet[755], Schutzgegenstand des Art. 20a GG a. F. sei das Leben selbst, so findet diese These im Wortlaut der Vorschrift keine Stütze. Auch geht seine Bezugnahme auf die Schöpfung oder Schöpfungsverantwortung an dieser Stelle fehl. Den Begriff „Schöpfung" hat der verfassungsändernde Gesetzgeber bei der Formulierung des Art. 20a GG a. F. bewusst und im Gegensatz zu entsprechenden Formulierungen in Landesverfassungen[756] nicht verwendet. Nicht überzeugend ist schließlich auch der Verweis auf den ökologischen Zusammenhang allen Lebens. Auch dieser ist nur richtig für die Tier- und Pflanzen*arten* oder *-gattungen*; ihr Bestand ist notwendig für die Erhaltung des biologischen Gleichgewichts, nicht jedoch die (Nicht-) Existenz einer Versuchsmaus.

Auch die Gemeinsame Verfassungskommission ging bei ihrer Empfehlung für die Grundgesetzreform 1994 davon aus, dass der Tierschutz im Schutz der natürlichen Lebensgrundlagen nur sehr eingeschränkt enthalten sei[757].

753 Zutreffend die Begründungen zu den Gesetzentwürfen der SPD-Fraktion bzw. des Bundesrates, BT-Dr. 12/6323, S. 22 und BT-Dr. 13/8597, S. 5 bzw. BT-Dr. 13/9723, S. 3 f.

754 Das oben Gesagte gilt entsprechend für Haustiere, landwirtschaftliche Nutztiere und Tiere in Zoo oder Zirkus. Auch auf sie kann sich der Auftrag, die *natürlichen* Lebensgrundlagen zu schützen, von vornherein nicht beziehen; zutreffend der Gesetzentwurf der SPD-Fraktion, BT-Dr. 12/6323, S. 22.

755 *Kuhlmann*, NuR 1995, 1, 3.

756 Siehe deren Auflistung unten auf S. 178.

757 BT-Dr. 12/6000, S. 69 f.

c) Ergebnis

Ein Verfassungsrang des Tierschutzes ließ sich aus Art. 20a GG a. F. nur insofern herleiten, als Tierarten aus freier Natur betroffen sind. Den Schutz jedes einzelnen Tieres um seiner selbst willen beinhaltete er nicht[758].

V. Als Ausfluss des Sittengesetzes in Art. 2 I GG

Teilweise ist der Tierschutz auch im in Art. 2 I GG als Vorbehalt der allgemeinen Handlungsfreiheit normierten Sittengesetz verankert und diesem als Ausfluss des Sittengesetzes Verfassungsrang verliehen worden[759].

1. Tierschutz als Bestandteil des Sittengesetzes

Dieser Ansatz ist insbesondere von *Günter Erbel*[760] argumentativ hergeleitet worden. Nach seiner Auffassung könne es nicht zweifelhaft sein, dass jedenfalls gewisse tierethische Postulate dem Sittengesetz immanent seien. Hierzu gehöre es, Tiere nicht ohne einen allgemein anerkannten (konsensgetragenen) ethischen Rechtfertigungsgrund zu töten oder ihnen ohne einen solchen Grund Schäden oder Schmerz zuzufügen. Falls die Tötung eines Tieres oder die Beeinträchtigung seiner Interessen grundsätzlich zu rechtfertigen sei, so folge aus dem Sittengesetz, dass alles Notwendige und Zumutbare zu tun sei, um dabei dem Tier vermeidbare Schäden, Schmerzen und Leiden zu ersparen. Dass es sich hierbei um allgemein anerkannte und mit der Erwartung allgemeiner Einhaltung verknüpfte ethische Normen handelt[761], ergebe sich zum einen aus der vom Christentum entwickelten Tierethik. Des Weiteren zeigten die rechtliche Entwicklung des Tierschutzes in Deutschland sowie die in anderen Ländern des abendländischen Kulturkreises bestehenden moralischen Wertmaßstäbe, dass jedenfalls die genannten Postulate aus dem Sittengesetz

758 So auch *Brohm*, JZ 1994, 213, 219; *Cirsovius*, S. 76 f.; *Epiney*, in: v. Mangoldt/Klein/Starck, Art. 20a, Rn. 19; *Hillmer*, S. 33 f.; *Huster*, ZRP 1993, 326, 330; *Kloepfer/Rossi*, JZ 1998, 369, 370; *Löwer*, in: GS für Kimminich, S. 54, 60; *Murswiek*, in: Sachs, Art. 20a, Rn. 31; *Obergfell*, ZRP 2001, 193, 195; *dies.*, NJW 2002, 2296, 2297; *Schink*, DÖV 1997, 221, 224; *Scholz*, in: M/D, Art. 20a, Rn. 37; *Wolf*, KritV 80 (1997), 280, 288.

759 LG Köln, NuR 1991, 42; *Brandhuber*, NJW 1991, 725, 728; *Erbel*, DVBl 1986, 1235, 1249 ff.; *ders.*, DÖV 1992, 189, 190; *ders.*, Sittengesetz, S. 186 ff. („flexible Universalschranke aller Grundrechte“, S. 190); *v. Loeper*, ZRP 1991, 224, 226 f.; *v. Loeper/Reyer*, ZRP 1984, 205, 211; vgl. auch die Auffassung des Antraggegners in VGH Kassel, NJW 1994, 1608, 1609; *Kluge*, ZRP 1992, 141, 145 f.; *Müller-Volbehr*, JuS 1997, 223, 226; *Stober*, S. 40 ff.

760 *Erbel*, DVBl 1986, 1235, 1249 ff.

761 In diesem Sinne BVerfGE 6, 389, 434 ff.

folgten[762]. Im Hinblick auf die systematische Stellung des Sittengesetzes in Art. 2 I GG wird die Ansicht vertreten[763], sie hindere nicht daran, das Sittengesetz auf andere Grundrechte zu übertragen und diese entsprechend zu beschränken. Das Bundesverfassungsgericht habe sich nicht gegen die Übertragbarkeit der gesamten Schrankentrias ausgesprochen, sondern „offensichtlich" nur die Übertragung des weiten Gesetzesvorbehalts der verfassungsmäßigen Ordnung verhindern wollen.

2. Kritische Stellungnahme

Die Auffassung überzeugt nicht. Zum einen ist bereits dargelegt worden[764], dass der Schutz der Tiere vor wissenschaftlichen Experimenten, also Versuchen zu Forschungs- oder Lehrzwecken, nicht bzw. nur ganz vereinzelt im Sittengesetz des Art. 2 I GG verankert werden kann. Jedenfalls das Gros der Tierversuche hält sich innerhalb der von der Rechtsgemeinschaft anerkannten ethischen Normen und stellt somit gerade keinen Verstoß gegen das Sittengesetz dar.

Zum anderen ist das Sittengesetz, wie auch die übrigen in Art. 2 I GG genannten Vorbehalte der Rechte anderer sowie der verfassungsmäßigen Ordnung, weder auf die Wissenschaftsfreiheit noch auf andere grundrechtlich geschützte Freiheiten übertragbar. Seit dem *Elfes*-Urteil des Bundesverfassungsgerichts[765] wird das Recht auf freie Entfaltung der Persönlichkeit im Sinne allgemeiner Handlungsfreiheit verstanden. Es fungiert als (subsidiäres) Auffanggrundrecht, das immer dann eingreift, wenn die spezielleren Schutzbereiche der anderen Freiheitsrechte nicht einschlägig sind. Dann ist es aber nur konsequent anzunehmen, dass auch die Vorbehalte des Art. 2 I GG auf andere Grundrechte nicht übertragbar sind. Für die speziellen Freiheitsrechte gelten auch die speziellen Vorbehalte. Wenn ein Freiheitsrecht (wie Art. 5 III GG) bewusst ohne Schrankenvorbehalt gewährleistet ist, so muss der Rückgriff auf die Schranken des allgemeinen Auffanggrundrechts ausgeschlossen sein[766]. Ansonsten würde die Schrankensystematik des Grundrechtsabschnitts

762 *Erbel*, DVBl 1986, 1235, 1249 f.; *v. Loeper*, ZRP 1991, 224, 226 f.

763 *Kluge*, ZRP 1992, 141, 145.

764 S. 116 f.

765 BVerfGE 6, 32, 36 ff.

766 So auch in BVerfGE 30, 173, 192; 67, 213, 228; 83, 130, 139; s. auch VGH Kassel, NJW 1994, 1608, 1609; aus der Literatur etwa *Dreier*, DVBl 1980, 471, 473; *Huster*, ZRP 1993, 326, 327 f.; *Kloepfer*, JZ 1986, 205, 209; *Müller-Volbehr*, JuS 1997, 223, 226; zur unmittelbaren oder mittelbaren Geltung der Schrankentrias des Art. 2 I GG für die speziellen Freiheitsrechte ausführlich *v. Nieuwland*, S. 15 ff. m. w. N.

unterlaufen. Sofern hierzu angemerkt wurde[767], das Bundesverfassungsgericht habe sich lediglich gegen die Übertragung des weiten Gesetzesvorbehalts der verfassungsmäßigen Ordnung ausgesprochen, so hält diese Ansicht den genannten Bedenken nicht stand[768]. Im Übrigen dürfte das Sittengesetz kaum weniger weit gefasst sein als die verfassungsmäßige Ordnung.

VI. Über das Verhältnismäßigkeitsprinzip als Verfassungswert

Schließlich hat namentlich *Ralf Dreier* vorgeschlagen[769], das Verhältnismäßigkeitsprinzip gleichsam umzufunktionieren, indem man es nicht auf seine ursprüngliche Bedeutung als „Schrankenschranke“, das heißt als Schranke hoheitlicher Eingriffe in grundrechtlich geschützte Freiheiten, reduziert, sondern darüber hinaus auch als verfassungsimmanente Schranke der Grundrechtsausübung selbst anwendet.

1. Rechtsgrundsätze als mit Verfassungsrang ausgestattete Rechtswerte

Gerade vor dem Hintergrund der lange Zeit problematischen Begrenzung der Forschungsfreiheit durch den Tierschutz habe sich für das Bundesverfassungsgericht und die herrschende Meinung das Dilemma ergeben, einen Verfassungsrang des Tierschutzes gleichsam konstruieren zu müssen, wenn dieser nicht zugunsten der Forschung nahezu aufgegeben werden und dadurch zu einem Muster ohne Wert verkommen sollte. Dies ließe sich vermeiden, wenn man als mit Verfassungsrang ausgestattete Rechtswerte im Sinne der Rechtsprechung des Bundesverfassungsgerichts nicht nur rechtlich geschützte Lebensbereiche oder Zustände anerkennt, sondern auch *Rechtsgrundsätze* wie das Verhältnismäßigkeitsprinzip. Die Forschungsfreiheit sei demnach durch den Verhältnismäßigkeitsgrundsatz beschränkt gewesen, innerhalb dessen eine Abwägung mit dem Tierschutz hätte vorgenommen werden können[770].

2. Kritische Stellungnahme

Auch diese Auffassung vermag den gegen sie zu erhebenden Bedenken nicht standzuhalten. Der Verhältnismäßigkeitsgrundsatz oder (gleichbedeutend) das Übermaßverbot dient der Machtbegrenzung des Staates und damit gleichzeitig der Freiheitssicherung des Individuums[771]. Es erscheint zwar nicht von

767 *Kluge*, ZRP 1992, 141, 145, ohne nähere Begründung.

768 Siehe auch etwa *Kriele*, JA 1984, 629, 635, wonach „das BVerfG gleich die ganze Schrankentrias für unanwendbar erklärt“ habe.

769 *Dreier*, DVBl 1980, 471, 473.

770 *Dreier*, a. a. O.

771 Was *Dreier* im Übrigen selbst anerkennt, DVBl 1980, 471, 473; s. etwa auch BVerfGE

vornherein ausgeschlossen, ihm noch weitere, über diese Intention hinausgehende Funktionen zuzuerkennen, doch dürfte es kaum vertretbar sein, ihn als an den Bürger statt an den Staat adressierte Freiheitsbeschränkung und damit seiner eigentlichen Intention gerade entgegengesetzt zu ge- bzw. zu missbrauchen[772]. Deshalb ist auch die Bemerkung von *Dreier*[773], das Bundesverfassungsgericht habe in seinen Entscheidungen zur Drittwirkung der Grundrechte ebenfalls den Verhältnismäßigkeitsgrundsatz als Schranke der Grundrechtsausübung verwendet, nur oberflächlich betrachtet richtig. Das Gericht hat ausdrücklich festgestellt, dass der Verhältnismäßigkeitsgrundsatz bei der Entscheidung über Grundrechtskollisionen *entsprechend* beachtet werden müsse, namentlich bei Eingriffen in die Privatsphäre[774]. Damit ist aber lediglich gemeint, dass umso höhere Anforderungen an den jeweilig verfolgten Zweck zu stellen sind, je tiefer in die Persönlichkeitssphäre des Betroffenen eingegriffen wird. Der Verhältnismäßigkeitsgrundsatz ist insbesondere nicht mit dem Abwägungsgebot oder dem Gebot praktischer Konkordanz bei Grundrechtskollisionen gleichzusetzen. Ausgehend von dem Grundsatz, dass keinem Grundrecht prinzipieller Vorrang zukommt, bedeutet die Herstellung praktischer Konkordanz die *verhältnismäßige Zuordnung* grundrechtlich geschützter Positionen zueinander bzw. zu sonstigen verfassungsrechtlich geschützten Positionen[775]. Da hierfür kaum klare Konturen existieren, die das Ergebnis prognostizierbar machen, sind Gerichte geneigt, auf den Verhältnismäßigkeitsgrundsatz zurückzugreifen, gerade wenn es sich bei den kollidierenden Positionen auf der einen Seite um das typischerweise *passive* (allgemeine) Persönlichkeitsrecht handelt (Art. 2 I i. V. m. Art. 1 I GG) und auf der anderen Seite um das eher *aktive* Recht der Presse- oder Rundfunkfreiheit (Art. 5 I 2 GG)[776]. Aus der Sicht des in seiner Privatsphäre Betroffenen ähnelt dieser „Eingriff" dem eines staatlichen Hoheitsträgers. Demgegenüber stellt aber das Verhältnismäßigkeitsprinzip eher eine „Erträglichkeitsgrenze"[777] bei hoheitlichen Eingriffen dar, die in dem Synonym „Übermaßverbot" klarer zum Ausdruck kommt. Schließlich bedarf es keiner näheren Erläuterung, dass

---

81, 310, 338; *Stern*, in: ders. III/2, S. 762; zutreffend auch *Kloepfer*, JZ 1986, 205, 211, der betont, dass das Übermaßverbot gerade nicht für den grundrechtsbeschränkenden Tierschutz, sondern für die Forschungsfreiheit streitet.

772 Zu Recht kritisch auch *Frotscher/Störmer*, Jura 1991, 316, 321 f.; *Hillmer*, S. 35; *v. Kirchbach*, S. 134 ff.; *Kloepfer*, JZ 1986, 205, 210 f.

773 *Dreier*, DVBl 1980, 471, 474.

774 Vgl. nur BVerfGE 35, 202, 221 m. w. N., Hervorheb. von mir.

775 *Hesse*, Rn. 318.

776 Vgl. etwa BVerfGE 35, 202, 221; 63, 131, 144.

777 *Stern*, in: ders. III/2, S. 835.

jedes beliebige Rechtsgut gleichsam durch die Hintertür vorbehaltlose Grundrechte einzuschränken in der Lage wäre, könnte man das Verhältnismäßigkeitsprinzip wie von *Dreier* vorgeschlagen heranziehen[778].

D. Ergebnis

Der Tierschutz hatte bis zur Verankerung in Art. 20a GG im Jahre 2002 keinen Verfassungsrang[779]. Zentrale (Eingriffs-) Normen des TierSchG sowie auf § 8a V oder § 16a 2 Nr. 4 TierSchG gestützte behördliche Verfügungen ließen sich mithin verfassungsrechtlich nicht rechtfertigen. Das bedeutet, klar und deutlich ausgesprochen: Sie waren *verfassungswidrig*[780]. Auch von Seiten der meisten politischen Parteien wurde erkannt und mit Recht betont, dass der Tierschutz gegenüber Art. 5 III GG nur eingeschränkt durchsetzbar war[781] bzw. dass das TierSchG ausgehebelt wurde[782]. Von einem „hohen deutschen Tierschutzniveau" zu sprechen[783], erschien demgegenüber sehr zweifelhaft. Nach alledem kann festgehalten werden, dass die Normierung der *Staatszielbestimmung Tierschutz dringend notwendig* war. Was die Rechtsnatur von Staatszielbestimmungen angeht, so handelt es sich um rechtlich verbindliche Verfassungsnormen, die objektiv-rechtlich die Staatsorgane, insbesondere den Gesetzgeber, zur fortdauernden Beachtung oder Verwirklichung des vorgegebenen generellen Zieles verpflichten[784]. Sie richten sich nicht an den Einzelnen. Weder verpflichten sie ihn noch gewähren sie ihm subjektive

778 So auch *Cirsovius*, S. 86; *Frotscher/Störmer*, Jura 1991, 316, 322.

779 So ohne nähere Begründung auch ausdrücklich BVerwGE 105, 73, 81; VGH Mannheim, VBlBW 1996, 356, 357; VGH München, NVwZ-RR 1993, 190, 193. Die Versuche, schon vor Änderung des Art. 20a GG einen Verfassungsrang zu begründen, waren nicht selten spürbar ergebnisorientiert, exemplarisch etwa *Löwer*, in: GS für Kimminich, S. 54, 59: „Grundrechtsdogmatisch muss sich auch de lege lata ein Anknüpfungspunkt finden lassen."; mit Recht kritisch auch *Huster*, ZRP 1993, 326, 327.

780 *Hobe*, WissR 31 (1998), 309, 330; *Schelling*, NuR 2000, 188, 193; vgl. auch *Frotscher/Störmer*, Jura 1991, 316, 320 ff.

781 Gesetzentwurf des Bundesrates, BT-Dr. 13/9723, S. 1.

782 Gesetzentwurf der Fraktion B'90/Die Grünen, BT-Dr. 13/8249, S. 4 („nur noch Appellcharakter"). Dies zeigte sich insbesondere auch im Verhältnis zur Kunstfreiheit; zu Recht kritisch hierzu auch die Abg. *Klappert* (SPD) und *Heinrich* (FDP), stenogr. Berichte BT 14/99, S. 9268 bzw. 9275. Demgegenüber scheinen *Kloepfer/Rossi*, JZ 1998, 369, 374, selbst die Beschränkung künstlerischer Freiheit (etwa in Zirkus- oder Varietédarbietungen) aus Gründen des Tierschutzes eher als Gefahr (der Beschränkung menschlicher Freiheit) zu sehen. Sollte damit tatsächlich gemeint sein, Tierquälereien seien im Interesse eines ungestörten „Kunstgenusses" hinzunehmen, so wäre dies schlechterdings nicht mehr diskussionswürdig.

783 Abg. *Röttgen* (CDU/CSU), stenogr. Berichte BT 13/203, S. 18418.

784 Vgl. etwa *Brohm*, JZ 1994, 213, 215; *Schink*, DÖV 1997, 221, 222 m. w. N.

Rechte, so dass sich aus Art. 20a GG keine einklagbaren Umwelt- oder Tierschutzansprüche ergeben. Aus der Staatszielbestimmung „Tierschutz" ergibt sich nicht nur ein tierschutzrechtliches Verschlechterungsverbot, sondern auch eine auf die Zukunft gerichtete Nachbesserungspflicht, die darauf gerichtet ist, den gesetzlichen Tierschutz dem jeweiligen Stand wissenschaftlicher Erkenntnisse anzupassen[785].

785 *Caspar/Geissen*, NVwZ 2002, 913, 914; *Westphal*, JuS 2000, 339.

5. Teil:
Pflicht zur Verankerung des Tierschutzes im Grundgesetz?

Nachdem im 4. Teil der Arbeit die verfassungspolitische Notwendigkeit aufgezeigt wurde, den Tierschutz ins Grundgesetz aufzunehmen, soll im Folgenden der Frage nachgegangen werden, ob der verfassungsändernde Gesetzgeber zur Aufnahme des Tierschutzes ins Grundgesetz sogar rechtlich verpflichtet war. Zwar ist der Gesetzgeber in seinen Entscheidungen selbstverständlich grundsätzlich souverän und unabhängig. Abweichend hiervon wurde jedoch vereinzelt eine Pflicht zur Verankerung des Tierschutzes im Grundgesetz aus der bereits erfolgten Verankerung in zahlreichen Landesverfassungen hergeleitet. Insbesondere könnte sich eine entsprechende Verpflichtung auch aus zwingenden europa- bzw. völkerrechtlichen Vorgaben ergeben.

A. Als Folge der Verankerung in zahlreichen Landesverfassungen

I. Diskrepanz zwischen der Rechtslage auf Bundes- und auf Länderebene

Die Pflicht, den Tierschutz als Folge der Verankerung in mehreren Landesverfassungen auch im Grundgesetz zu verankern, folge daraus, dass ansonsten eine Diskrepanz zwischen der (Verfassungs-) Rechtslage auf Bundes- und der auf Länderebene entstehe, die Rechtsunsicherheit erzeuge und mit dem Homogenitätsgebot nicht vereinbar sei[786]. *Von Loeper*[787] verweist zusätzlich darauf, dass der Bund die Gesetzgebungskompetenz für den Tierschutz gem. Art. 74 I Nr. 20 und Art. 72 II GG nur insofern wahrnehmen durfte, als dies zur „Herstellung gleichwertiger Lebensverhältnisse im Bundesgebiet" oder der „Wahrung der Rechts- oder Wirtschaftseinheit im gesamtstaatlichen Interesse" erforderlich gewesen sei. Nach dieser Maßgabe dürfe der Bund aber ein solch „schwerwiegendes Wertgefälle und die damit verbundene Rechtsunsicherheit" nicht hinnehmen, die wegen der unterschiedlichen (Verfassungs-) Rechtslage im Bund und in den Ländern bestünden.

II. Kritik

Diese Ansicht überzeugt nicht. Es trifft zu, dass der Tierschutz innerhalb der letzten zehn Jahre in den Verfassungen vieler Bundesländer (zur Zeit elf) verankert worden ist. Die jeweiligen Bestimmungen lauten wie folgt:

---

786 So die Begründung der BT-Fraktion von B'90/Die Grünen zum Gesetzentwurf zur Änderung des Grundgesetzes vom 17.7.1997, BT-Dr. 13/8249, S. 4 f. unter Berufung auf *v. Loeper*, ZRP 1996, 143, 148.

787 *v. Loeper*, a. a. O.

1. Landesverfassungen mit einer Staatszielbestimmung „Tierschutz"

- Baden-Württemberg (Art. 3b): „Tiere werden als Lebewesen und Mitgeschöpfe im Rahmen der verfassungsmäßigen Ordnung geachtet und geschützt."
- Bayern (Art. 141 I): „Tiere werden als Lebewesen und Mitgeschöpfe geachtet und geschützt."
- Berlin (Art. 31 II): „Tiere sind als Lebewesen zu achten und vor vermeidbarem Leiden zu schützen."
- Brandenburg (Art. 39 III): „Tier und Pflanze werden als Lebewesen geachtet. Art und artgerechter Lebensraum sind zu erhalten und zu schützen."
- Bremen (Art. 11b): „Tiere werden als Lebewesen und Mitgeschöpfe geachtet. Sie werden vor nicht artgemäßer Haltung und vermeidbaren Leiden geschützt."
- Niedersachen (Art. 6b): „Tiere werden als Lebewesen geachtet und geschützt."
- Nordrhein-Westfalen (Art. 29a I): „Die natürlichen Lebensgrundlagen und die Tiere stehen unter dem Schutz des Landes, der Gemeinden und Gemeindeverbände."
- Rheinland-Pfalz (Art. 70): „Tiere werden als Mitgeschöpfe geachtet. Sie werden im Rahmen der Gesetze vor vermeidbaren Leiden und Schäden geschützt."
- Saarland (Art. 59a III): „Tiere werden als Lebewesen und Mitgeschöpfe geachtet und geschützt."
- Sachsen (Art. 10 I): „Der Schutz der Umwelt als Lebensgrundlage ist (...) Pflicht des Landes und Verpflichtung aller im Land. Das Land hat insbesondere den Boden, die Luft und das Wasser, Tiere und Pflanzen sowie die Landschaft als Ganzes (...) zu schützen."
- Thüringen (Art. 32): „Tiere werden als Lebewesen und Mitgeschöpfe geachtet. Sie werden vor nicht artgemäßer Haltung und vor vermeidbaren Leiden geschützt."

2. Keine Verpflichtung hieraus für den Bund

Aus der Verankerung des Tierschutzes in den genannten Landesverfassungen folgte jedoch für den Bund nicht die Verpflichtung „nachzuziehen". Dies ergibt sich zum einen aus Art. 28 I 1 GG, wonach die verfassungsmäßige Ordnung in den *Ländern* gewissen fundamentalen staatlichen Grundsätzen des Grundgesetzes entsprechen muss und nicht umgekehrt. Hiermit übereinstimmend normiert zum anderen Art. 31 GG eine Kollisionsregel dergestalt, dass bei einem Widerspruch (auch) zwischen Landesverfassungen und dem Grundgesetz letzterem der Vorrang gebührt. Vor diesem Hintergrund ist von der grundgesetzlichen Wertung auszugehen, dass zwar die Verfassungsbereiche des Bundes und der Länder nebeneinander stehen, also unabhängig voneinander sind und weder der Gesamtstaat seine Staatsgewalt von den Gliedstaaten ableitet noch umgekehrt diese ihre Staatsgewalt vom Gesamtstaat ableiten[788]. Sollte es aber zu lösungsbedürftigen Kollisionen kommen, steht der Gesamtstaat über den Gliedstaaten.

Abgesehen hiervon ist selbstverständlich und nicht weiter diskussionswürdig, dass die Staatszielbestimmungen in den Landesverfassungen nicht zur Beschränkung der Freiheiten herangezogen werden können, die das Grundgesetz garantiert[789]. Immerhin zeigte aber die Tatsache, dass der Tierschutz in elf Landesverfassungen als Staatsziel verankert war (und ist[790]), dass schon vor Einfügung in Art. 20a GG über die Parteigrenzen hinweg Einigkeit erzielt werden konnte, wenn natürlich auch unbestreitbar Unterschiede in der Wertigkeit und den Zielrichtungen der Landesverfassungen und des Grundgesetzes bestehen[791].

B. Als Folge verbindlicher europa- bzw. völkerrechtlicher Vorgaben

Möglicherweise ergab sich aber eine Pflicht des Verfassunggebers des Bundes zur Aufnahme des Tierschutzes ins Grundgesetz aus dem Recht der Europäischen Union oder aus einem entsprechenden völkerrechtlichen Vertrag. Auch auf supra- bzw. internationaler Ebene hat der Tierschutz zunehmend Bedeutung erlangt. Im Hinblick auf das Verhältnis des Tierschutzes zur Wissenschaftsfreiheit waren (und sind) insbesondere die folgenden Rechtsakte von Bedeutung.

---

788 Vgl. hierzu *Hillmer*, S. 106 ff.; *Kloepfer/Rossi*, JZ 1998, 369, 372 f.; *Löwer*, in: GS für Kimminich, S. 54, Fn. 2; vgl. auch allgemein *Hesse*, Rn. 89 f.

789 Vgl. nur *Caspar*, ZUR 1998, 177, 178, der jedoch den symbolischen Gehalt betont, „der mit einer landesverfassungsrechtlichen Aufwertung verbunden ist“; *Hobe*, WissR 31 (1998), 309, 327, Fn. 60.

790 Keinen Einzug hat der Tierschutz (bisher) in die Verfassungen von Hamburg, Hessen, Mecklenburg-Vorpommern, Sachsen-Anhalt und Schleswig-Holstein erhalten.

791 Die Landesverfassungen erhalten mehr Programmsätze bzw. Direktiven für staatliches Handeln, sind also weniger „verrechtlicht“, weniger normativ als das Grundgesetz. Im Hinblick auf die Tierschutzartikel in den Landesverfassungen ist ihre Bedeutung dadurch begrenzt, dass ihnen das TierSchG als Bundesrecht vorgeht (Art. 31 GG).

I. Primäres Gemeinschaftsrecht: Protokoll über den Tierschutz und das Wohlergehen der Tiere

Primärrechtlich ist der Tierschutz seit dem Amsterdamer Vertrag zur Reform der europäischen Verträge[792] verankert, und zwar als eines von mehreren Protokollen zum Vertrag über die europäische Gemeinschaft (EGV). Die Protokolle sind gem. Art. 311 EGV Bestandteil dieses Vertrages. In dem sog. *Protokoll über den Tierschutz und das Wohlergehen der Tiere*[793], das im Wesentlichen auf die Initiative Großbritanniens und Deutschlands zurückgeht[794], kommen die Mitgliedstaaten überein, bei der Festlegung und Durchführung der Politik der Gemeinschaft unter anderem im Bereich der Forschung den Erfordernissen des Wohlergehens der Tiere in vollem Umfang Rechnung zu tragen, wobei die Rechts- und Verwaltungsvorschriften und die Gepflogenheiten der Mitgliedstaaten insbesondere in Bezug auf religiöse Riten, kulturelle Traditionen und das regionale Erbe berücksichtigt würden. Protokolle nach Art. 311 EGV sind *verbindliche* Nebenurkunden zum Hauptvertragswerk und wichtige Grundlagen für dessen Auslegung und Anwendung[795]. Hiernach hat unbestreitbar auch der Tierschutz im Rahmen der Gemeinschaft einen höheren Stellenwert erhalten. Auch auf diesen können sich nun gemeinschaftsrechtliche Harmonisierungsbestrebungen beziehen.

II. Sekundäres Gemeinschaftsrecht: Tierversuchsrichtlinie des Rates vom 24.11.1986

Auf der Grundlage der Art. 94, 95 EGV kann der Rat Richtlinien für die Angleichung derjenigen Rechts- und Verwaltungsvorschriften der Mitgliedstaaten erlassen, die sich unmittelbar auf die Errichtung oder das Funktionieren des Gemeinsamen Marktes auswirken[796]. Entsprechend ist am 24.11.1986 die *Tierversuchsrichtlinie* erlassen worden[797], die den Schutz von Tieren vor wissenschaftlichen Versuchen unmittelbar betrifft. Wettbewerbsverzerrungen oder Handelshemmnisse im Bereich der Europäischen Gemeinschaft[798] sollen

---

792 Unterzeichnet am 2.10.1997, in Kraft getreten am 1.5.1999, ABlEG 1997, C 340.

793 ABlEG 1997, C 340/110.

794 *Kahl*, in: Calliess/Ruffert, Art. 95 EGV, Rn. 18.

795 *Schmalenbach*, in: Calliess/Ruffert, Art. 311 EGV, Rn. 2; vgl. auch *Lorz/Metzger*, vor § 7, Rn. 8 („rechtlichen Rang eines Artikels des EG-Vertrages"); unzutreffend *Hillmer*, S. 113, der das Protokoll nur als „unverbindliche Absichtserklärung" wertet.

796 Siehe hierzu *Oppermann*, Rn. 1212 ff.

797 ABlEG 1986, L 358/1 = 86/609/EWG, allerdings noch auf Grundlage der Art. 100, 100a EGV a. F.

798 Etwa dadurch, dass nach den Vorschriften des einen Mitgliedstaates ein langwieriges Genehmigungsverfahren durchlaufen werden muss, während in einem anderen noch

dadurch vermieden werden, dass die Zahl der in den Mitgliedstaaten für wissenschaftliche Zwecke verwendeten (Wirbel-) Tiere auf ein Minimum beschränkt und ihnen Schmerzen, Leiden oder Schäden erspart bzw., sofern unvermeidbar, minimiert werden. Was den sachlichen Anwendungsbereich der Richtlinie betrifft, ist ihr Art. 3 zu beachten. Hieraus ergibt sich, dass sie nur den Bereich der *anwendungsorientierten Forschung* erfasst, also weder Versuche in der Grundlagenforschung noch solche zu Ausbildungszwecken[799]. Für letztere ergibt sich dies schon daraus, dass die Europäische Gemeinschaft auf dem Gebiet der Bildung keine Rechtsetzungskompetenz hat. Im Übrigen sind prinzipiell weder Versuche in der Grundlagenforschung noch solche zu Ausbildungszwecken in der Lage, das Funktionieren des Gemeinsamen Europäischen Marktes zu beeinträchtigen[800].

1. Rechtsnatur und Umsetzung von Richtlinien

Was die Rechtsnatur einer gemeinschaftsrechtlichen Richtlinie angeht, ist zunächst zu beachten, dass sie für jeden Mitgliedstaat *hinsichtlich des zu erreichenden Zieles verbindlich* ist. Nur die Wahl der Form und Mittel ist freigestellt (Art. 249 III EGV). Um nationalen Besonderheiten Rechnung tragen zu können, ist die Richtlinie also nicht unmittelbar anwendbar, sondern bedarf grundsätzlich eines Transformationsaktes. Insofern kann von einem gestuften Rechtsetzungsverfahren gesprochen werden. Zunächst wird im Rahmen der Gemeinschaft über die Richtlinie Beschluss gefasst und diese an die Mitgliedstaaten adressiert. Hieran anschließend setzen die Mitgliedstaaten das Ziel der Richtlinie in nationales Recht um. Erst wenn beide Stufen genommen sind, „gilt die Richtlinie nicht nur *für* den Mitgliedstaat, sondern *im* Mitgliedstaat“[801]. Bei der Umsetzung ist der Grundsatz des gemeinschaftsrechtlichen Anwendungsvorrangs vor nationalem (Verfassungs-) Recht zu beachten[802]. Das bedeutet, dass das Ziel der Richtlinie auch dann verwirklicht werden muss, wenn nationales Verfassungsrecht entgegensteht. Bei der Umsetzung von Richtlinien ist der nationale Gesetzgeber also von der Grundrechtsbindung nach Art. 1 III GG befreit. Das Bundesverfassungsgericht hat sich in der

---

nicht einmal die Anzeige eines beabsichtigten Versuchs zu erfolgen hat.

799 Für letztere erging statt dessen eine Entschließung zum Schutz lebender Versuchstiere im Rahmen von Lehre und Ausbildung, ABlEG 1986, C 331/2.

800 So auch *Cirsovius*, S. 117; *Harrer*, in: Caspar/Koch, S. 33, 38; *Hillmer*, S. 114 f., *Obergfell*, NJW 2002, 2296, 2297.

801 *Götz*, NJW 1992, 1849, 1852; Hervorheb. dort.

802 Statt vieler *Oppermann*, Rn. 633 f.

berühmten „Solange-II-Entscheidung“[803] ein “judicial self-restraint” auferlegt und betont, es sehe (derzeit) von einer Überprüfung abgeleiteten Gemeinschaftsrechts am Maßstab der Grundrechte des Grundgesetzes ab[804]. Der EuGH betont in ständiger Rechtsprechung, dass sich ein Mitgliedstaat bei unterlassener Ausführung einer Richtlinie nicht darauf berufen könne, wegen entgegenstehenden nationalen (Verfassungs-) Rechts an der Umsetzung gehindert zu sein[805]. Gemeinschaftsrechtlich ist also allein entscheidend, *dass* das Ziel der Richtlinie erreicht wird. Ob dies mit oder ohne Verstoß gegen nationales Verfassungsrecht geschieht, ist demgegenüber ohne Belang[806]. Bezogen auf die hier interessierende Thematik bedeutet dies, dass die nationalen staatlichen Gewalten[807] nicht etwa deshalb an der Beachtung und Verfolgung des durch die (Tierversuchs-) Richtlinie vorgegebenen Zieles gehindert waren, weil dem Art. 5 III GG entgegenstand[808]. Vielmehr war das Ziel der Richtlinie ohne Rücksicht auf die Forschungsfreiheit zu verfolgen.

2. Vereinbarkeit mit der Rechtslage in Deutschland

Hiernach stellt sich die Frage, ob die Rechtslage in Deutschland dem Ziel der Richtlinie entsprach. Jedenfalls nach Ansicht der Rechtsprechung[809] durften

803 BVerfGE 73, 339.

804 Allerdings nur „solange die Europäischen Gemeinschaften, insbesondere die Rechtsprechung des Gerichtshofes der Gemeinschaften einen wirksamen Schutz der Grundrechte gegenüber der Hoheitsgewalt der Gemeinschaften generell gewährleisten, der dem vom Grundgesetz unabdingbar gebotenen Grundrechtsschutz im Wesentlichen gleichzuachten ist, zumal den Wesensgehalt der Grundrechte generell verbürgt“, BVerfGE 73, 339, 387. Hiernach ergangene Entscheidungen lassen jedoch Zweifel darüber aufkommen, wie ernst es das BVerfG mit seinem judicial self-restraint gemeint hat, s. etwa BVerfGE 89, 155, 174 f. („Maastricht“), wo es davon spricht, dass es seine Rechtsprechung über die Anwendbarkeit von abgeleitetem Gemeinschaftsrecht in einem „Kooperationverhältnis“ zum Europäischen Gerichtshof ausübe.

805 Z. B. EuGH Slg. 1980, 3635, 3640; 1982, 189, 193 f.

806 Kritisch hierzu *Götz*, NJW 1992, 1849, 1852 f., wonach das Modell des Solange-II-Beschlusses auf Richtlinien grundsätzlich nicht übertragbar sei.

807 Nicht nur der nationale Gesetzgeber, sondern auch die Behörden und Gerichte sind zur Beachtung und Verfolgung der durch Richtlinien vorgegebenen Ziele verpflichtet (Gebot richtlinienkonformer Auslegung innerstaatlichen Rechts), hierzu *Götz*, NJW 1992, 1849, 1853 f.

808 Beispiel: § 9 II 3 Nr. 5 TierSchG stellte vor Einfügung des Tierschutzes in Art. 20a GG einen Eingriff in die Wissenschaftsfreiheit dar (siehe oben S. 130). Von der Bindung an Art. 5 III GG war der Gesetzgeber aber insofern befreit, als die Norm zur Umsetzung des entsprechenden Art. 10 II der Tierversuchsrichtlinie erforderlich war; siehe hierzu auch *Hillmer*, S. 118 ff.

809 BVerfG, NVwZ 1994, 894 f. und im Anschluss hieran VG Berlin, ZUR 1995, 201 ff; siehe hierzu oben S. 132 f.

Genehmigungsbehörde und Gericht die Unerlässlichkeit bzw. ethische Vertretbarkeit des Tierversuchs nicht überprüfen. Vielmehr sei insofern die Auffassung des jeweiligen Forschers zugrunde zu legen, solange diese wissenschaftlich begründet dargelegt sei. Demgegenüber besagt die Richtlinie Folgendes:

a) Einzelne Bestimmungen

- Art. 6: Jeder Mitgliedstaat benennt (...) die Behörden, die für die *Überwachung der ordnungsgemäßen Anwendung dieser Richtlinie* zuständig sind (Abs. 1). Im Rahmen der Durchführung dieser Richtlinie treffen die Mitgliedstaaten die erforderlichen Maßnahmen, damit die nach Abs. 1 benannte Behörde *von Sachverständigen beraten* wird (Abs. 2).

- Art. 7: Die Versuche dürfen nur *von sachkundigen ermächtigten Personen* (...) durchgeführt werden oder wenn das betreffende Versuchs- oder wissenschaftliche Vorhaben in Übereinstimmung mit innerstaatlichem Recht *genehmigt worden ist* (Abs. 1). Ein Versuch darf nicht vorgenommen werden, wenn (...) eine (...) Alternative zur Verfügung steht, bei der kein Tier verwendet werden muss (Abs. 2). Ist ein Versuch unumgänglich, so muss die Auswahl der entsprechenden Tierart sorgfältig getroffen und, soweit erforderlich, *gegenüber der Behörde begründet werden* (Abs. 3).

- Art. 12: Die Mitgliedstaaten legen die Verfahren fest, nach denen die Versuche selbst oder die Angaben betreffend die Personen, die diese Versuche durchführen, *der Behörde im Voraus zu melden* sind (Abs. 1). Soll ein Tier einem Versuch unterzogen werden, bei dem mit erheblichen und möglicherweise länger anhaltenden Schmerzen zu rechnen ist, so muss dieser Versuch *der Behörde besonders angezeigt und begründet oder* von der Behörde *ausdrücklich genehmigt werden. Die Behörde hat geeignete gerichtliche oder administrative Schritte zu veranlassen, wenn sie nicht* davon *überzeugt ist*, dass der Versuch für grundlegende Bedürfnisse von Mensch und Tier von hinreichender Bedeutung ist (Abs. 2).

- Art. 24: Diese Richtlinie hindert die Mitgliedstaaten nicht, strengere Maßnahmen zum Schutz der für Versuchszwecke verwendeten Tiere oder *zur Kontrolle und Beschränkung der Verwendung von Versuchstieren* zu ergreifen. Die Mitgliedstaaten *können insbesondere* eine *vorherige Genehmigung* für Versuche (...) *verlangen*, die nach Art. 12 I anzuzeigen sind.

b) Diskrepanz zur Rechtsprechung in Deutschland

Nimmt man die genannten Vorschriften der Tierversuchsrichtlinie zum Maßstab, so kann kein Zweifel daran bestehen, dass ihnen die Rechtsprechung in Deutschland, wonach die Unerlässlichkeit bzw. ethische Vertretbarkeit nicht überprüfbar sein sollte, widersprach. Die Richtlinie schreibt eindeutig und unmissverständlich die Überwachung ihrer ordnungsgemäßen Anwendung vor (Art. 6 I). Dieser Grundsatz wird in Art. 12 II 2 für besonders schmerzintensive Versuche noch einmal betont. Hiernach hat die Behörde gegebenenfalls gerichtliche oder administrative Schritte zu veranlassen. Die Richtlinie geht also insgesamt von einem materiellen Prüfungsrecht von Behörde und Gericht aus[810].

III. Europäisches Übereinkommen vom 18.3.1986 zum Schutz der Versuchstiere

In diesem Zusammenhang von Bedeutung ist schließlich das Europäische Übereinkommen zum Schutz der für Versuche und andere wissenschaftliche Zwecke verwendeten Wirbeltiere vom 18.3.1986, dem der Bundestag mit Gesetz vom 11.12.1990 zugestimmt hat[811] und das für Deutschland am 1.11.1991 in Kraft getreten ist[812]. Es gehört nicht wie die zuvor behandelten Richtlinien zum Europäischen Gemeinschaftsrecht, sondern ist ein durch die Mitgliedstaaten des Europarates geschlossener völkerrechtlicher Vertrag[813], der in wesentlichen Punkten als Basis für die zuvor besprochene Tierversuchsrichtlinie diente. Anders als diese bezieht sich das Übereinkommen jedoch auf die Verwendung von Tieren in *Forschung und Lehre* (s. Art. 2). Ansonsten stimmen die Anordnungen und Bestimmungen des Übereinkommens aber mit denen der Tierversuchsrichtlinie im Wesentlichen überein.

Auch im Hinblick auf das Übereinkommen stellt sich die Frage, ob die Rechtslage in Deutschland seinem Ziel, die Verwendung von Tieren für Versuche und andere wissenschaftliche Zwecke zu begrenzen und, soweit durchführbar, ganz zu ersetzen[814], gerecht wurde. Wie bereits betont ging die Rechtsprechung davon aus, dass weder die Unerlässlichkeit noch die ethische Vertretbarkeit des Versuchs von der Behörde bzw. dem Gericht überprüfbar

810 Siehe auch *Caspar*, ZUR 1998, 177, 182 und *ders.*, ZRP 1998, 441, 444; *Hillmer*, S. 127.

811 BGBl II, 1486; das Übereinkommen ist auf den folgenden Seiten veröffentlicht.

812 BGBl II, 740.

813 Dieser ist selbstverständlich verbindlich; unzutreffend daher *Cirsovius*, S. 116, wonach das Übereinkommen keine Auswirkung auf nationales Verfassungsrecht habe.

814 Siehe die Präambel des Übereinkommens, BGBl 1990 II, 1487.

sei[815]. Auch im Hinblick auf Versuche zu Lehrzwecken sei allein der für die Lehrveranstaltung zuständige Hochschullehrer berechtigt, deren Inhalt zu bestimmen sowie die Geeignetheit alternativer Methoden festzulegen[816].

1. Einzelne Bestimmungen

Folgende Vorschriften des Übereinkommens sind in dieser Hinsicht von Bedeutung.

- Art. 3: Jede Vertragspartei verpflichtet sich, (...) alle erforderlichen Maßnahmen zur Durchführung dieses Übereinkommens und zur *Gewährleistung eines wirksamen Kontroll- und Überwachungssystems* zu ergreifen.
- Art. 9: Soll ein Tier einem Verfahren unterzogen werden, bei dem mit möglicherweise länger anhaltenden erheblichen Schmerzen zu rechnen ist, so muss dieses Verfahren der zuständigen Behörde *besonders angezeigt und begründet* oder von der zuständigen Behörde *ausdrücklich genehmigt* werden (Abs. 1). Es werden *geeignete Gesetzgebungs- und/oder Verwaltungsmaßnahmen* ergriffen, damit *gewährleistet* ist, dass ein derartiges *Verfahren nicht unnötig durchgeführt* wird. Solche Maßnahmen umfassen
  - entweder die *ausdrückliche Genehmigung* durch die zuständige Behörde oder
  - die *besondere Anzeige* eines solchen Verfahrens bei der zuständigen Behörde sowie *gerichtliche oder Verwaltungsmaßnahmen* dieser Behörde für den Fall, dass sie *nicht überzeugt* ist, *dass das Verfahren* für grundlegende Bedürfnisse von Mensch und Tier, einschließlich der Lösung wissenschaftlicher Probleme, *von ausreichender Bedeutung ist* (Abs. 2).
- Art. 13: Ein Verfahren (...) darf nur von einer *ermächtigten Person* (...) oder aufgrund einer nach dem innerstaatlichen Recht erteilten *Genehmigung* für das betreffende Versuchs- oder sonstige wissenschaftliche Vorhaben durchgeführt werden. Diese Genehmigung wird nur Personen erteilt, die *nach Auffassung der zuständigen Behörde* sachkundig sind.
- Art. 25: Verfahren, die im Rahmen der Bildung sowie der Aus- oder Weiterbildung für einen Beruf (...) durchgeführt werden, sind der zuständigen Behörde *anzuzeigen* (Abs. 1). Die in Abs. 1 genannten Verfahren sind *auf das* für den Zweck der Bildung oder Ausbildung *unbedingt Notwendige zu beschränken*; sie sind *nur zulässig, wenn* ihr Ziel nicht durch audiovisuelle

---

815 BVerfG, NVwZ 1994, 894; VG Berlin, ZUR 1995, 201 ff.

816 VGH Kassel, NJW 1994, 1608, 1609.

Methoden mit vergleichbarer Wirksamkeit oder sonstige geeignete Mittel erreicht werden kann (Abs. 3).

2. Diskrepanz zur Rechtsprechung in Deutschland

Die Auslegung des Übereinkommens, insbesondere der aufgeführten Bestimmungen, kann ebenfalls nur zu dem Ergebnis führen, dass die Rechtsprechung in Deutschland diesem nicht gerecht wurde. Im Hinblick auf die Problematik, ob der Behörde oder dem Gericht ein materielles Prüfungsrecht zukommt, trifft das Übereinkommen durch seine Regelung in Art. 3, in dem von einem „wirksamen Kontroll- und Überwachungssystem" die Rede ist, eine genauso klare Aussage wie die oben behandelte Versuchstierrichtlinie. Die Pflicht zur Kontrolle und Überwachung bezieht sich auf alle in den einzelnen Bestimmungen getroffenen Anordnungen, insbesondere auf die die Versuchsdurchführung betreffenden Art. 6 ff. und den die Aus- und Weiterbildung betreffenden Art. 25. Für besonders schmerzintensive Versuche schreibt Art. 9 II noch einmal ausdrücklich geeignete Maßnahmen zur Überprüfung vor, damit diese nicht unnötig durchgeführt werden. Das Erfordernis eines materiellen Prüfungsrechts von Behörde und Gericht ergibt sich schließlich auch aus Art. 13, der regelt, welche Person unter welchen Voraussetzungen befugt ist, Tierversuche durchzuführen. Vor der Erteilung der entsprechenden Ermächtigung bzw. Genehmigung soll die hierfür notwendige Sachkunde geprüft werden, was S. 2 für die Genehmigungserteilung ausdrücklich bestimmt, aber ebenfalls für die in S. 1 genannte Ermächtigung gilt[817].

IV. Ergebnis/Konsequenz

Die Rechtslage in Deutschland, so wie sie sich nach Ansicht der Rechtsprechung darstellte[818], war weder geeignet, das Ziel der (Tierversuchs-) Richtlinie noch das des Europäischen Übereinkommens zu erreichen[819]. Vielmehr widersprach sie diesen in der fundamentalen Frage, ob die Einschätzung des jeweiligen Wissenschaftlers überprüfbar sei. Die Rechtsprechung in Deutschland im Hinblick auf die Auslegung der einschlägigen Bestimmungen des TierSchG war erkennbar von dem bis dato fehlenden Verfassungsrang des

---

817 *Caspar*, ZUR 1998, 177, 182 und *ders.*, ZRP 1998, 441, 444.

818 BVerfG, NVwZ 1994, 894 f. und VG Berlin, ZUR 1995, 201 ff.; VGH Kassel, NJW 1994, 1608, 1609.

819 Siehe zu beiden auch die Tierschutzberichte der Jahre 2001 und 2003, BT-Dr. 14/5712, S. 57 ff. bzw. BT-Dr. 15/723, S. 65 f.; vgl. in diesem Zusammenhang auch die Entschließung des Europäischen Parlaments zu dem Wohlergehen und dem Status von Tieren in der Gemeinschaft vom 21.1.1994, ABlEG, C 44/206.

Tierschutzes geleitet. Eine Änderung der Rechtsprechung wäre zwar theoretisch denkbar gewesen. Praktisch sprach aber nichts hierfür. Vor diesem Hintergrund war es Aufgabe des Gesetzgebers, dafür zu sorgen, dass die Ziele der Richtlinie bzw. des Übereinkommens erreicht werden konnten. Wenn die Maßstäbe des Grundgesetzes der Umsetzung einer Richtlinie entgegenstehen, muss die Umsetzung auf dem Weg über eine Verfassungsänderung erfolgen; diese gehört dann zu den Formen und Mitteln im Sinne des Art. 249 III EGV[820].

820 *Götz*, NJW 1992, 1849, 1853.

6. Teil:
Die gegen die Verankerung des Tierschutzes im Grundgesetz vorgebrachten Argumente

Trotz allem sind gegen die Verankerung des Tierschutzes im Grundgesetz lange Zeit verschiedene Argumente vorgebracht worden. Im Folgenden soll untersucht werden, ob sie plausibel waren.

A. Keine rechtliche Notwendigkeit

I. Die Argumentation

Nicht selten ist bereits die rechtliche Notwendigkeit der Aufnahme des Tierschutzes ins Grundgesetz bestritten worden[821]. Verbesserungen des Tierschutzes ließen sich sehr viel effektiver auf der Ebene des einfachen Gesetzes erreichen[822]. Zudem befreie auch eine Staatszielbestimmung Tierschutz nicht von der Aufgabe, die widerstreitenden Rechtspositionen zu einem vernünftigen Ausgleich zu bringen[823].

II. Kritik

Diese Auffassung lässt sich nach Maßgabe der bisherigen Ausführungen dieser Abhandlung leicht widerlegen. Die Aufnahme ins Grundgesetz musste erfolgen, um die (Eingriffs-) Normen des TierSchG sowie die entsprechenden behördlichen Anordnungen verfassungsrechtlich abzusichern[824]. Zu einfach machte es sich jedenfalls *Rupp*[825], wonach die Einfügung einer Tierschutzklausel ins Grundgesetz unnötig sei, weil bereits die Annahme, vorbehaltlose Grundrechte seien nur aufgrund ihrerseits der Verfassung entnehmbarer Güter beschränkbar, nicht zutreffe. Den Versuch einer Begründung für diese von der ganz herrschenden Meinung abweichende[826] Auffassung unternimmt er jedoch nicht[827]. Statt

---

821 Vgl. den Bericht der Gemeinsamen Verfassungskommission, BT-Dr. 12/6000, S. 71, wonach das einfache TierSchG ausreiche; Entschließungsanträge der Fraktionen CDU/CSU und FDP vom 30.6.1994 (BT-Dr. 12/8211) bzw. von der CDU/CSU-Fraktion vom 12.4.2000 (BT-Dr. 14/3197), wonach der Tierschutz bereits in der Staatszielbestimmung „Umweltschutz" enthalten gewesen sei; vgl. auch beispielhaft für die Stimmen vieler Unions-Abgeordneter die Abg. *Reinhardt*, stenogr. Berichte 14/99, S. 9273 f.; aus der rechtswissenschaftlichen Literatur *Kloepfer/Rossi*, JZ 1998, 369, 372, 378; *Löwer*, in: GS für Kimminich, S. 54, 56 ff.; *Rupp*, WissR 32 (1999), 177, 178.

822 *Kloepfer/Rossi*, a. a. O., S. 378.

823 So *Löwer*, a. a. O., S. 62.

824 Vgl. statt vieler nur *Kluge*, ZRP 2004, 10, 11.

825 *Rupp*, a. a. O.

826 Siehe oben S. 142 f.

827 Zu Recht kritisch auch *Schelling*, NuR 2000, 188, 193.

dessen verweist er unter anderem auf den ausführlich besprochenen Beschluss des Bundesverfassungsgerichts vom 20.6.1994[828], der zeige, dass die Kammer „geradezu selbstverständlich“ davon ausging, dass Beschränkungen der Forschungsfreiheit durch das TierSchG auch ohne Verfassungsrang des Tierschutzes zulässig seien[829]. Überzeugend ist diese Argumentation nicht. Zwar trifft es zu, dass die 1. Kammer des Bundesverfassungsgerichts davon ausging, die §§ 7 III, 8 III Nr. 1 lit. a TierSchG seien mit der Forschungsfreiheit vereinbar. Diese Annahme war aber – wie ausführlich dargelegt[830] – unzutreffend. Kaum nachvollziehbar ist auch *Rupps* Einwand[831], das Bundesverfassungsgericht wäre bei einem Verfassungsrang des Tierschutzes eher noch forschungsfreundlicher verfahren. Hier stellt sich zum einen die Frage, wie die Auslegung der §§ 7 III, 8 III Nr. 1 lit. a TierSchG überhaupt noch forschungsfreundlicher als ohnehin schon hätte vorgenommen werden können[832], und zum anderen, warum der Tierschutz bei einer Abwägung mit der Forschungsfreiheit auf schwächerem Fundament stehen soll, wenn er auf Verfassungsebene gehoben wird.

An der Sache vorbei ging auch der Einwand, eine Staatszielbestimmung „Tierschutz“ entbinde nicht von der Aufgabe, die Rechtspositionen zu einem vernünftigen Ausgleich zu bringen[833]. Die Staatszielbestimmung „Tierschutz“ hat die Möglichkeit, einen vernünftigen Ausgleich zu finden, überhaupt erst eingeräumt (jedenfalls bei einer Kollision mit den vorbehaltlosen Grundrechten des Art. 5 III GG).

B. Keine gesellschaftliche Notwendigkeit

I. Die Argumentation

Vereinzelt[834] wurde darauf verwiesen, dass die Notwendigkeit des Tierschutzes bereits anerkannt, die Öffentlichkeit für dieses Grundanliegen also genügend sensibilisiert sei. Deshalb müsse auch die Verfassung diesen Wert nicht noch einmal bewusst machen.

---

828 BVerfG, NVwZ 1994, 894.

829 *Rupp*, a. a. O., S. 178.

830 S. 133 ff.

831 *Rupp*, a. a. O., S. 178.

832 Sollte auch noch auf das Erfordernis der Plausibilität der Darlegungen verzichtet werden? Konnte man dann auf die entsprechenden Vorschriften des TierSchG nicht ganz verzichten?

833 *Löwer*, in: GS für Kimminich, S. 54, 62.

834 *Löwer*, in: GS für Kimminich, S. 54, 55, auch S. 64.

II. Kritik

Es ist richtig, dass die Notwendigkeit des Tierschutzes im Prinzip unstreitig war und nicht in Abrede gestellt wurde. Dies ist jedoch eher ein Argument für als gegen die Aufnahme des Tierschutzes ins Grundgesetz. Wenn vorher der Tierschutz nicht in der Lage war, die Freiheit der Wissenschaft (und der Kunst) zu beschränken, so musste die Aufnahme in das Grundgesetz gerade erfolgen, um dem gesellschaftlich anerkannten Belang „Tierschutz" auch rechtlich den nötigen Stellenwert einzuräumen. Bisher verkam der Tierschutz aber – wie ausführlich dargelegt – zu einem Muster ohne Wert, was so manche Entscheidung der dritten Gewalt deutlich machte[835]. Der Tierschutz war daher nicht deshalb in die Verfassung aufzunehmen, um auf ihn aufmerksam zu machen, sondern um die bestehenden (und rechtspolitisch grundsätzlich unstreitigen) Bestimmungen des TierSchG verfassungsrechtlich zu legitimieren. Im Übrigen war auch die Notwendigkeit des Umweltschutzes bei seiner Verankerung im Grundgesetz gesellschaftlich unbestritten. Trotzdem wurde dieser aus guten Gründen 1994 verfassungsrechtliches Staatsziel.

C. Tierschutz als von vornherein schwächerer Wert

I. Die Argumentation

Zum Teil ist geltend gemacht worden, eine Staatszielbestimmung Tierschutz könne die Freiheit der Wissenschaft ohnehin nicht einschränken[836] bzw. sei dieser bei einem prinzipiell möglichen Interessenausgleich doch von vornherein unterzuordnen, weil es sich nicht um gleichrangige Bestimmungen handele, sondern dem individuellen Freiheitsrecht notgedrungen der „absolute Vorrang" zukommen müsse[837]. Der wissenschaftliche Fortschritt und damit auch die Steigerung des Allgemeinwohls ließen sich bei sachlicher und nicht emotionsbeladener Betrachtungsweise gegenüber dem Wert „Tierschutz" nicht

---

835 Etwa der ausführlich besprochene Beschluss des BVerfG zur ethischen Vertretbarkeit von Tierversuchen, NVwZ 1994, 894, und hieran anschließend VG Berlin, ZUR 1995, 201; VGH Kassel, NJW 1994, 1608; vgl. auch AG Kassel, NStZ 1991, 443, wo zwar ausdrücklich festgestellt wurde, dass eine bestimmte Performance Tierquälerei gewesen sei, die Künstlerin aber dennoch vom Vorwurf einer tierquälerischen Ordnungswidrigkeit freigesprochen werden musste.

836 *Löwer*, Interview im Kölner Stadtanzeiger vom 18.5.2002, S. 5; *Waechter*, Der Staat, 30 (1991), 19, 24 und auch S. 31 für Staatszielbestimmungen generell mit Verweis auf deren Unbestimmtheit; S. 29 f. mit der Begründung, dass es sich beim Tierschutz um ein Interesse handele, das nicht natürlichen oder juristischen Personen zugeordnet werden könne.

837 *Spranger*, ZRP 2000, 285, 287 f.; vgl. auch *Kloepfer/Rossi*, JZ 1998, 369, 373, die meinen, dass sich „im Konfliktfall jeder Tierschutz am Wohl des Menschen ausrichten" müsse.

zurückstellen[838].

II. Kritik

Auch dieser Einwand vermag nicht zu überzeugen. Prinzipiell sind Staatszielbestimmungen ohne weiteres in der Lage, vorbehaltlos gewährleistete Grundrechte einzuschränken; denn sie sind eben gerade *keine* unverbindlichen *Programmsätze*, sondern „andere mit Verfassungsrang ausgestattete Rechtswerte" im Sinne der Rechtsprechung des Bundesverfassungsgerichts[839]. Auch das Bundesverwaltungsgericht hatte keinerlei dogmatische Bedenken, als es in einer neueren Entscheidung einen Eingriff in die Kunstfreiheit mit der Staatszielbestimmung „Umweltschutz" des Art. 20a GG gerechtfertigt hat. Es betonte sogar, dass die Wahrung der Integrität von Natur und Landschaft bei einer Abwägung nicht zu gering veranschlagt werden dürfe[840]. Dementsprechend kann auch eine Staatszielbestimmung „Tierschutz" grundsätzlich einen Eingriff in ein vorbehaltloses Grundrecht rechtfertigen[841]; denn zwischen den einzelnen Verfassungswerten verbieten sich – von Ausnahmen wie den Grundsätzen der Art. 1 und 20 GG abgesehen, die wegen Art. 79 III GG eine übergeordnete Bedeutung haben – Abstufungen nach mehr oder weniger schutzwürdigen Belangen. Vielmehr haben Rechtsgüter mit Verfassungsrang untereinander prinzipiell gleichen Wert und gleiches Gewicht[842]. Wenn *Waechter* meint, vorbehaltlose Grundrechte könnten nur durch solche Interessen eingeschränkt werden, „die natürlichen oder juristischen Personen zugeordnet werden können"[843], nicht aber durch Schutznormen zugunsten der Natur oder der Tiere[844], so ist diese Behauptung unvereinbar mit dem veränderten Bewusstsein gegenüber der Natur insgesamt, das heute richtigerweise eine *ausschließlich* auf den Menschen konzentrierte Betrachtungsweise verbietet. Der Tierschutz vermag, so wie jetzt in Art. 20a GG als Staatszielbe-

---

838 *Spranger*, a. a. O., S. 288.

839 BVerfGE 28, 243, 261; 30, 173, 193; 32, 98, 108; 83, 130, 139.

840 BVerwG, NJW 1995, 2648, 2649; vgl. auch *Schelling*, NuR 2000, 188, 193; *Scholz*, in: M/D, Art. 20a, Rn. 41.

841 So mit Recht auch *Obergfell*, ZRP 2001, 193, 196 f.; *Tödtmann/Zillmann*, ZRP 1993, 324, 326. Auch das BVerwG hat den Tierschutz nur deshalb nicht „in die Lösung des verfassungsrechtlichen Spannungsverhältnisses" einbezogen, weil ihm zu der Zeit noch kein Verfassungsrang zukam, BVerwGE 105, 73, 81.

842 Vgl. in Bezug auf Art. 20a GG BT-Dr. 12/6000, S. 67; *Hillmer*, S. 146 ff., s. auch S. 201 und 206; *Kloepfer/Rossi*, JZ 1998, 369, 373; *Murswiek*, in: Sachs, Art. 20a, Rn. 72; *Westphal*, JuS 2000, 339, 340.

843 *Waechter*, Der Staat 30 (1991), 19, 30.

844 *Waechter*, a. a. O., S. 29.

stimmung konzipiert, dem vorbehaltlosen Grundrecht der Wissenschaftsfreiheit also durchaus eine Schranke entgegenzusetzen. Dass sich Tierschützer lange Zeit dem Vorwurf ausgesetzt sahen, emotional und unsachlich zu argumentieren[845], wenn sie hierauf hinwiesen und dementsprechend eine Verfassungsänderung forderten, ist bedauernswert.

D. Behinderung der wissenschaftlichen Forschung und der staatlichen Fürsorge

I. Die Argumentation

Gerade von Seiten der zahlreichen chemischen oder pharmazeutischen Unternehmen wurde die Behinderung der wissenschaftlichen Forschung befürchtet. Die Einführung einer Staatszielbestimmung „Tierschutz“ würde sich im Zeitalter der Globalisierung als Standorthindernis erweisen[846]. Wenn der Tierschutz Verfassungsrang erhielte, könne dies zu einer Auslegung des TierSchG führen, wonach Tierversuche nicht mehr die Regel darstellten, sondern nur noch in Ausnahmefällen zulässig seien. Insbesondere die Grundlagenforschung, bei der die konkreten Anwendungsmöglichkeiten noch unbekannt sind, sei erheblich gefährdet[847]. Dies hätte auch im Hinblick auf die staatliche Fürsorgepflicht negative Konsequenzen: Der Staat könnte seiner verfassungsrechtlichen Pflicht zum Schutz des Lebens und der körperlichen Unversehrtheit (Art. 2 II 1 GG) nicht mehr wie bisher nachkommen, wenn Tierversuche deutlich eingeschränkt werden müssten[848].

II. Kritik

Auch diese Befürchtung erscheint nur auf den ersten Blick zutreffend; bei näherem Hinsehen erweist sie sich als weitgehend unbegründet. Entscheidend ist, dass durch eine Staatszielbestimmung Tierschutz die durch das TierSchG sowieso schon bestehenden Beschränkungen des Art. 5 III GG verfassungsrechtlich abgesichert und gerechtfertigt werden[849]. Die dort vorgesehenen Einschränkungen der medizinischen und naturwissenschaftlichen Forschung werden aber zum großen Teil von den Medizinern und Naturwissenschaftlern

---

845 Vgl. *Spranger*, ZRP 2000, 285, 288; Abg. *Ströbele* (B'90/Die Grünen), stenogr. Berichte BT 14/99, S. 9273.

846 Vgl. etwa Denkschrift DFG, S. 5; Abg. *Lensing* (CDU/CSU), stenogr. Berichte BT 14/99, S. 9269.

847 *Kloepfer/Rossi*, JZ 1998, 369, 377; *Tödtmann/Zillmann*, ZRP 1993, 324, 325 f.

848 *Tödtmann/Zillmann*, a. a. O., S. 326.

849 Zutreffend die Begründung zum Gesetzentwurf von B'90/Die Grünen, BT-Dr. 13/8249, S. 4.

selbst gar nicht in Frage gestellt. Auch unter ihnen besteht weitgehend Einigkeit darüber, dass in bestimmten Fällen und unter gewissen Voraussetzungen der Belang „Tierschutz" der Forschungsfreiheit Einhalt gebieten kann und muss. Zwar trifft es – wie soeben dargelegt – zu, dass Verfassungsgüter untereinander prinzipiell gleichen Wert und gleiches Gewicht haben, so dass nun der Belang „Tierschutz" in einer Interessenabwägung grundsätzlich die Freiheit der Wissenschaft zu beschränken vermag. Dies bedeutet aber zweifellos nicht, dass sich jener regelmäßig auch durchsetzt. Um einen Ermessensfehlgebrauch zu vermeiden, sind die Behörden (auch die Gerichte) vielmehr verpflichtet, alle im Einzelfall relevanten Umstände gegeneinander abzuwägen[850]. Hierbei ist aber das eindeutig auf den Menschen ausgerichtete grundgesetzliche Wertesystem zu berücksichtigen, das insbesondere in Art. 1 I GG, aber auch allgemein im am Anfang der Verfassung befindlichen Grundrechtskatalog zum Ausdruck kommt. Vor diesem Hintergrund erscheint die Annahme, Tierversuche würden nur noch in seltenen Ausnahmefällen zugelassen, kaum haltbar[851]. Vielmehr ist tendenziell eher davon auszugehen, dass der Freiheit der Wissenschaft jedenfalls dann, wenn sie dem menschlichen Leben oder der Gesundheit und damit einem weiteren hochrangigen Verfassungsgut (Art. 2 II 1 GG) zu dienen bestimmt ist, Vorrang vor dem Schutz des Tieres vor Leiden, Schmerzen und Schäden zukommen wird[852]. Deshalb ist zu erwarten, dass die befürchtete Behinderung der wissenschaftlichen Forschung in Folge der Verankerung des Tierschutzes im Grundgesetz weitgehend ausbleiben wird.

E. Schwächung der normativen Kraft der Verfassung

I. Die Argumentation

Gegen die Aufnahme des Tierschutzes ins Grundgesetz ist des Weiteren geltend gemacht worden, es müsse verhindert werden, dass das Grundgesetz durch die Aufnahme von mehr oder weniger wichtigen Prinzipien seinen Rechtscharakter verlöre. Es nähere sich sonst mehr und mehr einer einem Wunschkatalog ähnlichen „Staatszielverfassung"[853] bzw. erhalte zunehmend „wohlgefällige Verlautbarungen" ohne wirkliche Verpflichtung oder Berechtigung[854]. Neben dem Tierschutz gäbe es noch weitere, mindestens ebenso

850 Siehe nur *Hässy*, BayVBl 2002, 202, 206.
851 Vgl. auch *Caspar*, ZRP 1998, 441, 445; *Hillmer*, S. 202; *Huster*, ZRP 1993, 326, 328 f.; *Obergfell*, ZRP 2001, 193, 197.
852 Siehe VGH Kassel, NVwZ 2003, 881.
853 *Kloepfer/Rossi*, JZ 1998, 369, 376.
854 *Rupp*, WissR 32 (1999), 177, 179; *Tödtmann/Zillmann*, ZRP 1993, 324, 325.

elementare Gemeinwohlbelange, die bislang im Grundgesetz nicht verankert seien, wie etwa das Recht auf Arbeit, Datenschutz, auf familiengerechte Wohnung oder Arbeitszeit usw. Möglicherweise würde dann auch die Einführung einer Sportklausel oder einer Staatszielbestimmung „Denkmalschutz" gefordert[855]. Eine Verankerung dieser oder noch weiterer Staatsziele im Grundgesetz habe aber zur Folge, dass sich die Verfassung selbst entwerte und an normativer Kraft verlöre. Insofern sollten die jedenfalls rechtlich mehr oder weniger bedeutungslosen Bestimmungen mancher Landesverfassung sowie das Schicksal der Weimarer Reichsverfassung als abschreckende Beispiele dienen[856].

II. Kritik

Es trifft zu, dass sich das Grundgesetz und die jeweiligen Verfassungen der Bundesländer, was den materiell-rechtlichen Charakter des jeweiligen Normensystems angeht, erheblich voneinander unterscheiden. Anders als viele Landesverfassungen[857] beschränkt sich das Grundgesetz im Wesentlichen auf konkret justiziable Grundrechte sowie Staatsorganisationsnormen und formuliert Staatsziele bewusst nur mit großer Vorsicht. Der Grundsatz, dass Staatszielbestimmungen im Grundgesetz nur äußerst sparsam verwendet werden dürfen, soll auch gar nicht bestritten werden. Im Hinblick auf den Tierschutz aber ist von Bedeutung, dass seine Aufnahme ins Grundgesetz zwingend erforderlich war, um den *Wert an sich* überhaupt zu verwirklichen, was sich für die anderen beispielhaft aufgeführten Belange nicht behaupten lässt. So ist etwa das Recht auf Arbeit (jedenfalls zum Teil) schon durch Art. 12 I GG gewährleistet, der jedem Deutschen garantiert, seinen Beruf frei zu wählen und auszuüben[858]. Auch ein Grundrecht auf Datenschutz existiert bereits. Wenn auch nicht ausdrücklich erwähnt, so ist es doch Teil des aus Art. 2 I i. V. m. Art. 1 I GG herzuleitenden allgemeinen Persönlichkeitsrechts[859].

855 *Löwer*, in: GS für Kimminich, S. 54, 64; s. auch *Tödtmann/Zillmann*, a. a. O.

856 *Brohm*, JZ 1994, 213, 214 f.; *Rupp*, a. a. O.

857 Etwa in NRW: Art. 18 III: „Sport ist durch Land und Gemeinden zu pflegen und zu fördern". Art. 24 I 3: „Jedermann hat ein Recht auf Arbeit". Art. 29 I: „Die Verbindung weiter Volksschichten mit dem Grund und Boden ist anzustreben". Art. 29 III: „Die Kleinsiedlung und das Kleingartenwesen sind zu fördern".

858 Da dieses Grundrecht naturgemäß nur im Rahmen dessen garantiert sein kann, was auf dem Arbeitsmarkt möglich oder wirtschaftlich vernünftig ist, kann ein gerichtlich durchsetzbares *Recht* auf Arbeit ohnehin nicht bestehen. Ansonsten wäre die Forderung nach einem Recht auf Arbeit gleichzusetzen mit einem Plädoyer für staatliche Planwirtschaft.

859 Hierzu BVerfGE 65, 1, 41 ff.

Schließlich drängt sich auch die Notwendigkeit einer wie auch immer gefassten Sportklausel nicht gerade auf[860]. Das Recht, Sport zu treiben, ist als Teil der allgemeinen Handlungsfreiheit von Art. 2 I GG erfasst. Grundlegend anders aber war die Rechtslage in Bezug auf den Tierschutz. Dieser Wert ließ sich bei einer Kollision mit den in Art. 5 III GG garantierten Freiheiten von vornherein nicht verwirklichen. Deshalb war die Forderung nach einer Aufnahme des Tierschutzes in das Grundgesetz nicht mit der nach Aufnahme anderer mehr oder weniger wichtiger Gemeinwohlbelange gleichzusetzen[861]. Im Übrigen dürfte rechtsphilosophisch ein qualitativer Unterschied zwischen dem Wert „Tierschutz" und etwa einem Staatsziel „Denkmalschutz" bestehen.

F. Unsicherheiten im praktischen Umgang mit einer Staatszielbestimmung Tierschutz/Tierschutz als Problem der Einzelfallregelung

I. Die Argumentation

Zum Teil ist auf die Unsicherheiten im praktischen Umgang mit einer Staatszielbestimmung „Tierschutz" verwiesen worden. Es bestehe die Gefahr, dass sowohl die Exekutive als auch die rechtsprechende Gewalt nicht das Gesetz auslegten, sondern sich auf die kaum bestimmte und auslegungsbedürftige Staatszielbestimmung beriefen, so dass letztlich persönliche Präferenzen den Ausschlag für die jeweilige Entscheidung gäben[862]. Um dies zu vermeiden, um also vor richterlicher Willkür gesichert zu sein, bedürfte es einer genauen Unterscheidung dahingehend, welche der Tierarten und -klassen welchen Schutz verdienten, so dass man genötigt sei, die Differenzierungen des TierSchG gleich mit auf die Verfassungsebene zu heben. Dies wiederum führe zu einer „tierschutzrechtlichen Übergewichtung und Schlagseite der Verfassung und des in ihr verkörperten Wertsystems"[863]. Detailregelungen dieser Art könne die Verfassung nicht leisten. Überhaupt sei ein wirksamer Tierschutz ein Problem der Einzelfallregelung und des verhältnismäßigen Ausgleichs mit konkurrierenden Interessen und daher einfach-gesetzlich zu lösen[864].

---

860 Neben Art. 18 III der nordrhein-westfälischen Verfassung findet sie sich etwa in Art. 3c I der baden-württembergischen oder Art. 34a der saarländischen Verfassung.

861 Vgl. auch *Caspar*, ZRP 1998, 441, 444.

862 *Kloepfer/Rossi*, JZ 1998, 369, 375, 377; *Löwer*, in: GS für Kimminich, S. 54, 63 f.; *Rupp*, WissR 32 (1999), 177, 180; nach Ansicht des Abg. *Scholz* (CDU/CSU) wäre die Aufnahme des Tierschutzes in die Verfassung nur „eine zur Lyrik einladende Verfassungspolitik", stenogr. Berichte BT 14/99, S. 9276; s. auch SZ vom 14.4.2000, S. 5.

863 *Rupp*, a. a. O.

864 Bericht der Gemeinsamen Verfassungskommission, BT-Dr. 12/6000, S. 71; Entschließungsantrag der Fraktionen CDU/CSU und FDP vom 30.6.1994, BT-Dr. 12/8211;

II. Kritik

Auch dieses Argument überzeugte nicht. Der Richter ist auch bei einer Staatszielbestimmung „Tierschutz“ im Grundgesetz selbstverständlich nicht gehindert, die einfach-gesetzlichen Bestimmungen des TierSchG anzuwenden und auszulegen. Ganz im Gegenteil: Gerade die Vorschriften über Tierversuche im TierSchG (§§ 7 ff.) enthalten durchaus differenzierte Regelungen, die anzuwenden dem Richter aufgegeben sind[865]. Zwar verlangt das TierSchG von der Behörde oder dem Gericht auch im Ergebnis nur schwer vorhersehbare Wertungen, wie insbesondere die Entscheidung über die ethische Vertretbarkeit eines Tierversuchs gem. § 7 III TierSchG. Die Existenz unbestimmter, wertungsabhängiger Rechtsbegriffe ist im geltenden Rechtssystem aber wahrlich keine Besonderheit. Warum gerade die Verankerung des Tierschutzes die Gefahr nach sich ziehen sollte, dass der Richter nicht nach dem Gesetz, sondern nach subjektiven Vorlieben entscheidet, ist nicht nachvollziehbar. Gleiches gilt für die angebliche Notwendigkeit der Differenzierung zwischen mehr oder weniger schutzwürdigen Tierarten und -klassen auf Verfassungsebene. Diese Differenzierung findet sich bereits im TierSchG (s. etwa § 9 II 3 Nr. 1 und 8) und sollte auch dort verbleiben. Im Grundgesetz wäre eine solche detailreiche Regelung in der Tat fehl am Platz[866]. Es ist widersprüchlich, wenn zunächst (mit Recht) betont wird, der Richter müsse das einfache Gesetz und nicht die Staatszielbestimmung auslegen, und anschließend gefordert wird, Unterscheidungen etwa zwischen Wirbeltieren, Insekten und Weichtieren auf Verfassungsebene vorzunehmen[867]. Auch wenn man unterstellt, es bestehe bei einem so „emotionsgeladenen Thema ‚Tierschutz‘“[868] die besondere Gefahr, dass der Richter seine Entscheidung nicht streng anhand des Gesetzes trifft[869], so wäre eine konkrete, detailreiche Differenzierung auf einfach-gesetzlicher Ebene doch völlig ausreichend, diese Gefahr zu beheben. Schließlich trifft es zwar zu, dass Tierschutz in erster Linie ein Problem der Einzelfallregelung ist. Diese verlor jedoch gerade ohne entsprechende Verankerung im Grundgesetz ihre Wirkung.

Kloepfer/Rossi, JZ 1998, 369, 373; *Scholz*, in: M/D, Art. 20a, Rn. 37.

865 Zutreffend der Gesetzentwurf der SPD-Fraktion, BT-Dr. 12/6323, S. 22.

866 Insofern zutreffend *Rupp*, WissR 32 (1999), 177, 180.

867 So aber *Rupp*, a. a. O.

868 *Löwer*, in: GS für Kimminich, S. 54, 63.

869 Wobei es durchaus noch andere emotionsgeladene Rechtsgebiete gibt. Es handelt sich also jedenfalls um kein tierschutzspezifisches Problem.

G. Tierschutz als ein dem System des Grundgesetzes widersprechender Wert

I. Die Argumentation

Immer wieder wurde schließlich auch betont, eine Staatszielbestimmung „Tierschutz“ sei systemwidrig und passe nicht in das rein anthropozentrisch verfasste Gesamtsystem des Grundgesetzes[870].

II. Kritik

Bedenken dieser Art sind schon im Hinblick auf die Einfügung der Staatszielbestimmung Umweltschutz geäußert worden[871]. Auch sie überzeugen nicht. Es ist nicht einsehbar, warum in einer Zeit, in der die Bedeutung des gesamtökologischen Gleichgewichts mehr und mehr erkannt worden bzw. die ethische Notwendigkeit des Tierschutzes stärker ins Bewusstsein des Menschen gerückt ist, immer noch stur an der Anschauung festgehalten wird, wonach allein der Mensch das Maß aller Dinge sei. Dem nicht bestreitbaren Bewusstseinswandel war vielmehr auch auf Verfassungsebene Rechnung zu tragen, gerade wenn der Tierschutz sonst nur unzureichend realisiert werden konnte. Im Übrigen stellt die Verankerung des Tierschutzes im Grundgesetz nicht in Abrede, dass die Verfassung grundsätzlich und zuvörderst die Interessen des Menschen und des menschlichen Zusammenlebens zu regeln und zu schützen beabsichtigt. Sie gewährleistet lediglich, dass *daneben* auch noch die Interessen des Tieres in gewissem Umfang berücksichtigt werden können. Auch die Befürchtung einer Störung der Gesamtbalance der grundgesetzlichen Werteordnung erweist sich daher als unbegründet[872].

H. Résumé

Die gegen die Aufnahme des Tierschutzes ins Grundgesetz vorgebrachten Argumente und Bedenken überzeugten nicht. Alles in allem ist es daher zu begrüßen, dass der Tierschutz nach jahrelanger Diskussion und Auseinandersetzung im Sommer 2002 den Weg ins Grundgesetz gefunden hat.

---

870 Vgl. BT-Dr. 12/6000, S. 71; *Scholz*, in: M/D, Art. 20a, Rn. 37; *Stern*, NwVBl 1988, 1, 5.

871 *Henneke*, NuR 1995, 325, 329; *Kloepfer*, DVBl 1996, 73, 77; *Meyer-Teschendorf*, ZRP 1994, 73, 77; *Scholz*, in: M/D, Art. 20a, Rn. 37, 40; *Uhle*, DÖV 1993, 947, 953.

872 So mit Recht auch *Caspar*, ZRP 1998, 441, 444; *Huster*, ZRP 1993, 326, 328 f.

7. Teil:
Die gewählte Formulierung der Staatszielbestimmung „Tierschutz"

Nicht nur über das „Ob" einer Staatszielbestimmung „Tierschutz", sondern auch über das „Wie" wurde gestritten. Gesetz wurde letztendlich jener Vorschlag, wonach in Art. 20a GG lediglich die Worte „und die Tiere" eingefügt werden sollten. Wichtig war, dass nach vielen Jahren und nie verstummenden Forderungen der Tierschutz im Jahre 2002 überhaupt Verfassungsrang erhielt. Demgegenüber war die Frage, wie er konkret zu formulieren sei, zweitrangig. Dennoch soll im Folgenden die letztendlich getroffene Lösung kritisch daraufhin untersucht werden, ob andere mögliche Formulierungen vorzuziehen gewesen wären.

A. Weitere Vorschläge

Die entsprechenden Formulierungen in den einzelnen Landesverfassungen wurden bereits aufgezählt[873]. Zusätzlich seien noch die folgenden, letztendlich gescheiterten Gesetzentwürfe genannt:

- Tiere werden als Lebewesen geachtet. Sie werden vor nicht artgemäßer Haltung, vermeidbaren Leiden und Zerstörung ihrer Lebensräume geschützt[874].
- Tiere werden im Rahmen der geltenden Gesetze vor vermeidbaren Leiden und Schäden geschützt[875].
- Die Tiere stehen als Mitgeschöpfe unter dem besonderen Schutz des Staates[876].
- Tiere sind als Mitgeschöpfe um ihrer selbst willen zu achten und zu schützen[877].
- Tiere werden als Mitgeschöpfe geachtet. Sie werden vor nicht artgemäßer

873 Siehe oben S. 178.
874 Gesetzentwurf der SPD-Fraktion für einen neuen Art. 20f GG, BT-Dr. 12/6323.
875 Gesetzentwurf der FDP-Fraktion für einen neuen Art. 20a II GG, BT-Dr. 12/6000, S. 69 und BT-Dr. 14/207.
876 Gesetzentwurf der Fraktion B'90/Die Grünen für einen neuen Art. 20a III GG, BT-Dr. 12/6686, S. 6 und 17.
877 Gesetzentwurf der Fraktion B'90/Die Grünen für einen neuen Art. 20b GG, BT-Dr. 13/8249.

Haltung, vermeidbaren Leiden und in ihren Lebensräumen geschützt[878].

- Tiere werden als Mitgeschöpfe geachtet. Sie werden im Rahmen der Gesetze vor vermeidbaren Leiden und Schäden geschützt[879].
- Tiere werden in ihrer artgemäßen Haltung, vor der Zerstörung ihrer Lebensräume sowie vor vermeidbaren Schmerzen und Leiden geschützt. Tierversuche sind nur zulässig, wenn sie für die Entwicklung der Gesundheit von Menschen unerlässlich sind[880].

B. Kritik

Keiner dieser Vorschläge ist aber letztendlich Gesetz geworden. Zu den verschiedenen Möglichkeiten, eine Staatszielbestimmung „Tierschutz" zu fassen oder zu formulieren, ist Folgendes anzumerken.

I. Umfassende Staatszielbestimmung

Zunächst war es notwendig, eine *umfassende* Staatszielbestimmung „Tierschutz" zu formulieren. Nicht ausreichend wäre es hingegen gewesen, lediglich die Freiheit der Wissenschaft mit einem Gesetzesvorbehalt zu versehen. Wenn die Ansicht vertreten wurde, der Tierschutz sei anders als der Schutz der Umwelt nur eine „punktuelle Angelegenheit"[881], so trifft dies offensichtlich nicht zu. Er kollidiert vielmehr mit mehreren grundrechtlich geschützten Freiheiten[882]. Mit den vorbehaltlosen Grundrechten der Wissenschafts- und Kunstfreiheit konnte er von vornherein nicht zu einem Ausgleich gebracht werden. Aber auch im Hinblick auf jene grundrechtlich geschützten Freiheiten, die unter Gesetzesvorbehalt stehen, musste der Tierschutz nicht selten zurücktreten[883]. Das gleiche gilt in Bezug auf jene Fälle, in denen Studierende aus Gewissensgründen die Teilnahme an Lehrveranstaltungen verweigerten,

---

878 Gesetzentwurf der SPD-Fraktion sowie gemeinsamer Gesetzentwurf der Fraktionen SPD und B'90/Die Grünen für einen neuen Art. 20b GG, BT-Dr. 13/8597 bzw. BT-Dr. 14/282.

879 Gesetzentwurf des Bundesrates für einen neuen Art. 20b GG, BT-Dr. 13/9723 = BR-Dr. 742/97; für diese Formulierung auch *Caspar*, ZRP 1998, 441, 445, der in Anlehnung an § 1 TierSchG zusätzlich noch den Begriff „Schmerzen" verwenden wollte.

880 Gesetzentwurf der PDS-Gruppe für einen neuen Art. 20a II GG, BT-Dr. 13/8678 und BT-Dr. 14/279.

881 *Kloepfer/Rossi*, JZ 1998, 369, 373.

882 Näher hierzu auf S. 24 ff.

883 So zum Beispiel im Schächturteil, BVerfGE 104, 337; vgl. auch BVerfGE 36, 47, 59 ff.; 61, 291, 317 ff.

in denen Tierversuche vorgesehen waren[884]. Insgesamt gilt also, dass der Tierschutz in vielerlei Hinsicht gefährdet ist. Vor diesem Hintergrund war es erforderlich, den Tierschutz in einer umfassenden Staatszielbestimmung zu verankern. Hierzu boten sich drei Möglichkeiten an: die Schaffung eines neuen Abs. 2 zu Art. 20a GG, die Einfügung eines neuen Art. 20b sowie die Ergänzung des schon bestehenden Art. 20a GG um die Worte „und die Tiere", für die sich der Gesetzgeber letztlich entschied[885]. Dem Erfordernis einer umfassenden Staatszielbestimmung ist der Gesetzgeber also gerecht geworden. Dies gilt auch im Hinblick auf die zu schützenden Tiere. Der an den Staat adressierte Schutzauftrag erstreckt sich ebenso wie das TierSchG (§ 1) auf alle Arten von Tieren, ist also nicht etwa auf Säuge- oder Wirbeltiere beschränkt[886].

II. Schutz jedes Tieres um seiner selbst willen/Eigenständige Staatszielbestimmung „Tierschutz"

Ein weiterer Aspekt, den es zu beachten galt, war die Notwendigkeit, auch verfassungsrechtlich einen pathozentrischen oder ethischen Tierschutz zu verfestigen. Es musste zum Ausdruck kommen, dass jedes Tier um seiner selbst willen zu schützen ist[887]. Nur dieser so verstandene Tierschutz entspricht heute dem allgemeinen sittlichen Empfinden (s. auch § 1 TierSchG). Klar und eindeutig war insofern der Gesetzentwurf von Bündnis 90/Die Grünen, wonach Tiere „als Mitgeschöpfe um ihrer selbst willen zu achten und zu schützen" seien[888]. Im Gegensatz dazu ist in Art. 39 III 2 der brandenburgischen Verfassung leicht missverständlich davon die Rede, dass „Art und artgerechter Lebensraum (...) zu erhalten und zu schützen" seien. Diese Formulierung könnte dazu verleiten, die Pflicht, jedes einzelne Tier um seiner selbst willen zu schützen, in Frage zu stellen.

Die Notwendigkeit eines ethischen oder pathozentrischen Tierschutzes wäre am klarsten durch eine eigenständige Staatszielbestimmung Tierschutz zum Ausdruck gebracht worden. Insofern hätte es sich angeboten, den Tierschutz

---

884 Siehe hierzu oben S. 28 f.

885 Ohne Zweifel nicht ausreichend wäre hingegen die bloße Erweiterung der Präambel um die Worte „in Respekt vor der Schöpfung" gewesen, so wie vom Land Bremen vorgeschlagen, s. BT-Dr. 12/6000, S. 68. Der Präambel kommt zwar durchaus verfassungsrechtliche Bedeutung zu, s. oben S. 96 mit Fn. 430. In ihr verankerte Werte sind aber nicht schon für sich genommen grundrechtsbegrenzungs- bzw. beschränkungstauglich.

886 *Caspar/Geissen*, NVwZ 2002, 913, 914.

887 Statt vieler vgl. nur *Schelling*, NuR 2000, 188, 193.

888 BT-Dr. 13/8249.

in einem neu zu schaffenden Art. 20b GG zu verankern. Lediglich die Worte „und die Tiere“ in Art. 20a GG einzufügen, stößt demgegenüber auf zwei Bedenken grundsätzlicher Art. Zum einen wird – wie oben bereits erörtert[889] – die Staatszielbestimmung „Umweltschutz“ von einem nicht geringen Teil der Rechtslehre dahingehend ausgelegt, dass die natürlichen Lebensgrundlagen nur um des Menschen willen zu schützen seien. Insofern besteht die Gefahr, diese allein auf den Menschen zugeschnittene Auslegung auf den Tierschutz zu übertragen[890]. Für die Trennung der Staatszielbestimmungen „Umweltschutz“ und „Tierschutz“ hätte ein weiterer Aspekt gesprochen: Tierschutz ist kein Teilgebiet des Umweltschutzes, sondern unterscheidet sich von diesem dadurch, dass er im Wesentlichen durch die Leid- und Schmerzempfindlichkeit jedes einzelnen Tieres motiviert ist, während etwa der Schutz von Wäldern oder Meeren ganz anderen rechtlichen und auch ethischen Überlegungen entspringt[891]. Die Einfügung des Tierschutzes in Art. 20a GG könnte dazu verleiten, diesen als (hervorgehobenen) Teilbereich des Umweltschutzes aufzufassen[892].

III. Die Formulierung „im Rahmen der Gesetze“

Zum Teil ist vorgeschlagen worden, den Tierschutz „im Rahmen der Gesetze“ zu gewährleisten[893]. Hierdurch sollte deutlich gemacht werden, dass in erster Linie der Gesetzgeber auf der Basis seiner weiten politischen Gestaltungsfreiheit dazu berufen sei, die notwendigen Konkretisierungen vorzunehmen. Es sollte auf der anderen Seite der Befürchtung entgegengewirkt werden, dass eine Staatszielbestimmung Tierschutz durch die rechtsanwendenden Gewalten, insbesondere die Gerichte, ausgelegt und somit letztlich die subjektive Einstellung des Richters den Ausschlag für seine Entscheidung geben wür-

---

889 S. 168.

890 Vgl. auch *Caspar/Geissen*, NVwZ 2002, 913.

891 Hierzu auch *Huster*, ZRP 1993, 326, 330.

892 Es sei noch angemerkt, dass die Einfügung des Tierschutzes in Art. 20a GG auch Konsequenzen für die Auslegung der Staatszielbestimmung „Umweltschutz“ haben kann. Diejenigen, die die Verpflichtung zum Umweltschutz bisher schon (auch) ökozentrisch verstanden haben, könnten sich in ihrer Position gestärkt sehen. So ließe sich argumentieren, dass aus der Unzulänglichkeit eines anthropozentrischen Tierschutzes folge, dass auch ein rein anthropozentrischer Umweltschutz zu kurz gedacht wäre. Insofern könnte die Verankerung des Tierschutzes in Art. 20a GG ein systematisches Argument für eine ökozentrische Auslegung auch des Umweltschutzes liefern.

893 BT-Dr. 13/9723 = BR-Dr. 742/97; für diese Formulierung auch *Händel*, ZRP 1996, 137, 141; *Caspar*, ZRP 1998, 441, 445; s. auch BT-Dr. 12/6000, S. 69 („im Rahmen der geltenden Gesetze“).

de[894]. Aus dem gleichen Grund wurde schon bei der Formulierung des Staatszieles „Umweltschutz" betont, dass dieser nur „im Rahmen der verfassungsmäßigen Ordnung durch die Gesetzgebung und nach Maßgabe von Gesetz und Recht durch die vollziehende Gewalt und die Rechtsprechung" gewährleistet werde. Diese Klausel gilt nun auch für den Tierschutz. Hierzu ist anzumerken, dass die Bindung des Gesetzgebers an die Verfassung bzw. die Bindung der Exekutive und der Rechtsprechung an Gesetz und Recht bereits in der Staatsfundamentalnorm des Art. 20 III GG zum Ausdruck gebracht wird. Insofern kommt der entsprechenden Formulierung in Art. 20a GG lediglich deklaratorische Bedeutung zu[895].

IV. Tiere unter dem „besonderen Schutz" des Staates

Vereinzelt ist vorgeschlagen worden, Tiere unter den „besonderen Schutz" des Staates zu stellen[896]. Auf diese Formulierung hat der verfassungsändernde Gesetzgeber zu Recht verzichtet. Sie ist insofern bedenklich, als sie einen Vorrang des Tierschutzes vor anderen Staatszielbestimmungen oder möglicherweise sogar allgemein vor anderen Verfassungsgütern suggeriert, die eben nicht unter einem *besonderen* Schutz stehen. Alle Verfassungsgüter sind jedoch – abgesehen von den in den Art. 1 und 20 niedergelegten Grundsätzen (s. Art. 79 III GG) – gleichrangig. Auch der Belang „Tierschutz" ist nicht a priori schutzwürdiger als andere Werte. Welches Gut sich bei einer Interessenkollision durchsetzt, muss vielmehr unter Abwägung aller Umstände im Einzelfall entschieden werden[897].

V. Der Begriff „Mitgeschöpf"

Schaut man sich die verschiedenen Formulierungsvorschläge für eine Staatszielbestimmung „Tierschutz" im Grundgesetz[898] sowie den Wortlaut der entsprechenden Bestimmungen in den Landesverfassungen[899] an, so fällt auf, dass häufig von „Mitgeschöpfen" die Rede ist. Auch dieser Begriff wurde jedoch nicht Verfassungswirklichkeit. Er ist insofern fraglich, als er einen religiösen Bezug hat und impliziert, dass das Tier wie der Mensch von Gott ge-

894 Siehe hierzu oben S. 196.
895 Vor diesem Hintergrund wurde die Passage im Gesetzgebungsverfahren „Angstklausel" genannt, *Murswiek*, in: Sachs, Art. 20a, Rn. 56; *Schink*, DÖV 1997, 221, 225.
896 So im Gesetzentwurf der Fraktion B'90/Die Grünen, BT-Dr. 12/6686, S. 6 und 17.
897 So auch *Hillmer*, S. 146 f.; vgl. auch den Bericht der Gemeinsamen Verfassungskommission (BT-Dr. 12/6000, S. 66) im Hinblick auf die Formulierung des Staatsziels „Umweltschutz".
898 S. 199 f.
899 S. 178.

schaffen ist. Zwar basiert das Grundgesetz ohne Zweifel auf den Grundanschauungen des christlichen Abendlandes, was insbesondere in der Präambel („Verantwortung vor Gott") zum Ausdruck kommt. Insofern verletzt auch der Staat seine Pflicht zu religiöser Neutralität[900] nicht schon dadurch, dass er einen christlich geprägten Terminus verwendet. Jedoch war dieser weder geeignet noch erforderlich, die rechtliche Stellung des Tieres in irgendeiner Weise zu verändern oder zu verbessern. Tiere sind zu schützen, weil sie die wesentlichen Grundbedürfnisse des Menschen teilen, nämlich artgerecht und leid- und schmerzfrei zu leben. Ob sie von Gott geschaffen sind oder nicht, ist demgegenüber – juristisch gesehen – ohne Belang[901].

VI. Résumé

Insgesamt ist zu bedauern, dass der verfassungsändernde Gesetzgeber sich nicht dazu durchringen konnte, für den Tierschutz eine eigenständige Staatszielbestimmung zu schaffen, entweder in Art. 20a II oder (besser) in Art. 20b GG. Die Formulierungsvorschläge diesbezüglich können jedoch nicht alle als gelungen bezeichnet werden. Jedenfalls kann aus der Formulierung „in Verantwortung für die zukünftigen Generationen" in Art. 20a GG, die nun auch für den Tierschutz gilt, die Pflicht des Staates zu einem besonders nachhaltigen und vorausschauenden Schutz abgeleitet werden.

---

900 Hierzu etwa *Häberle*, in: FS für Zeidler, S. 3, 14 f.

901 Vgl. BT-Dr. 12/6000, S. 69; so auch *Spranger*, ZRP 2000, 285, 286 f.; *Waechter*, NuR 1996, 321, 325; im Gesetzentwurf der SPD-Fraktion, BT-Dr. 12/6323, S. 22, wird angemerkt, der Begriff „Schöpfung" sei zu allgemein, um den intendierten Schutz auch des einzelnen Lebewesens zum Ausdruck zu bringen; ohne Bedenken gegen den Begriff „Mitgeschöpf" hingegen *Händel*, ZRP 1996, 137, 141; *Hillmer*, S. 209.

Schlussbetrachtung/Zusammenfassung

Die Wissenschaftsfreiheit schützt die Durchführung von Tierversuchen. Zur Zeit werden jährlich etwa 2 Millionen Tiere (offiziell) für Forschungs- und Lehrzwecke benutzt. Viele Jahre stellte sich das Problem, wie die Eingriffsnormen des TierSchG bzw. behördliche Anordnungen, die die Versuchsdurchführung unmöglich machen oder erschweren, verfassungsrechtlich zu rechtfertigen waren. Da vorbehaltlose Grundrechte, zu denen die Wissenschaftsfreiheit zählt, nur durch kollidierende Grundrechte oder andere mit Verfassungsrang ausgestattete Rechtswerte einschränkbar sind[902], kam es darauf an, ob der Tierschutz schon vor der Einfügung der drei Worte „und die Tiere" in Art. 20a GG Verfassungsrang hatte. Dies war jedoch nicht der Fall. Zentrale Normen des TierSchG, deren materielle Regelungen als solche weitgehend unstreitig waren, waren somit verfassungswidrig. Das Bundesverfassungsgericht[903] versuchte dieses unerwünschte Ergebnis dadurch zu vermeiden, dass es eine Auslegung des § 7 III TierSchG vornahm, wonach Behörden und Gerichten die Überprüfung der ethischen Vertretbarkeit von Tierversuchen (auch die Überprüfung ihrer Unerlässlichkeit gem. § 7 II TierSchG) untersagt sei. Es reiche aus, dass der Wissenschaftler die ethische Vertretbarkeit (sowie die Unerlässlichkeit) seines eigenen Versuchs wissenschaftlich begründet darlege. So wurde die in § 7 III TierSchG geforderte ethische Vertretbarkeit von Tierversuchen in eine schlichte Behauptung der ethischen Vertretbarkeit von Tierversuchen durch den Experimentator umgedeutet[904]. Seitdem war der Kern des Tierversuchsrechts nur noch ein „zahnloser Tiger". Die Normierung des Staatszieles „Tierschutz" im Sommer 2002 war dringend notwendig, um diesen Missstand zu beseitigen. Dies gilt umso mehr, als die in Deutschland bestehende Rechtslage (jedenfalls nach Maßgabe des angesprochenen Beschlusses des Bundesverfassungsgerichts) mit europa- bzw. völkerrechtlichen Vorgaben nicht vereinbar war, wonach die behördliche und gerichtliche Überprüfung der Unerlässlichkeit und ethischen Vertretbarkeit von Tierversuchen klar und eindeutig vorgeschrieben ist. Die Argumente, die seit Jahren gegen die Einfügung einer Staatszielbestimmung „Tierschutz" vorgebracht wurden, überzeugten nicht. Nach alledem hat der Gesetzgeber zu Recht den Tierschutz im Grundgesetz verankert, wobei jedoch die Schaffung eines neuen Art. 20b GG wünschenswert gewesen wäre. Welche (weiteren)

902 St. Rspr. des BVerfG, BVerfGE 28, 243, 261; 30, 173, 193; 32, 98, 108; 83, 130, 139; speziell für die Wissenschaftsfreiheit BVerfGE 47, 327, 369; 57, 70, 99.

903 BVerfG, NVwZ 1994, 894.

904 *Kluge*, ZRP 2004, 10, 11.

Konsequenzen die Verfassungsänderung für das Verhältnis des Tierschutzes zur Wissenschaftsfreiheit haben wird, ist im Einzelnen noch nicht absehbar[905]. Jedenfalls aber wird es nicht mehr haltbar sein, der Genehmigungsbehörde und den Gerichten ein materielles Prüfungsrecht im Hinblick auf die Unerlässlichkeit und ethische Vertretbarkeit von Tierversuchen abzusprechen[906]. Auch auf das Verhältnis des Tierschutzes zu anderen Grundrechten wird sich seine Verankerung im Grundgesetz auswirken. So wird insbesondere auch eine Abwägung mit der ebenfalls vorbehaltlos gewährleisteten Kunstfreiheit (Art. 5 III GG) möglich werden, so dass unbefriedigende Urteile wie etwa das des AG Kassel[907] in Zukunft ausbleiben können. Im Verhältnis zur Berufs- oder Eigentumsfreiheit (Art. 12 I bzw. Art. 14 I GG) bleibt abzuwarten, ob sich die Erwartungen erfüllen[908], wonach sich der Stellenwert des Tierschutzes bei einer in Zukunft vorzunehmenden Interessenabwägung erhöht. Die Staatszielbestimmung Tierschutz lässt sich schließlich allgemein im Rahmen der Auslegung und Konkretisierung unbestimmter Rechtsbegriffe heranziehen.

---

905 Vgl. aber die Ansätze von *Kluge*, ZRP 2004, 10, 13 f.; *Obergfell*, NJW 2002, 2296, 2297 f.

906 Insofern ist die Entscheidung des VGH Kassel, NVwZ 2003, 881, 882, höchst bedenklich; mit Recht kritisch auch *Kluge*, ZRP 2004, 10, 13 („Fall von Verfassungs-Ignoranz").

907 AG Kassel, NStZ 1991, 443.

908 Gesetzentwurf der SPD-BT-Fraktion, BT-Dr. 12/6323, S. 22; *Caspar*, ZRP 1998, 441; *Hillmer*, S. 207.

FSC
www.fsc.org
MIX
Papier | Fördert gute Waldnutzung
FSC® C083411

Kolibri 360 GmbH
Ferdinand-Jühlke-Straße 7
99095 Erfurt, Deutschland
produktsicherheit@kolibri360.de

Druck:
CPI Druckdienstleistungen GmbH
im Auftrag der
Kolibri 360 GmbH
Ferdinand-Jühlke-Str. 7
99095 Erfurt